NOUVEAUX PROGRAMMES 2016

FRANÇAIS

Mandarine

CM2 CYCLE 3

LANGAGE ORAL • LECTURE ET COMPRÉHENSION • ÉCRITURE • ÉTUDE DE LA LANGUE • CULTURE LITTÉRAIRE ET ARTISTIQUE

Sous la direction de **Françoise Lagache**
professeure agrégée de Lettres modernes

Hélène Bastier
professeure des écoles

Catherine Huchet
formatrice en français à l'ESPE de Nantes

Françoise Lagache
formatrice en français à l'ESPE de Nantes

Les auteures remercient **Solange Beauchesne**,
maitre de conférence en Sciences physiques

Cette publication est conforme à la nouvelle orthographe
www.orthographe-recommandee.info

Cet ouvrage est rédigé avec l'orthographe recommandée par le ministère de l'Éducation nationale.

Hatier

SOMMAIRE

• Œuvres sur les listes de référence du ministère de l'Éducation nationale

GRAMMAIRE

La phrase

Le verbe

Le nom et le groupe nominal

Les pronoms

ISBN : 978-2-401-00039-1.

ORTHOGRAPHE

Les correspondances entre lettres et sons

L'accord dans le groupe nominal

Les formes du verbe

L'accord dans le groupe verbal

VOCABULAIRE

Le mot

Le dictionnaire

VERS LA SIXIÈME

MES OUTILS

- **Fiches Méthode**

LANGAGE ORAL

LECTURE
ET COMPRÉHENSION
DE L'ÉCRIT

ÉCRITURE

CULTURE LITTÉRAIRE
ET ARTISTIQUE

1 LA FABLE

La morale en question

Texte 1

La Cigale et la Fourmi

Par une belle journée d'hiver, une cigale rencontra une fourmi qui faisait sécher des grains au soleil. « S'il te plait, ma bonne fourmi, aie pitié de moi, j'ai si faim ! dit la cigale. Donne-moi quelque chose, je n'ai rien mangé depuis longtemps.

– Et comment en es-tu arrivée là ? Qu'as-tu donc fait tout l'été ? demanda la fourmi.

– Cet été, répondit la cigale, avec la fierté de l'artiste dans la voix, j'ai chanté sans m'arrêter.

– Fort bien, lui rétorqua la fourmi, alors danse maintenant ! Ne sais-tu pas qu'il faut toujours préparer aujourd'hui ce dont on aura besoin demain ? »

■ Élisa Géhin,
Les Fables d'Ésope,
« Mes petits contes classiques »,
Éditions Fleurus, 2016.

LISTES DE RÉFÉRENCE

Texte 2

La Cigale et la Fourmi

La Cigale, ayant chanté tout l'été,
Se trouva fort dépourvue
Quand la bise fut venue.
Pas un seul petit morceau
De mouche ou de vermisseau.
Elle alla crier famine
Chez la Fourmi sa voisine,
La priant de lui prêter
Quelque grain pour subsister
Jusqu'à la saison nouvelle.
Je vous paierai, lui dit-elle,
Avant l'août, foi d'animal,
Intérêt et principal.
La Fourmi n'est pas prêteuse ;
C'est là son moindre défaut.
Que faisiez-vous au temps chaud ?
Dit-elle à cette emprunteuse.
Nuit et jour à tout venant
Je chantais, ne vous déplaise.
Vous chantiez ? J'en suis fort aise :
Eh bien ! Dansez maintenant.

■ La Fontaine, *Fables*, Livre I, 1668.

LISTES DE RÉFÉRENCE

Texte 3

La fourmi et la cigale

Une fourmi fait l'ascension
d'une herbe flexible
elle ne se rend pas compte
de la difficulté de son entreprise
elle s'obstine la pauvrette
dans son dessein délirant
pour elle c'est un Everest
pour elle c'est un Mont Blanc
ce qui devait arriver arrive
elle choit patatratement
une cigale la reçoit
dans ses bras bien gentiment
eh dit-elle point n'est la saison
des sports alpinistes
(vous ne vous êtes pas fait mal j'espère ?)
et maintenant dansons dansons
une bourrée ou la matchiche.

■ Raymond Queneau, in *Battre la campagne*

ÉCHANGER

- Ces textes sont-ils tous des fables ? Justifie ta réponse.

LIRE À VOIX HAUTE À TROIS

- Préparez la lecture du texte 1. Répartissez-vous les rôles du narrateur, de la cigale et de la fourmi et faites partager les sentiments des deux animaux.

Fable 1 Les nouvelles chaussures de Grenouille

Grenouille regardait la télé un après-midi quand il vit une pub géniale pour des nouvelles chaussures de skate. Le type de la pub mettait les nouvelles chaussures, faisait un *kick flip*[1] à 360° sur le trottoir, un *fakie ollie*[1] par-dessus une poubelle et un *nosegrind*[1] dans le soleil couchant.

Grenouille alla aussitôt s'acheter des chaussures.

Il les laça et sauta sur sa planche.

Il tenta le *kick flip* à 360° et s'étala.

Il tenta le *fakie ollie* et s'écrasa contre une poubelle.

Il tenta le *nosegrind* et se répandit sur le trottoir.

Chat sauta de son skate et vint l'aider à se relever. « Chouettes chaussures », dit Chat. « Merci », répondit Grenouille.

MORALITÉ. Tout le monde sait que les grenouilles sont incapables de faire du skate, mais il est assez désolant de constater qu'elles croient tout ce qu'elles voient à la télé.

■ Jon Scieszka, *Calmar un jour, Calmar toujours*, D.R.

1. *kick flip, fakie ollie, nosegrind* : figures réalisées avec un skateboard.

PARTAGER NOS PREMIÈRES IMPRESSIONS

a Compare les deux fables : quelles sont leurs ressemblances ? Leurs différences ?

b Laquelle préfères-tu ? Explique ton choix.

Vocabulaire pour mieux lire

Fable 2, lignes 18 et 19

Et cependant, l'une d'entre elles réussit malgré tout à atteindre le sommet.

1. Identifie les mots qui expriment l'opposition dans la phrase.

2. À quels évènements le groupe de mots ***malgré tout*** renvoie-t-il ?

Je repère des indices

Un récit bref et amusant

1 Fable 1, ligne 5 : que croit Grenouille en allant *aussitôt s'acheter des chaussures* ? De quel trait de caractère fait-il preuve ?

2 **a.** Explique le titre de la fable 2.

b. Pourquoi une seule grenouille parvient-elle au sommet ?

3 Fable 2, lis à haute voix la réponse de la grenouille qui a réussi l'ascension. Pourquoi sa réponse est-elle amusante ?

Fable 2 L'ascension des grenouilles

Dix grenouilles voulaient escalader une montagne. Elles se réunirent donc un bon matin devant une foule venue assister à leur départ. Mais les critiques fusaient de toutes parts. Tous doutaient de leur réussite : « Vous n'y arriverez jamais ! Vous feriez mieux d'abandonner tout de suite ! »

Elles partirent pourtant, à petits pas rapides. Arrivées à mi-parcours, elles croisèrent des lapins et s'arrêtèrent pour leur expliquer leur course. Leur réaction ne se fit pas attendre : « Escalader la montagne ! Mais c'est bien trop haut pour vos petites pattes ! »

Et cinq d'entre elles, exténuées, préférèrent redescendre.

Celles qui restaient redoublèrent d'effort. Plus haut, au milieu d'une forêt de sapins, elles croisèrent des marmottes : « Ces hauteurs ne sont pas pour vous ! Pour des grenouilles, cette ascension est une vraie folie ! » s'exclamèrent-elles. Pourtant, trois grenouilles poursuivirent. Tant bien que mal elles avançaient, petits sauts par petits sauts. Des bouquetins, les voyant ainsi se trainer, se moquèrent d'elles : « Vous feriez mieux de redescendre ! À ce rythme, il vous faudra au moins un mois… »

Et cependant, l'une d'entre elles réussit malgré tout à atteindre le sommet. Lorsqu'elle redescendit, tous les curieux la questionnèrent : « Comment avez-vous pu réussir ? »

Elle répondit seulement : « Quoi ? »

Ils lui répétèrent en criant : « Comment avez-vous fait pour réussir un tel exploit ? »

Elle répéta : « Quoi ? Quoi ? Quoi ? » Elle était sourde !

■ Michel Piquemal, *Petites et grandes fables de Sophios*, Éditions Albin Michel, 2004.

Une morale présente ou pas

4 Laquelle des deux fables ressemble le plus à une fable de Jean de La Fontaine ? Pour répondre, appuie-toi sur *La Cigale et la Fourmi* écrite par cet auteur (page 9).

5 À ton avis, la morale de la fable 1 concerne-t-elle uniquement les grenouilles ?
Carnet de lecture Es-tu d'accord avec cette morale ? Écris tes arguments.

Entre les lignes

6 DÉBATTRE Quelle pourrait être la morale de la deuxième fable ?

AIDE ▸ Fiche Méthode nº 4 – page 251

J'écris

7 Imagine que Grenouille a entendu la morale de la fable 1. Est-il d'accord avec cette morale ? Regrette-t-il son comportement ? **Réalise une vignette de BD pour illustrer sa réaction.**

UNE FABLE EN BANDE DESSINÉE

• La planche 3 de la BD de Turf
• *Le Renard et le Corbeau*, Jean-Luc Moreau

Le Corbeau et le Renard,
Jean de La Fontaine

■ *La Fontaine aux fables, Volume 1*, histoire courte intitulée *Le Corbeau et le Renard*, de Turf, Éditions Delcourt, 2006.

PARTAGER NOS PREMIÈRES IMPRESSIONS

a Compare *Le Corbeau et le Renard* de Jean de La Fontaine (ci-contre) avec la bande dessinée, pages 12-13. Quels détails Turf a-t-il ajoutés ?

b La BD est-elle amusante ? Justifie-toi.

Vocabulaire pour mieux lire

1. Donne le sens du mot ***alléché*** (1re case, page 13). Propose un autre mot de la même famille.

2. Donne le sens de l'expression ***lui tint à peu près ce langage*** (3e case, page 13).

Le Corbeau et le Renard

Maitre Corbeau, sur un arbre perché,
Tenait en son bec un fromage.
Maitre Renard, par l'odeur alléché,
Lui tint à peu près ce langage :
« Hé ! bonjour, Monsieur du Corbeau.
Que vous êtes joli ! que vous me semblez beau !
Sans mentir, si votre ramage
Se rapporte à votre plumage,
Vous êtes le Phénix des hôtes de ces bois. »
À ces mots le Corbeau ne se sent pas de joie ;
Et pour montrer sa belle voix,
Il ouvre un large bec, laisse tomber sa proie.
Le Renard s'en saisit, et dit : « Mon bon Monsieur,
Apprenez que tout flatteur
Vit aux dépens de celui qui l'écoute :
Cette leçon vaut bien un fromage, sans doute. »
Le Corbeau, honteux et confus,
Jura, mais un peu tard, qu'on ne l'y prendrait plus.

■ Jean de La Fontaine

LISTES DE RÉFÉRENCE

Grammaire pour mieux lire

Distinguer récit et paroles dans une BD

1 **a.** À quoi servent les textes sur fond jaune ? À quels temps les verbes sont-ils ?

b. Repère les verbes des cases 5 et 6, page 13 :
– À quel temps sont-ils ?
– Quels autres indices montrent que les personnages parlent ?

Je repère des indices

Des caractères humains

2 Décris la première case, page 12 : qu'a voulu montrer l'illustrateur ?

3 Quels traits de caractère du renard sont mis en évidence dans les cases 4 et 5, page 12 ?

4 **a.** Justifie les points d'interrogation dans les cases 4 et 5, page 13 ?

b. * Propose des adjectifs pour décrire le corbeau, page 13, case 4.

Le pouvoir de la parole

5 Quelle est l'attitude du renard dans les cases 3, 5 et 6, page 13 ? Comment le lecteur devine-t-il son projet ?

Entre les lignes

6 DÉBATTRE À quelle variété de fromage le renard s'attend-il ? Pourquoi l'illustrateur en a-t-il choisi une autre ?

J'écris

7 **À DEUX** À la manière de Turf, composez la dernière planche de la BD.

LES CLÉS DE LA FABLE

Les mots-clés

- une histoire brève • des dialogues
- des animaux souvent opposés
- des traits de caractère humains
- une morale • le lecteur amusé
- une leçon à méditer

1 En t'appuyant sur les mots-clés, explique pour chacune des fables ce qui peut amuser le lecteur.

Une histoire brève et amusante

● La fable est une **histoire courte et divertissante**, souvent grâce à des **animaux** qui dialoguent comme des humains. Ils sont parfois en désaccord ; l'un d'eux utilise alors la **parole** pour se moquer de l'autre ou agir sur lui : le renard flatte le corbeau pour obtenir le fromage.

2 LIRE À VOIX HAUTE

À DEUX Préparez la lecture de la fable *Les Nouvelles chaussures de Grenouille* (page 10).
Mettez l'humour en valeur (intonation, rythme, répartition des tours de parole, sentiments du personnage, etc.).

Des traits de caractère humains

● Le comportement des animaux représente des **traits de caractère humains** que le lecteur peut approuver ou interroger :
– la naïveté de Grenouille,
– l'égoïsme de la fourmi,
– la ruse du renard...

3 De nombreuses expressions associent le comportement d'un animal à un trait de caractère humain. Explique le sens de :
– *fier comme un paon*,
– *doux comme un agneau*,
– *avoir une langue de vipère*,
– *avoir une mémoire d'éléphant*,
– *être un ours mal léché*.

La présence ou non d'une morale

● L'histoire illustre **une morale**, souvent présente à la fin de la fable. Mais ce n'est pas toujours le cas : les fables de Raymond Queneau (page 9) et de Michel Piquemal (page 11) n'en ont pas. Le lecteur est invité à construire lui-même le sens de la fable.

4 **a.** Relis les trois versions de *La Cigale et la Fourmi* (pages 8 et 9). Laquelle préfères-tu ? Pourquoi ?
b. Quelle remarque peux-tu faire sur le titre choisi par Raymond Queneau ? Quelle pourrait être la morale de sa fable ?

DES PISTES DE LECTURE

LISTES DE RÉFÉRENCE

Ésope (VIe siècle avant J.-C.), ***Fables***, Actes Sud Junior, 2012. (48 pages)

La Fontaine, ***Les Fables de La Fontaine mises en scène par Thierry Dedieu***, Seuil Jeunesse, 2009. (album)

LISTES DE RÉFÉRENCE

Jean-François Mathé, ***Grains de fables de mon sablier***, Les Carnets du Dessert de Lune, 2014. (77 pages)

ÉCRIRE UNE FABLE

CONSIGNE D'ÉCRITURE

Écris une fable brève et amusante mettant en scène deux animaux qui s'opposent. Ton récit se terminera par une de ces morales ou un de ces proverbes.

– Faute avouée est à demi pardonnée.
– Bien mal acquis ne profite jamais.
– Les bons comptes font les bons amis.
– Tout vient à point à qui sait attendre.

ÉCHANGER À DEUX Assurez-vous que vous comprenez bien la signification de chaque morale.

VOCABULAIRE POUR MIEUX ÉCRIRE

Des mots pour agir ou parler avec moquerie

Des verbes
- ridiculiser • tourner en dérision
- ironiser • persifler • railler

Des adjectifs
- moqueur • railleur • blagueur
- ironique • narquois

Des expressions
- malicieusement • ironiquement
- avec facétie • avec sarcasme

1 Dans un dictionnaire, cherche le sens des mots ci-dessus que tu ne connais pas.

2 Relève les adjectifs ou les expressions qui expriment la moquerie.

Un lièvre rendait souvent visite à une tortue pour se moquer d'elle. « C'est là ta vitesse maximale », lui disait-il ironiquement en la regardant marcher. Un jour, la tortue, agacée par ces propos railleurs, proposa au lièvre de faire une course. Narquois, le lièvre se mit à rire : « Une course avec toi ? Je risque d'arriver avant même que tu ne partes ! »

3 Complète les dialogues avec des verbes de parole exprimant la moquerie.

« C'est ce que nous allons voir ! » … la tortue. Le lièvre, qui n'était pas pressé, resta sur le bord du chemin et s'endormit. La tortue prit une telle avance qu'elle arriva la première. « Sans effort, les dons naturels ne suffisent pas toujours », … la tortue victorieuse au lièvre quand il se réveilla. Il … : « Tu ne perds rien pour attendre ! »

■ D'après Ésope, *La Tortue et le Lièvre*.

MÉTHODE D'ÉCRITURE

1. Organise tes idées

a. Choisis :
– la morale de ta fable et les animaux qui vont s'opposer ;
– lequel des deux l'emportera sur l'autre ;
– le problème qui les oppose en lien avec leur caractère et la morale.

2. Mets tes idées en mots

b. Au brouillon, **écris** une première version de ta fable en t'aidant du canevas :

ÉTAPE 1	**Raconte au passé** les circonstances qui amènent les deux animaux à se rencontrer et la raison pour laquelle ils vont s'opposer.
ÉTAPE 2	**Rédige un dialogue** au présent dans lequel les deux animaux s'affrontent.
ÉTAPE 3	**Termine ta fable** en racontant **au passé** comment l'un des animaux l'emporte sur l'autre.
ÉTAPE 4	**Écris la morale** que tu as choisie.

c. Avec ton voisin, **échangez** vos productions et **lisez-les** en utilisant le guide de relecture. **Donnez-vous des conseils**.

3. Améliore ton texte

d. Récris certains passages en suivant les conseils de ton voisin.

e. Enrichis ton texte avec le vocabulaire de la page 16. **Corrige la ponctuation**.

Orthographe *pour mieux écrire*

L'ordre des mots et **la ponctuation** pour **insérer un dialogue dans un récit** :

– le verbe de parole est placé **avant le dialogue** :
Le Renard s'exclama : « Que vous êtes beau ! »
sujet + verbe de parole

– le verbe de parole est placé **après le dialogue** :
« Que vous êtes beau ! » s'exclama le Renard.
verbe de parole + sujet inversé

4. Écris ton texte au propre

f. Recopie le texte ou **saisis-le**.

GUIDE DE RELECTURE

- J'ai choisi une situation et des traits de caractère qui permettent aux deux animaux de s'affronter.
- J'ai créé un lien entre mon récit et la morale choisie.
- J'ai amusé mon lecteur : comportement des animaux, contenu des dialogues, etc.
- J'ai inséré correctement les dialogues.

ENRICHIR SON CARNET DE LECTURE

Je m'exprime

1 **Recopie** la fable que tu préfères en notant le nom de son auteur.
Illustre-la puis **écris** quelques lignes pour **expliquer ton choix**.

Je réfléchis La morale en question

2 Voici deux morales des fables de La Fontaine :
– *Il se faut entr'aider, c'est la loi de nature.*
– *On a souvent besoin d'un plus petit que soi.*
À DEUX **Choisissez-en une** puis **effectuez une recherche** pour lire la fable correspondante.
http://www.la-fontaine-ch-thierry.net
Mettez-vous d'accord sur le sens de la morale.
Dites si vous partagez le message de l'auteur.

3 **Réalise une interview** auprès de personnes de ton entourage pour savoir :
– de quels titres de fables elles se souviennent ;
– si elles aimaient en lire.
Complète l'enquête avec tes propres questions.
Tu pourras lire les réponses et expliquer à tes camarades si tu partages l'avis de ton entourage.

Je lis un poème

4 Retrouve les titres des fables de La Fontaine avec lesquels s'amuse Claude Roy dans la deuxième strophe. Quelle morale se cache dans la troisième strophe ?

5 Quand tu te sens prêt(e), **lis** ta strophe préférée devant la classe.
Recopie le poème et **illustre-le**.

Récite ta fa, récite ta fable

Récite ta fa,
récite ta fable.
Pour devenir grand
Il faut qu'on apprend
assis à sa table
sa récitation,
l'ineffable fable,
riche en citations,
de l'affable la
fontaine de fables.

L'heureux nard et le cordeau
Rat Deville et Rat Deschamps
le méchant loup Pelagneau
la Chevreuse et le Roseau
L'Assis Gal et la fournie
la quenouille qui veut se faire
aussi rose que le bœuf
les animaux malades de la tête.

Retisse et récite
récite ta fa
ta fable d'enfant.
Quand tu seras grand
il sera bien temps
d'apprendre qu'on n'a
souvent aucun besoin
d'un plus petit
que soif
pour boire à la fontaine.

■ Claude Roy, « L'affable La Fontaine » in *Enfantasques* © Éditions Gallimard.
www.gallimard.fr

DÉCOUVRIR UNE ŒUVRE D'ART

La Grenouille qui se veut faire aussi grosse que le Bœuf

◀ Gravure, Gustave Doré, *Fables de La Fontaine*, Paris, éditions L. Hachette, 1868.

◀ Huile sur toile, Willy Aractingi, 1989.

Les deux artistes

Les *Fables* de La Fontaine sont **une source d'inspiration** pour de nombreux peintres, graveurs et dessinateurs.

Gustave Doré (1832-1883) a illustré plusieurs fables avec des dessins à l'encre de Chine, gravés ensuite sur du bois.

Willy Aractingi (1930-2003) a parfois peint à l'huile les mêmes fables de façon différente.

PREMIÈRES IMPRESSIONS

1 Quelle fable de La Fontaine les deux artistes ont-ils illustrée ?
Trouve-la sur Internet puis lis-la avec attention.

COMPRENDRE L'ŒUVRE

2 À quel siècle chaque illustration a-t-elle été réalisée ?
Quels indices tirés directement de la gravure et de la peinture pourraient t'aider à les dater ?

3 Compare les deux illustrations :
– Quels sont leurs points communs ?
– Leurs différences ?

Vocabulaire

La gravure consiste à inciser ou à creuser un support dur et plat (en bois, en pierre, en cuivre…) pour créer des creux dans lesquels on dépose de l'encre. Lorsqu'on applique une feuille sur le support, certaines parties seulement sont encrées. Le résultat obtenu s'appelle **une estampe**.

Carnet de lecture

4 Note les références de l'œuvre que tu préfères puis explique ton choix.

5 Recherche sur Internet comment Gustave Doré et Willy Aractingi ont illustré *La Cigale et la Fourmi* et *Le Corbeau et le Renard* de La Fontaine.

2

LE RÉCIT D'APPRENTISSAGE

Se découvrir, s'affirmer dans le rapport aux autres

Texte 1

Le Coriace navigue dans un de ces chemins d'eau qu'on appelle en Louisiane un bayou. La nuit commence à tomber et on entend des cris lugubres monter de la forêt. Aristide tremble comme une feuille. Spidi, au bord de la crise de nerfs, s'inquiète des ombres allongées qui encerclent le bateau.

– Chapitaine ?

– Quoi, Aristide ?

– Je crois bien qu'il y a des crocodiles…

– Ne dis pas de bêtises, Aristide. Ce sont des troncs d'arbres qui flottent.

– Alors celui-là flotte drôlement vite, chapitaine, répond Aristide en roulant de gros yeux affolés.

■ François Place, *Lou Pilouface, Panique dans le bayou*

Texte 2

Andi a embrassé Julia en cachette mais Farkas les a vus et s'est moqué d'eux. Alors, Andi a giflé Farkas. Plein de rancune et de honte, Andi a décidé de s'enfuir.

Il se cacha jusqu'à la nuit au bord de la rivière. Puis le froid tomba et il se mit à trembler. De froid et de peur. Maintenant, sa mère et Anna le cherchaient surement dans tout le village. Peut-être que sa mère mourrait de chagrin s'il ne rentrait pas avant la nuit. Alors, il décida de remettre son voyage à plus tard et s'approcha du village. Il entendit la voix d'Anna qui l'appelait. Il lui répondit.

« Rentre à la maison », dit Anna. Mais elle n'osait pas s'approcher du bosquet où il se cachait, car elle savait qu'il avait un caillou dans la main. « Sors, je ne dirai rien à maman.

– Lui dire quoi ?

– Je ne lui dirai pas que tu es le fiancé de Julia.

– Dis à maman que je ne reviendrai plus jamais à la maison » dit-il, et il sentit sa gorge se serrer de tristesse.

■ Danilo Kiš, *Chagrins précoces*, traduit par Pascale Delpech, recueilli dans *Le Cirque de famille* © Éditions Gallimard, 1984.
www.gallimard.fr

ÉCHANGER

- À ton avis, que signifie le mot *apprentissage* dans le titre du chapitre *Le récit d'apprentissage* ? Lequel des deux textes appartient à ce genre ?

LIRE À VOIX HAUTE À TROIS

- Lisez l'extrait choisi devant vos camarades. Faites bien comprendre la situation et les sentiments des personnages.

Une fête mémorable

Odd, un garçon d'une douzaine d'années, ne cesse de harceler Buddy. Un jour, Odd est invité par Miss Sook, la tante de Buddy, à une fête qui réunit famille et voisins. Juste avant le repas, Buddy voit Odd voler une broche appartenant à sa tante. Pensant tenir sa vengeance, il ne dit rien sur le moment.

Tandis que chacun plaçait confortablement sa chaise et dépliait sa serviette, se produisit la pause que j'avais attendue pour faire sensation :

– Il y a un voleur parmi nous.

Ma voix était calme et je répétai mon accusation sur un ton encore plus impassible :

– Odd Henderson est un voleur. Il a pris le camée[1] de Miss Sook.

Les serviettes jetèrent des éclairs brillants entre les mains tout à coup immobilisées. Les hommes toussèrent, les sœurs Conklin ouvrirent la bouche comme un quatuor[2] à l'unisson. […]

Mon amie[3], qui hésitait entre la remontrance et l'angoisse, dit :

– Buddy ne veut pas dire cela. Ce n'est qu'une taquinerie.

– Non, ce n'est pas une taquinerie. Si tu ne me crois pas, va voir dans ta boite. Le camée n'y est plus. Il est dans la poche d'Odd Henderson.

– Buddy a eu un mauvais croup[4], murmura-t-elle. Ne lui en veuillez pas, Odd. Il ne sait pas ce qu'il dit.

Je repris :

– Va voir dans ta boite. Je l'ai vu le prendre.

PARTAGER NOS PREMIÈRES IMPRESSIONS

a Qui est le narrateur ?

b JOUER Mettez cet extrait en scène à plusieurs (Odd, Buddy, Miss Sook, Oncle B., quelques convives) en montrant que vous avez bien compris ce qui se passe.

Vocabulaire pour mieux lire

1. Lignes 5 et 32, donne le sens de l'adjectif ***impassible*** puis explique dans les deux cas les raisons de cette ***impassibilité***.

2. Cherche le sens des mots ***répugnance*** et ***se plier à*** dans le dictionnaire. Reformule la phrase des lignes 23 à 26.

Je repère des indices

Un évènement qui marque une vie

1 Buddy garde-t-il un souvenir vague ou intense du moment raconté ? Justifie ta réponse.

2 **a.** Comment Buddy met-il en scène son accusation ?

b. Comment, à la fin du texte, Odd fait-il sensation à son tour ?

Oncle B., jetant sur moi un inquiétant regard glacé, prit l'affaire en main.
– Vous feriez peut-être mieux d'y aller, dit-il à Miss Sook. Cela règlerait la question.

Il était bien rare que mon amie désobéît à son frère. Elle ne discuta donc pas. Mais sa pâleur, l'inclinaison douloureuse de ses épaules, révélaient avec quelle répugnance elle se pliait à cet ordre. Elle ne s'absenta pas plus d'une minute, mais cette minute me parut durer une éternité. L'hostilité naquit et crût[5] autour de la table comme une plante grimpante épineuse qui se serait développée à une vitesse inexplicable – et la victime prise au piège dans ses vrilles n'était pas l'accusé mais l'accusateur. Mon estomac se souleva. Odd, pendant ce temps, était aussi impassible qu'un mort.

Miss Sook revint en souriant.
– Tu n'as pas honte, Buddy, dit-elle en me menaçant du doigt, de faire des farces pareilles. Mon camée est exactement où je l'avais laissé.

Oncle B. dit :
– Buddy, j'exige de t'entendre faire des excuses à notre invité.
– Non, il n'a pas à me faire d'excuses, dit Odd en se soulevant. Il a dit la vérité.

Il plongea la main dans sa poche et posa le camée sur la table :
– J'aimerais bien avoir une excuse à présenter mais je n'en ai aucune.

Se dirigeant vers la porte, il ajouta :
– Vous devez être une dame pas ordinaire, Miss Sook, pour avoir menti pour moi comme ça.

■ Truman Capote, *L'Invité d'un jour*, traduit par George Magnane

LISTES DE RÉFÉRENCE

1. camée : pierre fine sculptée et montée en broche.

2. un quatuor : un groupe de quatre musiciens.

3. Souvent, Buddy appelle sa tante *Miss Sook* ou *mon amie*.

4. un mauvais croup : une grave maladie de la gorge.

5. crût (verbe *croitre*) : augmenta.

Des réactions qui font réfléchir

3 Comment Miss Sook tente-t-elle d'expliquer l'accusation de Buddy ? Pourquoi ?

4 Quel rôle Oncle B. joue-t-il dans l'histoire ?

5 À ton avis, que ressent Buddy quand sa tante quitte la table pour vérifier si le camée a disparu ? Et lorsqu'elle revient en souriant ?

6 * Explique la remarque d'Odd avant de quitter la fête.

Entre les lignes

7 DÉBATTRE Selon toi, quelle leçon Miss Sook a-t-elle voulu donner à Buddy ?

8 EMC De quel personnage prendrais-tu la défense ? Explique pourquoi.

J'écris

9 **Imagine la suite du repas après le départ d'Odd. Décris les réactions des personnages.**

COMPRENDRE INTERPRÉTER UN RÉCIT D'APPRENTISSAGE

La cabane sur le fleuve Amazone

Maia, d'origine anglaise, a été adoptée par de lointains parents qui vivent au Brésil. Elle fait la connaissance de Finn, un garçon qui vit dans une cabane au bord du fleuve Amazone.

« C'est mon père qui l'a construite, et c'était là que nous vivions quand nous ne partions pas en expédition pour rapporter des plantes. Je n'arrive toujours pas à croire qu'il ne reviendra pas, même s'il y a maintenant quatre mois qu'il s'est noyé.

– Tu le vois de temps en temps ? demanda Maia et il se retourna brusquement vers elle, car c'était comme si elle avait lu dans ses pensées. Moi, je vois le mien. Mon père. Ce n'est pas un fantôme ou une apparition. C'est lui, tout simplement.

– Oui, c'est exactement la même chose pour moi. Et souvent il me montre quelque chose. Un insecte que je ne connais pas, ou une plante.

– Le mien aussi me montre des choses. Des petits bouts de poterie, des bris de verre. Il était archéologue.

– Mon père était botaniste. Il avait rassemblé une collection de plus de cent nouvelles espèces de plantes.

– Je sais… j'en ai vu au musée. Tu dois être fier de lui.

– Oui, peut-être que les pères servent à ça. Ils sont là pour nous montrer des choses. »

PARTAGER NOS PREMIÈRES IMPRESSIONS

a Où se trouvent Maia et Finn ? En quoi est-ce un lieu inhabituel ?

b Selon toi, qu'est-ce qui rapproche les deux personnages ?

Carnet de lecture Dessine en détails les personnages dans leur milieu de vie.

Vocabulaire pour mieux lire

1. Ligne 26, ***Il n'y a rien de tel pour se former l'esprit*** : reformule la phrase avec tes propres mots.

2. Dans un dictionnaire, cherche le sens des mots ***empreinte*** (l. 43) et ***emprunte***. Lequel est un nom, lequel est un verbe ?

Grammaire pour mieux lire

La désignation des personnages

1 **Lignes 18 à 22** (*La cabane… sur son bureau*)
À quel nom propre renvoient les pronoms ***il*** ? Qui ce nom propre désigne-t-il ?
Relève les déterminants qui renvoient à ce même personnage.

2 Qui représente le pronom ***On*** dans la phrase *On pourrait passer toute une vie dans un endroit comme celui-ci* (l. 51) ?

POUR ALLER PLUS LOIN ▶ Grammaire 20, page 178

Vue générale du bassin de l'Amazone.

La cabane était telle que Bernard Taverner[1] l'avait laissée lorsqu'il était parti avec un ami indien à la recherche du nénufar bleu dont les feuilles servent de remède à la douleur. Les boites, les bocaux dans lesquels il gardait ses spécimens[2] et son microscope étaient soigneusement disposés sur son bureau. [...]

[L]e volume ouvert sur la table était une édition en latin de *La Guerre des Gaules*[3] de César. Et Finn poussa un soupir en le regardant.

« Il m'a fait promettre de continuer à étudier le latin quoi qu'il arrive. Il disait qu'il n'y a rien de tel pour se former l'esprit. Mais c'est difficile quand on est tout seul.

– Oui, fit Maia en hochant la tête. Tout est différent quand on est seul. »

En même temps, elle songeait qu'aucun endroit ne lui avait jamais autant plu. [...]

« Vous avez dû être très heureux, ici, toi et ton père[4].

– Oui, très. Je me réveillais tous les matins en me disant : je suis exactement là où j'ai envie d'être. Et il n'y a pas beaucoup de garçons de mon âge qui ont cette chance. Je m'imaginais réveillé par une sonnerie aigüe dans ces horribles pensionnats anglais. »

[SUITE PAGE 26]

1. Bernard Taverner : le père de Finn.
2. ses spécimens : ses exemples de plantes vivant dans la région.
3. *La Guerre des Gaules* : œuvre de Jules César, empereur romain.
4. La mère de Finn est morte à sa naissance.

Je repère des indices

Des confidences très personnelles

3 **a.** Lorsque Finn prend la parole au début du texte, quelle confidence fait-il à Maia ?

b. Retrouve le passage qui montre que le père de Maia comme celui de Finn continuent à vivre auprès d'eux. Recopie les deux phrases qui se font écho.

4 **a.** Finn attache une grande importance au lieu où il a vécu avec son père : à quoi le comprends-tu ?

b. En quoi Finn peut-il être fier de son père ?

5 **a.** Quels points communs Maia et Finn se découvrent-ils au fil du dialogue ?

b. Explique le désespoir de Maia à la ligne 55.

Des valeurs à transmettre

6 **a.** Selon Finn, à quoi servent les pères ? Qu'est-ce que Finn a appris du sien ?

b. * Selon toi, quel rôle Finn joue-t-il auprès de Maia ?

Il l'emmena dehors, lui montra son four, l'endroit où les tortues pondaient leurs œufs, la bouteille pleine d'eau sucrée qu'il remplissait tous les matins pour les colibris, comme le faisait autrefois son père.

« Nous en avons recensé vingt-et-une espèces rien que sur cet arbre », dit-il.

Son arc et ses flèches étaient accrochés à une branche, mais elle avait aussi vu un fusil appuyé contre le rebord de la fenêtre.

« Tu vois ça, dit-il en indiquant des empreintes sur le sable. C'est un tapir. Il vient la nuit pour boire. » Son père avait planté un jardin très simple, protégé par une clôture en fil de fer, où il faisait pousser du manioc, du maïs et des patates douces.

« C'est difficile d'empêcher les animaux d'entrer… et d'arracher les mauvaises herbes.

– Tout m'a l'air très bien entretenu, dit-elle en faisant un grand geste de la main qui englobait la cabane, le bateau, le lagon. On pourrait passer toute une vie dans un endroit comme celui-ci. »

Il la regarda avec étonnement.

« Oui, mais je ne peux pas rester. Je pars en voyage.

– Ah ? »

L'espace d'un instant, elle sentit le désespoir l'envahir. Elle venait à peine de le rencontrer et voilà qu'il avait décidé de s'en aller.

■ Eva Ibbotson, *Reine du fleuve*
© Macmillan Ibbotson © Albin Michel, 2001. LISTES DE RÉFÉRENCE

7 ÉCHANGER EMC *Tout est différent quand on est seul* (l. 28) : qu'est-ce qui est différent ? Aimes-tu être seul(e) ou pas ? Pourquoi ?

Carnet de lecture Écris ce que tu as retenu des échanges avec tes camarades sur le thème de la solitude.

Entre les lignes

8 DÉBATTRE À ton avis, Maia et Finn vont-ils être séparés pour toujours ?

J'écris

9 **Imagine la suite du dialogue en préservant la tendre amitié de Maia et de Finn.**

Vocabulaire pour mieux échanger

1. Donne le nom dérivé de l'adjectif ***seul***.
2. Quelle est la différence entre ***esseulé*** et ***solitaire*** ?
3. Classe les phrases selon que l'adjectif ***seul*** a un sens positif ou négatif. Explique ton classement.

a. Elle a réussi seule son problème de mathématiques.

b. Il se sent seul depuis que son camarade a déménagé.

c. On est bien seul sans amis.

d. Il aime être seul avec ses pensées.

LES CLÉS DU RÉCIT D'APPRENTISSAGE

Les mots-clés

- expérience
- évènement marquant
- leçon de vie
- rencontre
- compréhension de soi et des autres
- valeurs morales

1 Crée un schéma (étiquettes, flèches…) à partir de tous ces mots pour expliquer ce qu'est un récit d'apprentissage.

Le récit d'apprentissage

évènement manquant → …

AIDE ▶ Fiche méthode nº 5 – page 252

Des expériences fortes

Le héros ou l'héroïne **vit des expériences** qui vont **le / la transformer**. Le narrateur raconte les plus marquantes de façon précise. Buddy raconte dans les moindres détails la scène du repas chez sa tante (page 22).

2 RACONTER Dans ce chapitre, quel personnage te semble vivre l'expérience la plus forte ? Raconte brièvement cette expérience et explique pourquoi tu l'as choisie.

Des rencontres décisives

Les rencontres sont décisives pour l'évolution du personnage. Lorsque l'héroïne ou le héros est un enfant, c'est souvent un adulte qui l'aide à **réfléchir** à ce qu'il vit et lui montre la voie comme Finn et Maia (pages 24 à 26).

3 Pour chaque personnage, précise quelle(s) rencontre(s) l'aide(nt) à se découvrir ou à s'affirmer.

Andi	Buddy	Maia	Finn
…	…	…	…

Des valeurs morales à acquérir

Progressivement, grâce à des expériences et à des rencontres, le personnage va **acquérir des valeurs** qui lui permettront **de se découvrir et de s'affirmer par rapport aux autres.**

4 Parmi ces valeurs, laquelle te semble la plus importante ?

- la fidélité
- la franchise
- la générosité
- la liberté
- l'égalité
- l'honnêteté

Explique pourquoi.

DES PISTES DE LECTURE

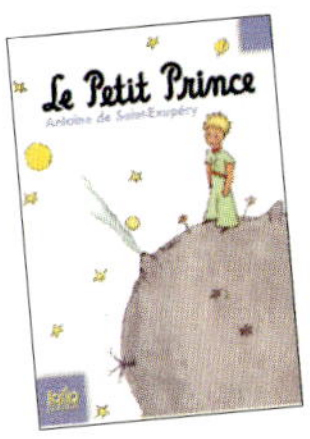

LISTES DE RÉFÉRENCE

Antoine de Saint-Exupéry, ***Le Petit Prince***, © Éditions Gallimard Jeunesse, 2007. www.gallimard-jeunesse.fr (115 pages)
C'est la rencontre avec une rose, un serpent, un renard, qui permettent au Petit Prince de saisir ce qui est important dans la vie. Et c'est le Petit Prince qui donne au narrateur des clés pour comprendre le sens de la vie.

Anna Gavalda, ***35 kilos d'espoir***, Bayard éditions, 2012. (104 pages)
Grégoire raconte à la 1re personne comment il a réussi à surmonter sa haine de l'école après bien des années.

Stéphane Servant, ***La Cabane sur le toit***, Rue du Monde, 2009. (105 pages)
Yanis partage son temps entre la cabane où il peut rêver et sa vie souvent compliquée. Lors d'un mauvais coup avec l'un de ses copains, il rencontre un vieil immigré algérien qui va l'aider à grandir.

ÉCRIRE À PARTIR D'UNE BANDE DESSINÉE

■ *Pico Bogue*, tome 2, « Situations Critiques » : 1/2 planche « Copains » p. 22 de Alexis Dormal et Dominique Roques, Éditions Dargaud.

CONSIGNE D'ÉCRITURE

1. Lis la bande dessinée. Pico a-t-il confiance en lui ? Et dans les autres ? Son copain a-t-il confiance en lui-même ?

2. Écris l'histoire racontée par cette bande dessinée.

VOCABULAIRE POUR MIEUX ÉCRIRE

1 Des mots *pour exprimer le mécontentement*

Des noms

- la déception • la contrariété
- le mécontentement • le dépit

Des adjectifs

- mécontent • déçu • fâché
- contrarié • dépité • irrité

Des verbes

- décevoir • mécontenter
- irriter • contrarier • agacer

1. **a.** Regroupe les mots ci-contre par famille.
   b. Donne le nom dérivé du verbe *irriter*.

2. Explique la différence entre *déçu*, *fâché* et *contrarié*.

3. Complète les phrases avec le mot qui convient.
   a. En arrivant à son hôtel, le petit Nicolas a constaté qu'il n'y avait pas vue sur mer : il était très … .
   b. Son … était encore plus fort quand il a vu qu'il s'agissait d'une plage de sable !
   c. Il savait bien que cela … sa mère de le voir lancer des galets dans l'eau.

MÉTHODE D'ÉCRITURE

Alexis Dormal et Dominique Roques,
Éditions Dargaud.

1. Organisez vos idées ÉCHANGER À DEUX

a. Donnez un prénom au copain de Pico.

b. Mettez-vous d'accord sur le sens de la bande dessinée et notamment sur les raisons pour lesquelles le copain de Pico (qui est le premier de sa classe) se trouve *nul* au début puis à la fin.

c. Oralement, **racontez** l'histoire en commençant par : *En rentrant de l'école, Pico s'aperçut que ... était triste. Il lui dit : ... .* **Formulez** en détail ce qui se passe dans les cases 3 et 4.

2. Mets tes idées en mots

d. Sur une grande feuille, **recopie** le début de l'histoire puis les répliques des personnages en laissant des blancs pour ajouter les éléments du récit.

e. Raconte à nouveau l'histoire dans ta tête en suivant l'ordre des cases. **Complète** les blancs de ta feuille. **Mets** les verbes au passé simple.

Orthographe pour mieux écrire

Les terminaisons du passé simple aux 3es personnes du singulier et du pluriel

-a / -èrent	-it / -irent	-ut / -urent
il remarqua / ils remarquèrent	*il dit / ils dirent*	*il aperçut / ils aperçurent*

RAPPEL ▶ Orthographe 13 page 200 ▶ Tableau de conjugaison page 244

f. Enrichis ton texte en utilisant des expressions qui précisent les sentiments du copain de Pico. **Utilise** le vocabulaire, page 28.

g. Avec ton voisin, **échangez** vos productions.

3. Améliorez votre texte À DEUX

h. Avec les deux récits, **composez-en** un seul :
– **conservez les passages** de récit qui vous semblent les mieux écrits ;
– **insérez les répliques** des personnages en ajoutant des verbes de parole.

i. Relisez-vous en utilisant le guide de relecture.

4. Écrivez votre texte au propre À DEUX

j. Recopiez ou **saisissez** votre production.

GUIDE DE RELECTURE

- J'ai bien restitué le sens global de l'histoire : j'ai notamment fait comprendre pourquoi le copain de Pico Bogue se sent « nul ».
- J'ai alterné récit et dialogues.

ENRICHIR SON CARNET DE LECTURE

Je m'exprime

1 **Recopie** la phrase ou le passage que tu préfères dans les textes du chapitre.

2 Si tu devais écrire un récit d'apprentissage, quel type de personnage choisirais-tu ? **Écris** la fiche d'identité de ton personnage et **résume** l'expérience qu'il va vivre en quatre ou cinq lignes.

3 Toi aussi, tu as fait une rencontre décisive dans ta vie. **Fait le récit** de cette rencontre et **explique** ce qu'elle t'a apporté.

Je réfléchis

Se découvrir, s'affirmer dans le rapport aux autres

4 Tu as peut-être lu des journaux intimes (*Je t'écris, j'écris...* de Géva Caban ou *Journal d'un dégonflé* de Jeff Kinney). **Explique** la différence avec un récit d'apprentissage.

5 Dans quel(s) autre(s) genre(s) le héros/l'héroïne peut-il/elle se découvrir et/ou s'affirmer dans son rapport aux autres ? **Donne un ou des exemples** de livres que tu connais.

Je lis un poème

Dans le recueil, le poète Jean Rivet s'adresse à ses petites-filles pour leur rappeler des souvenirs ou partager ses sentiments avec elles.

6 **Lis** le poème silencieusement jusqu'à ce que tu le comprennes bien. Quelle leçon le poète veut-il transmettre ? **Recopie** le poème et **illustre-le**.

7 **METTRE EN VOIX** Mets des barres pour repérer les endroits où tu dois faire des pauses à l'oral. Entraine-toi de façon à faire sentir la tendresse du poète pour l'escargot.

L'escargot est un gastéropode
Terrestre à coquille arrondie
En spirale
Il est herbivore mais je sais qu'il mange
Aussi les mots et que ses yeux
Sont au bout de ses cornes
J'ai beaucoup de tendresse pour l'escargot
Vigneron ou pour l'escargot chagriné
Même quand il est dans une assiette
Blanche comme un coin d'automne
Et si dans un escalier en colimaçon
Tu me demandes pourquoi
Je te réponds que les choses vraies
Ne sont jamais en ligne droite

Jean Rivet, *Le Soleil meurt dans un brin d'herbe*, Éditions Møtus.

LISTES DE RÉFÉRENCE

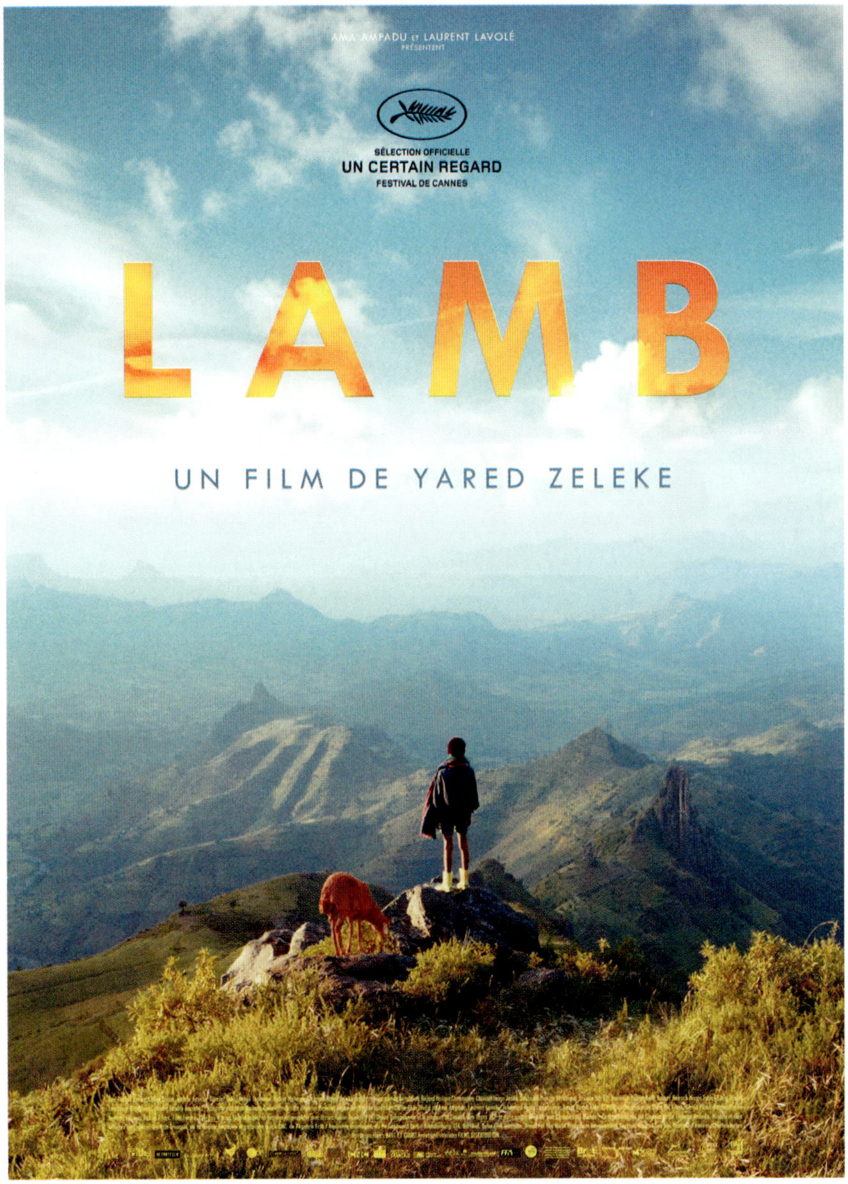

La bande-annonce

Synopsis

Ephraïm, un garçon de neuf ans, vit avec sa brebis Chuni en Éthiopie. Sa mère meurt lors d'une famine et son père l'envoie, accompagné de sa brebis, chez des cousins. Ephraïm a le mal du pays. Son oncle lui ordonne d'abattre sa brebis à l'occasion d'une fête. Il élabore alors un stratagème pour sauver Chuni et retourner chez lui.

Affiche du film *Lamb*, du réalisateur éthiopien Yared Zeleke, 2015, Haut et Court distribution.

PREMIÈRES IMPRESSIONS

1 As-tu envie de voir ce film ? Pourquoi ?

L'AFFICHE

2 **a.** Quelle est l'information principale ? Comment est-elle mise en valeur ?

b. Cherche la traduction du titre en français.

Vocabulaire

Dans un dictionnaire, trouve quel est le métier d'un **scénariste**, d'un **réalisateur**, d'un **metteur en scène**, d'un **producteur**.

3 Fais une recherche sur le réalisateur de *Lamb*.

4 Compare le synopsis du film et l'affiche : pourquoi cette image a-t-elle été choisie ?

LA BANDE-ANNONCE DU FILM

5 Cherche et visionne la bande-annonce de *Lamb*.

a. Quelle(s) image(s) as-tu retenue(s) ?

b. À quelles difficultés Ephraïm est-il confronté ?

c. Comment pense-t-il y échapper ?

d. Quel(s) personnage(s) va / vont l'aider à s'affirmer face aux autres ?

Carnet de lecture Explique en quoi *Lamb* est *un film d'apprentissage*.

LIRE UNE ŒUVRE INTÉGRALE

Histoire d'une mouette et du chat qui lui apprit à voler

Luis Sepúlveda, Éditions Métailié, 2012.

Se découvrir, s'affirmer dans le rapport aux autres

LISTES DE RÉFÉRENCE

PREMIÈRE PARTIE

CHAPITRES 1 À 3

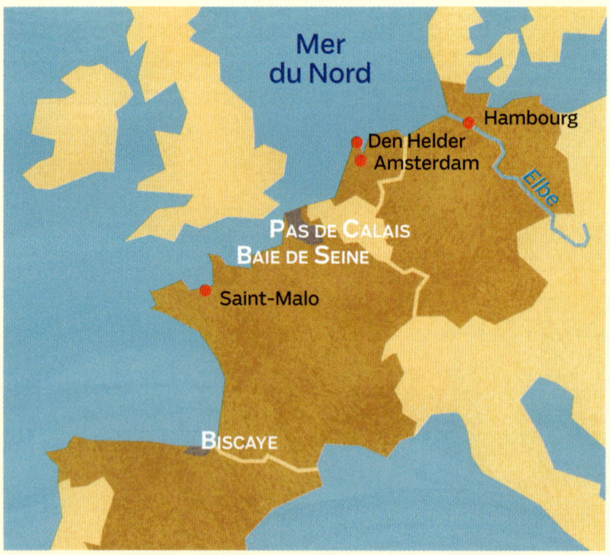

→ Lis les chapitres 1 et 2.

1 a. **Sur la carte, suis le plan de vol des mouettes du Phare du Sable rouge puis repère la ville de Hambourg.**

b. **Comment les mouettes sont-elles organisées pour voler, se réunir et échapper aux dangers ?**

2 **Relève les expressions en relation avec la marée noire qui touche Kengah. Quelle en est la cause ?**

3 *Carnet de lecture*

a. Liste tout ce qui oppose Kengah et Zorbas.

→ Lis le chapitre 3.

b. Écris la suite de l'histoire telle que tu l'imagines.
Crée un lien entre Kengah et Zorbas.

CHAPITRES 4 ET 5

→ Lis le chapitre 4.

4 a. **Quelles sont les trois promesses demandées par Kengah à Zorbas ?**

b. **En quoi peuvent-elles sembler *délirantes* à Zorbas ?**

c. DÉBATTRE **À ton avis, Zorbas va-t-il honorer son engagement ? Comment ?
Formule deux hypothèses différentes.**

→ Lis le chapitre 5.

5 METTRE EN SCÈNE **À PLUSIEURS**

Jouez la scène du restaurant, pages 34 à 37.

Trois élèves joueront Zorbas, Secrétario et Colonello ; les autres joueront les clients du restaurant.

Efforcez-vous de restituer la personnalité et la manière de s'exprimer de chaque personnage.

CHAPITRES 6 À 9

→ Lis les chapitres 6, 7 et 8.

6 **Fais une fiche pour chaque personnage :** Colonello, Secrétario et Jessaitout (lieu de vie, caractère, trait distinctif, tics de langage).

7 **Quels sentiments, quelles pensées Zorbas doit-il surmonter avant de couver l'œuf ?**

→ Lis le chapitre 9.

8 a. **Relis le premier portrait de Colonello à la page 35.**
En quoi incarne-t-il la figure du vieux sage ?

b. **Quelle leçon donne-t-il aux autres chats ? Est-il entendu par eux ?**

9 *Carnet de lecture*

a. Quelle est ta réaction personnelle à la lecture des deux derniers paragraphes de la première partie, pages 56 et 57 ?
Explique comment tu les comprends.

b. Imagine quatre ou cinq titres de chapitres de la deuxième partie.

DEUXIÈME PARTIE

CHAPITRES 1 À 5

→ Lis le sommaire du roman à la page 121.

10 a. **Compare les titres du sommaire avec ceux que tu as imaginés.**

b. PARTAGER **À QUATRE** **Imaginez les évènements de la deuxième partie sous la forme d'un scénario. Faites part de votre scénario à vos camarades.**

→ Lis les 5 chapitres.

11 a. **En quoi l'attitude du poussin est-elle « attendrissante » comme le dit Jessaitout (page 68) ?**

b. **Zorbas se montre-t-il à la hauteur de ses promesses ? Justifie ta réponse avec plusieurs exemples.**

CHAPITRE 6

→ Lis le chapitre 6.

12 **Complète la colonne de droite du tableau.**

Les déclarations d'Afortunada	Les réponses de Zorbas
je ne veux pas voler	...
je suis un chat	...
quand je serai grosse, tu inviteras les chats pour me manger	...

13 *Carnet de lecture*

a. Reformule avec tes propres mots ce que les chats ont appris au contact d'Afortunada.

b. Selon toi, les valeurs défendues par les chats sont-elles nécessaires à la société des humains ? Justifie ta réponse.

CHAPITRES 7 À 10

→ Lis les quatre chapitres.

14 a. **Quel interdit les chats doivent-ils transgresser pour aider Afortunada à voler ?**

b. **Pourquoi choisissent-ils « l'humain de Bouboulina » ?**

c. **Quel rapport peut-on faire entre lui et le narrateur du roman ?**

15 a. **Qu'apprenons-nous de nouveau au sujet de Zorbas dans le chapitre 10 ?**

b. **À la page 112, que comprend-il, selon toi ?**

CHAPITRE 11

→ Lis le chapitre 11.

16 **Qui, finalement, est témoin de l'envol de la mouette ? Pourquoi ?**

17 **Pour Zorbas, Afortunada a compris que « le plus important est que seul vole celui qui ose le faire » (page 119). Explique le sens de cette phrase.**

Carnet de lecture

L'homme et la nature

- Relis les passages dans lesquels le narrateur dénonce les méfaits des hommes sur la nature (pages 24-25 ; 75-76 ; 81-83).
Liste ses griefs envers eux.

L'humour

- Quel est, selon toi, le passage le plus drôle du roman ? Relis-le et explique pourquoi.

La morale de l'histoire

- Pourquoi est-ce important que Kengah et Afortunada, d'une part, Zorbas et les chats de Hambourg d'autre part, soient des animaux très différents ?
- En quoi la solidarité des chats est-elle décisive dans la réussite des promesses de Zorbas à Kengah ?
- Pourquoi Zorbas est-il « un chat bon, un chat noble » (page 119) ?

3

DE LETTRE EN LETTRE

Se découvrir, s'affirmer dans le rapport aux autres

Texte 1

Mardi 1er septembre

Cher journal,

Quand je suis rentrée du collège aujourd'hui, maman m'attendait dans le salon.

– Ça s'est bien passé ? m'a-t-elle demandé avec un petit regard inquiet.

J'ai grommelé :

– Mmm !

Et je suis allée m'enfermer dans ma chambre pour colorier mon emploi du temps.

■ Marion Achard, *Comment j'ai survécu à la sixième* © Actes Sud, 2016.

Texte 2

Lydia, passionnée de jardinage, est partie habiter chez son oncle Jim dont le chat s'appelle Otis.

5 mars 1936

Chers Maman, Papa et Grand-mère,

J'ai découvert un endroit secret. Vous n'imaginez pas combien c'est formidable ! Personne d'autre que moi ne sait qu'il existe, à part Otis.

J'ai de grands projets.

Merci pour toutes vos lettres. Je vais essayer d'écrire davantage de mon côté. Mais je suis très occupée à planter toutes vos graines dans des tasses à thé ébréchées et dans des moules à gâteaux déformés ! Et puis, Grand-mère, tu devrais sentir la bonne terre que je rapporte du terrain vague, en bas de la rue.

Je vous embrasse tous.

Lydia Grace

■ Sarah Stewart, *Le Jardin secret de Lydia* © Syros Éditions, 2006.

ÉCHANGER

- Lequel de ces textes est une lettre ? Comment le sais-tu ?
- Quelles différences fais-tu avec l'autre texte ? À quel genre appartient-il ?

LIRE À VOIX HAUTE

- Lis l'extrait en faisant partager l'enthousiasme de l'auteure.

COMPRENDRE INTERPRÉTER UNE LETTRE

Ensemble des lettres

Lettre d'un cochon d'Inde

Cette lettre est la première d'un échange entre un cochon d'Inde et un académicien.

Cher Monsieur Hector Bellami,
académicien de l'Académie des lettres,

Veuillez m'excuser si je vous dérange mais on m'a dit que vous étiez le gardien des mots, le chef du dictionnaire. Si l'on ne m'a pas trompé, c'est donc vous qui choisissez les mots qu'il faut garder, ceux dont il faut se débarrasser, ou encore, quand on invente une nouvelle chose, vous qui décidez comment elle s'appellera. Et puis, on m'a dit aussi que vous écriviez des livres. […]

Bon, peut-être qu'un jour, moi aussi j'écrirai un livre mais en attendant, c'est pour tout autre chose que je vous sollicite et que je demande votre aide. Voilà : j'ai été élu pour la quatrième année consécutive président de l'Association des Mal Nommés. Qu'est-ce que c'est ? Eh bien, je représente ceux qui n'aiment pas leur nom, ceux dont on se moque ou qu'on fuit à cause d'un patronyme trop rebutant. En tant que président, il m'a semblé tout naturel de m'adresser à vous pour ce genre de choses puisque, si je suis bien renseigné, c'est vous le responsable de tout ça. Alors déjà, je ne vous félicite pas, vous ne m'avez pas gâté : me nommer cochon d'Inde, ce n'est vraiment pas gentil de votre part. Vous trouvez que je ressemble à un cochon avec mes poils et ma taille ?

PARTAGER NOS PREMIÈRES IMPRESSIONS

a Quel est le problème de l'auteur de la lettre ? Qu'espère-t-il obtenir ?

b Quel(s) adjectif(s) emploierais-tu pour qualifier cette lettre ?

Vocabulaire pour mieux lire

Dans un dictionnaire, trouve la définition :

1. des noms ***expéditeur*** – ***destinataire***. Qui est l'expéditeur, qui est le destinataire de cette lettre ?

2. du nom ***patronyme*** (l. 14) ?

3. de ***houspillaient*** (l. 25) ?

Je repère des indices

Un expéditeur/un destinataire

1 **a.** Relève les caractéristiques d'une lettre.
b. Recopie la dernière phrase. À quoi sert-elle ?

2 **a.** Quelles sont les trois fonctions de Monsieur Hector Bellami (l. 1 à 8) ?
b. En quoi peut-il être utile au cochon d'Inde ?

3 **a.** * Pourquoi le premier et le dernier paragraphes sont-ils écrits dans un registre soutenu ?
b. Qu'est-ce qui rend cette lettre amusante ?

J'ai plutôt l'air d'une grosse souris, ou d'un mulot, ou encore d'une musaraigne obèse. Non, franchement, m'appeler cochon d'Inde, ce n'était vraiment pas sympathique. Si vous saviez ce que j'ai entendu depuis que je suis tout petit ; les sifflets, les quolibets du type « Hou, le cochon ! » ou « Groin, groin », ou encore « Retourne dans ta porcherie ». Même les vrais cochons me houspillaient, ils voulaient me mettre des plumes dans les poils pour jouer aux cow-boys et aux Indiens !

Cochon, cochon, en plus je ne suis même pas sale, enfin, pas plus que beaucoup d'autres animaux. Un hippopotame, c'est plus sale que moi et ça ressemble davantage à un cochon, alors pourquoi ne pas l'avoir appelé cochon d'Afrique, du coup ça aurait libéré le nom d'hippopotame et c'est comme ça que je m'appellerais maintenant. Hippopotame d'Inde, ce n'est pas super génial mais c'est déjà bien mieux que cochon d'Inde. [...]

Je pense que vous aurez donc compris, Monsieur l'académicien de l'Académie des lettres, les raisons qui me poussent à vous écrire. Comme c'est vous qui vous occupez des mots, je pense qu'il vous sera facile de changer mon nom ainsi que celui de tous les membres de mon association. Nous en avons assez de porter des noms ridicules ou imprononçables.

En attendant une réponse que j'espère favorable, je vous prie d'agréer, Monsieur Bellami, l'expression respectueuse de mes sentiments dévoués.

Le cochon d'Inde
président de l'Association des Mal Nommés

■ Philippe Lechermeier, *Lettres à plumes et à poils*, Éditions Thierry Magnier, 2011.

LISTES DE RÉFÉRENCE

Une lettre pour convaincre

4 **a.** Retrouve l'ordre de la lettre et indique les lignes.
Le cochon d'Inde :

a. se présente ;
b. se défend d'être sale et exprime son sentiment d'injustice ;
c. vérifie que Monsieur Hector Bellami est bien celui dont on lui a parlé ;
d. formule clairement sa demande ;
e. se plaint de son nom et explique quelles en sont les conséquences pour lui.

b. * Quel est, selon toi, son meilleur argument ?

Entre les lignes

5 DÉBATTRE À ton avis, pourquoi l'auteur du livre a-t-il créé cette correspondance entre un cochon d'Inde et un académicien ?

J'écris

6 Choisis un animal dont tu trouves le nom étrange ou inapproprié. **Écris la courte lettre qu'il adresse à l'académicien.**
Trouve un argument et fais une proposition pour changer de nom.

Un échange vif et sincère

Olivia, douze ans, ne connait pas son père. Elle trouve une lettre que sa mère a écrite à une certaine Mme Barrois qui l'a renvoyée sans même l'ouvrir. Le nom de cette dame évoque à Olivia des souvenirs de sa petite enfance. Elle entame alors une correspondance, espérant en savoir plus sur les circonstances de sa naissance et sur son père.

La Varenne, le 14 février

Chère Madame,

Si vous lisez ces mots, c'est que vous êtes quand même un peu gentille, puisque vous avez ouvert ma lettre alors que vous m'aviez interdit de vous réécrire et que je le fais.

Vous voyez, j'ai essayé de ne plus vous embêter, d'oublier mes lettres et les vôtres. Les petites vacances sont passées, mais je n'ai pas pu. J'y repense tout le temps.

Je trouve que ce n'est pas juste. Si vous savez quelque chose sur ma mère, mon père ou ma naissance, vous devriez vous sentir obligée de me le dire. Surtout que vous êtes une personne âgée. Justement ! Vous devriez savoir comment ça fait mal quand on a du chagrin. Vous avez aussi oublié que vous avez été enfant ?

PARTAGER NOS PREMIÈRES IMPRESSIONS

a) À ton avis, quel est le lien entre Olivia et Mme Barrois ?

b) Quel effet cet échange de lettres produit-il sur toi ?

Vocabulaire pour mieux lire

1. Classe les expressions selon le registre de langue : familier, courant ou soutenu. Aide-toi du dictionnaire.
quand même un peu gentille (l. 3).
ne me laissez pas tomber (l. 19)
juré (l. 23) – *ma décrépitude* (l. 28-29)
des détours hypocrites (l. 33)

2. Comment le mot *insensée* (l. 44) est-il construit ? Explique ce qu'il signifie.

Je repère des indices

Des lettres qui révèlent des caractères

1. Qu'est-ce que ces lettres nous apprennent sur la vie des deux correspondantes (âge, situation familiale) ?

2. Dans la lettre d'Olivia, relève les mots ou expressions qui montrent ses sentiments, son état d'esprit. Que ressent-elle ?

3. * EMC Que pense Mme Barrois de la vieillesse ? Justifie ta réponse à l'aide de deux expressions.

4. Selon toi, quel est le caractère d'Olivia ? Et celui de Mme Barrois ?

J'espère que vous allez décider de m'aider ; même juste un peu. Peut-être que si votre mémoire est fatiguée, vous arriverez à vous rappeler au moins ce qui ne vous a pas plu pour renvoyer cette lettre à ma mère. J'ai oublié ce qu'il y a d'écrit sur l'enveloppe, mais je suis sure que c'était votre écriture. Je l'ai remise à sa place, mais elle n'y est plus.

Je vous en prie, ne me laissez pas tomber !

Répondez-moi, je vous en supplie.

Olivia (celle qui attend depuis longtemps)

P.-S. Maman croit que j'ai une correspondante à Marseille. Si vous me répondez, n'ayez pas peur. Personne ne sait rien. Juré.

[SUITE PAGE 40]

Une correspondance qui raconte une histoire

5 **a.** Complète.

	Lettre d'Olivia	Lettre de Mme Barrois
Lieu – Date	...	...
Formule initiale	...	...
Formule finale	...	...
Signature	...	...

b. Lis le titre du roman page 40. À quel moment de l'histoire se trouve cet échange ? Justifie ta réponse.

6 **a.** Quel type de relation Olivia cherche-t-elle à construire avec Mme Barrois ?

b. Dans sa lettre, Mme Barrois aide-t-elle Olivia à en savoir plus sur son histoire ? À ton avis, pourquoi ?

Entre les lignes

7 **DÉBATTRE** Selon toi, pourquoi la lettre réexpédiée n'est-elle plus à sa place (l. 18) ?

Marseille, 3 mars

Chère Olivia,

Décidément, j'ai du mal à comprendre ce qui me pousse sans cesse à vous lire et à vous écrire. Peut-être que ma solitude me pèse autant que la vôtre. Peut-être que le renouveau de la nature[1] me ramène à ma décrépitude. La vieillesse n'est pas une partie de plaisir !

À propos, je trouve inutile que vous preniez des précautions avec le mot « vieillesse ». Vieillir n'est tout de même pas une maladie honteuse. Pourquoi éviter ce mot en utilisant, comme tous les crétins de notre triste époque, des détours hypocrites : 3e âge, personne âgée… Cela m'exaspère au plus haut point et me déçoit venant de vous, qui, du haut de vos douze ans, devriez être spontanée et franche. […]

Je trouve également que vous avez tendance à avaler n'importe quoi. On vous a trop raconté des histoires de grand-mère gâteau. Toutes les vieilles dames ne sont pas des grands-mères gâteau. En tout cas, pas moi. Alors, inutile de faire appel à mon cœur, à mon âge ou à je ne sais quelles sornettes : la vie m'a endurcie et il m'en faut beaucoup pour me laisser attendrir. Il y a des années que je ne pleure plus, depuis la mort de mon mari, et ce n'est pas une petite fille inconnue qui va me tirer des larmes !

Cette correspondance est insensée. Elle n'apporte rien, ni à vous ni à moi. Finissons-en, je vous en prie. Une bonne fois pour toutes.

Sans gentillesse, mais sans rancune[2],

Madame É. Barrois

LISTES DE RÉFÉRENCE

■ Élisabeth Brami, *Chère Madame ma grand-mère*, Éditions Nathan, 2008.

1. le renouveau de la nature : le printemps.

2. sans rancune : sans vous en vouloir.

Grammaire pour mieux écrire

Les temps verbaux dans une lettre

8 Lignes 14 à 18, classe les verbes conjugués et justifie ton classement.

POUR ALLER PLUS LOIN ▶ Grammaire 13, page 164

J'écris

9 Pourquoi Mme Barrois n'a-t-elle pas répondu à la mère d'Olivia (l. 15-16) ?

Écris la lettre dans laquelle Mme Barrois explique ses raisons à Olivia.

Vocabulaire pour mieux écrire

1. Donne les adjectifs de sens contraire. Utilise un dictionnaire.

possible – croyable – pardonnable – vraisemblable – compréhensible – envisageable

2. Écris une phrase avec l'une de ces expressions.

– il faut que vous sachiez
– il faut que vous compreniez
– il est important que je vous explique
– je comprendrais que
– il aurait fallu que

LES CLÉS DU RÉCIT PAR LETTRES

Les mots clés du récit par lettres

- expéditeur *(je)*
- destinataire *(tu / vous)*
- formule de politesse
- correspondance
- fiction (histoire) par lettres
- lieu
- date
- signature

1 Fais un schéma légendé d'une lettre en utilisant le maximum de mots-clés.

Une correspondance pour raconter une histoire

● Dans le récit par lettres, des **personnages communiquent en s'écrivant**. Les lettres se répondent et **font progresser l'histoire**. Ainsi, la demande d'Olivia amène Mme Barrois à prendre position, page 40.

2 Imagine deux personnages qui vont entamer une correspondance : note qui ils sont, quelle est leur relation en général et pourquoi ils s'écrivent.

Des personnages progressivement dévoilés

● Le portrait des personnages (leur caractère, leurs habitudes, leur comportement, leurs valeurs, leur langage) se révèle au cours de la correspondance. **Le lecteur imagine progressivement les auteurs des lettres**.

3 Dans ce chapitre, choisis un des auteurs des lettres et dessine-le. Compare-le ensuite avec celui d'un camarade qui a fait le même choix. Ont-ils des ressemblances ?

Des intentions qui donnent le ton

● Dans un récit par lettres, les personnages révèlent leurs **intentions** : donner des informations, en demander, se plaindre, se défendre, supplier, etc. Le ton varie : cordial, enjoué (*Lydia Grace*, page 35), ironique (*le cochon d'Inde*, page 36), déterminé (*Olivia*, page 38)...

4 Écris l'une des lettres des personnages imaginés à l'exercice 2 en choisissant le ton qui convient aux intentions de l'expéditeur.

DES PISTES DE LECTURE

Chris Donner,
Les Lettres de mon petit frère,
L'École des loisirs, 1991.
(80 pages)
Matthieu part en vacances avec ses parents mais sans son grand frère, Christophe. Les vacances tournent à la catastrophe et Matthieu écrit à son frère pour qu'il le rejoigne.

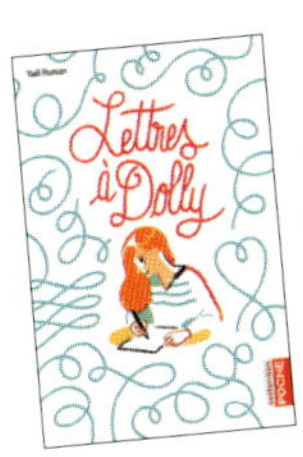

Yaël Hassan,
Lettres à Dolly,
Casterman Poche, 2015.
(96 pages)
Dolly, jeune collégienne, est séparée de sa grand-mère, avec l'interdiction de communiquer avec elle. Elle lui écrit quand même. La raison de l'éloignement de la grand-mère est peu à peu dévoilée...

ÉCRIRE UNE LETTRE ENGAGÉE

CONSIGNE D'ÉCRITURE

1 Lis attentivement la lettre.

2 **a.** Qui est la destinataire de cette lettre ? Pourquoi Boris et Barak lui écrivent-ils ?

b. Que t'évoque le titre du livre dont fait partie cette lettre ?

3 **À DEUX** EMC Choisissez une action pour la planète et faites des recherches :
– soigner les animaux victimes de la pollution ;
– cultiver un potager biologique en ville avec ses voisins ;
– recycler les déchets ;
– économiser les ressources naturelles (eau, bois).

À la façon de Boris et Barak, écrivez une lettre à la personne qui pourrait mener cette action pour lui dire ce que vous en pensez.

À MADAME WANGARI MAATHAI

Chère Madame,

Vous avez eu le prix Nobel de la paix, parce que vous avez planté des arbres, exactement 30 millions, alors que des gens faisaient pousser des immeubles dans les forêts et donc les rasaient pour construire.
En plus, il y a des gens qui vendent du bois sans laisser le temps aux nouveaux arbres de pousser. Ils les coupent alors qu'ils sont encore jeunes comme des enfants.
Vous avez eu ce grand prix Nobel de la paix sûrement parce que vous avez fait vivre en paix les gens et les arbres en Afrique. C'est stupide qu'ils se fassent la guerre, parce que les arbres donnent de l'oxygène aux humains et que les humains peuvent aussi aider la forêt, par exemple contre les incendies ou quand elle est trop envahie de buissons.
Alors vive la paix entre les humains et les arbres ! Vive les gens qui se rendent utiles comme vous au lieu de toujours parler. Madame Maathai, vous êtes morte maintenant, mais vos arbres, ils poussent toujours. Les oiseaux vous remercient, et nous aussi.

Boris et Barak (France)

■ *Lettres ouvertes à tous les Terriens, Les enfants prennent la parole* © Éditions Rue du Monde, 2015, page 18, illustrations de Laurent Corvaisier.

VOCABULAIRE POUR MIEUX ÉCRIRE

Des mots pour parler d'engagement pour la planète

Des noms
- la biodiversité • le climat
- l'environnement • une cause
- un comportement • une action

Des adjectifs
- favorable • exemplaire • bénéfique
- biologique • responsable

Des verbes
- préserver • soutenir • s'impliquer
- respecter • veiller à • protéger

1 **Classe ces actions selon qu'elles sont favorables ou défavorables pour la planète.**

planter des arbres – installer des ruches en ville – couper et vendre du bois jeune – respecter les arbres – protéger les forêts contre les incendies – trier les déchets – utiliser des engrais toxiques – prendre un bain chaque jour – partager ses connaissances

2 **Complète les expressions avec les mots de la liste.**

s'impliquer dans … – un comportement … – préserver … – une action … – soutenir … – veiller à …

MÉTHODE D'ÉCRITURE

1. Organisez vos idées ÉCHANGER À DEUX

a. Décrivez l'action que vous avez choisie pour protéger la planète.

b. Listez vos raisons d'écrire à la personne responsable de cette action et vos intentions : vous présenter, la féliciter, lui demander des informations, etc.

2. Mettez vos idées en mots À DEUX

c. Écrivez votre premier jet :
- **faites un paragraphe pour chaque idée ou intention** ;
- selon votre intention, **adaptez** le ton et le régistre de langue ;
- **utilisez** la première et la deuxième personnes du pluriel ;
- **pensez** aux caractéristiques de la lettre et à la mise en page.

3. Améliorez votre texte À QUATRE

d. Échangez vos lettres et lisez-les à voix haute.
Vérifiez la construction des phrases, les accords et le temps des verbes.

Orthographe pour mieux écrire

La première et la deuxième personnes du pluriel des verbes irréguliers

Présent	**être**	**avoir**	**dire**	**faire**	**aller**	**pouvoir**	**devoir**
nous	sommes	avons	disons	faisons	allons	pouvons	devons
vous	êtes	avez	dites	faites	allez	pouvez	devez
Futur	**être**	**avoir**	**dire**	**faire**	**aller**	**pouvoir**	**devoir**
nous	serons	aurons	dirons	ferons	irons	pourrons	devrons
vous	serez	aurez	direz	ferez	irez	pourrez	devrez

e. Enrichissez votre lettre avec le vocabulaire de la page 42.

f. Relisez en utilisant le guide de relecture.

4. Écrivez votre texte au propre À DEUX

g. Recopiez ou **saisissez** votre lettre et **illustrez-la**.

GUIDE DE RELECTURE

- Votre lettre s'adresse à une personne engagée pour la planète.
- Votre lettre comporte une date, une formule initiale et une formule finale, une signature.
- Vous avez précisé à votre destinataire ce que vous pensez de ses actions et exprimé clairement vos intentions.

ENRICHIR SON CARNET DE LECTURE

Carnet de lecture

Je m'exprime

1 Pour mieux retenir les caractéristiques du récit par lettres, **réalise une carte mentale** de ce genre littéraire.
Appuie-toi sur la page 41 et sur ce que tu as découvert dans le chapitre.

AIDE ▶ Fiche Méthode nº 5 – page 252

2 ÉCHANGER Parmi toutes les lettres que tu as lues, laquelle t'a le plus marqué(e) ? **Explique** pourquoi et **échange** ensuite tes impressions avec tes camarades.

Je réfléchis

Se découvrir, s'affirmer dans le rapport aux autres

3 Relis une lettre du chapitre en te mettant à la place du destinataire. **Exprime** ce que tu ressens. Quelle serait ta réaction ?

4 DÉBATTRE À ton avis, les lettres peuvent-elles faire changer celles ou ceux qui les lisent ? Donne un exemple.

5 Aimerais-tu correspondre avec quelqu'un ? **Explique** à qui tu voudrais t'adresser et pour quelles raisons.

Je dis un poème

6 **Lis** plusieurs fois le poème dans ta tête puis à voix haute pour dégager les groupes de sens et identifier le passage où tu peux moduler ta voix. **Recopie-le**. Comment sait-on que Blaise Cendrars parle d'une lettre ?

7 **Apprends le poème par cœur** en mettant le ton et **dis-le** de mémoire.

AIDE ▶ Fiche Méthode nº 1 – page 248

La lettre

Tu m'as dit si tu m'écris
Ne tape pas tout à la machine
Ajoute une ligne de ta main
Un mot un rien oh pas grand-chose
Oui oui oui oui oui oui oui oui
Ma Remington[1] est belle pourtant
Je l'aime beaucoup et travaille bien
Mon écriture est nette est claire
On voit très bien que c'est moi qui l'ai tapée
Il y a des blancs que je suis seul à savoir faire
Vois donc l'œil qu'a ma page
Pourtant, pour te faire plaisir j'ajoute à l'encre
Deux trois mots
Et une grosse tache d'encre
Pour que tu ne puisses pas les lire.

■ Blaise Cendrars, *Îles* in *Poésies complètes*, extrait tiré du volume 1 de « Tout autour d'aujourd'hui », Nouvelles éditions des œuvres complètes de Blaise Cendrars dirigé par Claude Leroy, Éditions Denoël, 1947, 1963, 2001, 2005.

1. une Remington : marque de machines à écrire.

DÉCOUVRIR UNE ŒUVRE D'ART

Vik Muniz, *Eiffel Tower (Postcards from Nowhere)*, 2015, Digital C-Print, 180,3 × 269,2 cm.

L'artiste

Vik Muniz (né en 1961 à São Paulo, Brésil) est un artiste qui vit entre Rio de Janeiro et New York. Il travaille avec des matériaux du quotidien. Cette œuvre est extraite d'une série qui s'appelle *Postcards from Nowhere* (*Cartes postales de nulle part*), débutée en 2013.

PREMIÈRES IMPRESSIONS

1 **a.** Que remarques-tu en premier en regardant cette photographie ?

b. Que peux-tu dire de sa taille ?

COMPRENDRE L'ŒUVRE

2 Fais un schéma de la composition de la photographie. Que remarques-tu ?

3 Quels éléments te paraissent originaux et pourquoi ?

4 **a.** Quelles techniques Vik Muniz a-t-il utilisées pour réaliser cette œuvre ?

b. Pourquoi est-elle en lien avec *le récit par lettres* ?

5 *Carnet de lecture* Note les références de l'œuvre et écris librement ce que tu en penses.

6 Cherche une autre œuvre de l'artiste et trouve les matériaux qu'il a utilisés pour la créer. Écris un commentaire.

4 LE RÉCIT FANTASTIQUE

Vivre des aventures
Se confronter au merveilleux, à l'étrange

Texte 1

En rentrant de l'école, Peter adore jouer avec son chat, Guillaume.

– Aimerais-tu que je te chatouille le menton ? lui chuchota-t-il.

Mais non. Le chat voulait être caressé juste à la base de la gorge. Peter y sentit quelque chose de dur qui roulait de droite à gauche sous ses doigts. Quelque chose avait dû s'accrocher dans la fourrure. Peter se releva sur un coude pour en avoir le cœur net. Il écarta la fourrure. Il crut tout d'abord qu'il s'agissait d'un bijou, un petit médaillon d'argent. Mais il n'y avait pas de chaine et, en l'examinant attentivement, il vit qu'il ne s'agissait pas de métal mais d'un bout d'os satiné, ovale et aplati au centre et, chose curieuse, accroché à même la peau de Guillaume le Chat. L'os s'insérait facilement entre le pouce et l'index. Peter resserra sa prise et tira. Le ronronnement de Guillaume le Chat s'amplifia encore. Peter tira à nouveau, vers le bas et, cette fois, il sentit quelque chose lâcher.

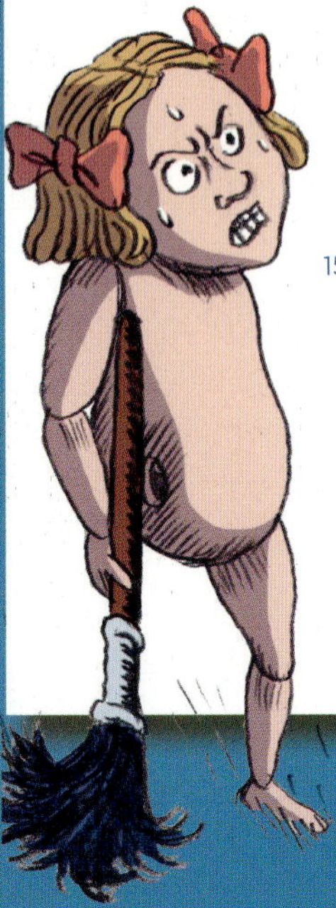

Plongeant son regard à l'intérieur de la fourrure, qu'il tenait écartée du bout des doigts, il vit qu'il avait entrouvert une petite fente dans la peau du chat. C'était comme s'il tenait la languette d'une fermeture éclair.

■ Ian McEwan, « Le Chat »,
recueilli dans *Le Rêveur*, traduit par José Strawson

www.gallimard-jeunesse.fr

LISTES DE RÉFÉRENCE

Texte 2

Au début du monde, « le Chat qui s'en va tout seul » se présente à la ferme de l'Homme et de la Femme…

Chat dit :

– Je ne suis pas un ami et je ne suis pas un serviteur. Je suis le Chat qui s'en va tout seul, et je désire entrer dans votre Grotte.

La Femme dit : […]

– Tu es le Chat qui s'en va tout seul, et tous lieux se valent pour toi. Tu n'es ni ami ni serviteur. Tu l'as dit toi-même. Va-t'en donc, puisque tous lieux se valent, te promener à ton gré.

Alors Chat fit semblant de regretter et dit :

– N'entrerai-je donc jamais dans la Grotte ? Ne m'assoirai-je jamais près du feu qui tient chaud ? Ne boirai-je jamais le lait tiède et blanc ?

■ Rudyard Kipling, « Le Chat qui s'en va tout seul » (1902) dans *Histoires comme ça*, traduit par Robert d'Humières et Louis Fabulet

LISTES DE RÉFÉRENCE

ÉCHANGER

- À ton avis, lequel des deux extraits appartient à un récit fantastique ? Pourquoi ?

Carnet de lecture

- Note les références du texte que tu as choisi. Dessine le chat de ce texte puis écris quelques lignes en accord avec ton dessin.

La Vilaine Poupée

Dans sa chambre, Kate expose une soixantaine de poupées. Peter a partagé cette chambre avec sa sœur jusqu'à ce qu'il ait presque dix ans. Six mois plus tard, un jour où il s'ennuie, il revient réfléchir dans la chambre.

Il s'assit sur le lit et se mit à songer à l'époque où il y dormait. Il n'était encore qu'un gamin dans ce temps-là. Neuf ans ! Que pouvait-il bien savoir à cet âge ! [...]

Peter était tellement absorbé par l'effort qu'il faisait pour se remémorer son « moi » et son ignorance, six mois auparavant, qu'il ne remarqua pas la silhouette qui traversait le tapis dans sa direction. Il poussa un cri de surprise en l'apercevant, se précipita d'un bond sur le lit et replia les jambes. Maladroitement, mais surement, la Vilaine Poupée marchait sur lui. Elle s'était emparée d'un pinceau sur le bureau de Kate dont elle se servait comme d'une béquille. Elle traversait la chambre avec un claudiquement[1] ponctué de grognements, en marmonnant des gros mots qu'on ne devrait jamais entendre, même dans la bouche d'une Vilaine Poupée. Elle s'immobilisa au pied du lit pour reprendre son souffle. Peter s'étonna de voir à quel point son front et sa lèvre supérieure étaient couverts de sueur. La Vilaine Poupée posa le pinceau contre le lit et s'essuya le visage de son unique avant-bras. Puis, elle lança un coup d'œil à Peter, empoigna sa béquille et s'apprêta à grimper sur le lit.

Atteindre avec un seul bras et une seule jambe une hauteur qui fait trois fois votre taille est un exercice qui demande force et patience.

PARTAGER

NOS PREMIÈRES IMPRESSIONS

a) À quoi Peter songe-t-il au début du texte ?

b) Quelle phrase fait basculer le récit dans le fantastique ?

c) Quel effet le texte produit-il sur toi ?

Vocabulaire *pour mieux comprendre*

1. Relève les mots qui désignent les bruits faits par la Vilaine Poupée.

2. Pour chacun d'eux donne le verbe de la même famille.

La Vilaine Poupée n'en avait guère. Son petit corps rose tremblait sous l'intensité de l'effort alors qu'elle s'arcboutait, à mi-hauteur du montant du lit, afin de faire levier avec son pinceau. Les halètements et les grognements s'amplifièrent et devinrent de plus en plus pitoyables. Peu à peu, plus ruisselante de sueur que jamais, la tête apparut dans le champ de vision de Peter. Il aurait facilement pu étendre le bras et assoir la créature sur le lit et, tout aussi facilement, l'écrabouiller par terre. Mais il ne bougea pas. C'était bien trop intéressant. Il voulait voir ce qui allait se passer. Tandis que la Vilaine Poupée se hissait centimètre par centimètre en vitupérant « Sacrebleu et crocs d'enfer ! » et « Que le diable l'emporte ! » et « Cochonnerie de crème anglaise ! », Peter s'aperçut que toutes les poupées avaient la tête tournée vers lui. Des yeux plus écarquillés que jamais dardaient[2] sur lui leur regard bleu acier et il y avait dans l'air un doux bruissement aquatique comme de l'eau cascadant sur des rochers, bruissement qui s'enfla en murmure puis en torrent quand un frisson d'excitation parcourut les cinq douzaines de spectatrices.

– Elle y arrive ! entendit-il l'une d'elles crier.

Et une autre de répondre :

– Et maintenant, il va y avoir du spectacle !

■ Ian McEwan, « Les Poupées », recueilli dans *Le Rêveur*, traduit par José Strawson © Éditions Gallimard Jeunesse, 1999.
www.gallimard-jeunesse.fr

LISTES DE RÉFÉRENCE

1. avec un claudiquement : en boitant.
2. dardaient : lançaient.

Textes écho
• *Le Stoïque Petit Soldat de plomb*, Andersen.
• *Les Malheurs de Sophie* (extrait), la comtesse de Ségur.

Nouvelle intégrale
• *Les Poupées*, Ian McEwan.

Je repère des indices

Des objets qui s'animent

1 Quelles expressions assimilent la Vilaine Poupée et les autres poupées à des humains ?

2 Quelle est la réaction de Peter ? Comment l'expliques-tu ?

Des personnages qui sèment le doute

3 Relève deux expressions qui rendent la Vilaine Poupée et les autres poupées inquiétantes.

4 * Les autres poupées sont-elles « du côté » de la Vilaine Poupée ou de Peter ? Justifie ta réponse.

5 ÉCHANGER
Aimes-tu ce genre d'histoire ? Pourquoi ?

Entre les lignes

6 DÉBATTRE À ton avis, que va-t-il se passer dans la suite de l'histoire ? Écris la suite que tu préfères.

J'écris

7 Choisis un des jouets de ta chambre et imagine qu'il s'anime. **Décris la scène.**

La vallée des apaloosas

D'origine indienne et employé comme garçon de ferme, Jeremy a été chargé de dresser Flamme, un cheval apaloosa particulièrement sauvage. Flamme s'est enfui.

Jeremy se rapprochait de la ligne des crêtes et n'avait toujours pas rattrapé Flamme. La pente était sévère, mais la lune continuait de l'envelopper de sa lumière douce pour l'encourager dans sa progression parmi les caillasses. Quand il parvint enfin, tout essoufflé, sur la dernière crête, le spectacle qui s'offrit à lui le figea de stupeur.

Une vingtaine de chevaux paissaient en contrebas, dans un endroit herbu où montait le bruit d'un ruisseau. L'écoulement de l'eau ne faisait qu'aviver l'impression de calme surprenant qui régnait sous cette combe[1] figée sous la lune. Jeremy s'étonnait que vingt apaloosas puissent être là, à quelques pas de lui, dans cette bulle de silence. C'était comme s'il venait, au sommet de la crête, de déchirer une peau pour entrer dans un monde cristallin que le chuchotement continu du ruisseau arrachait aux heures et au temps.

Les apaloosas ne faisaient aucun bruit, et pourtant Jeremy était sûr qu'ils communiquaient de silencieuses et mystérieuses façons. On voyait s'orienter doucement les oreilles, remuer les crinières, balancer

1. cette combe : cette vallée.

PARTAGER

NOS PREMIÈRES IMPRESSIONS

a Écoute ce texte. En quoi est-il mystérieux ?

b Quel(s) adjectif(s) choisirais-tu pour qualifier les évènements qui s'y déroulent : inquiétants, poétiques, dangereux, bizarres, amusants ? Justifie ton choix.

Vocabulaire pour mieux lire

1. Ligne 4, comment le nom ***caillasses*** est-il formé ? Que veut-il dire ?

2. Ligne 12, de quel nom l'adjectif ***cristallin*** est-il dérivé ? En quoi le monde des chevaux apaloosas est-il ***cristallin*** ?

Grammaire pour mieux lire

Les valeurs des temps

1 Relève un passage du texte dans lequel :
– l'imparfait exprime **une action qui dure** (1er paragraphe) ;
– l'imparfait sert à **décrire les chevaux** (3e paragraphe).

2 Lignes 37 à 40 :
– relève deux verbes au passé simple ;
– explique pourquoi le narrateur utilise ce temps.

POUR ALLER PLUS LOIN ▶ Grammaire 14, page 166 et Tableaux de conjugaison, pages 244 à 247

les queues. Une sorte de film muet mais vivant, respirant, passait devant ses yeux écarquillés. Ce qu'il voyait là était parfaitement étranger au monde des hommes [...]. Il lui sembla que les chevaux ne l'avaient pas repéré. Le vent lui avait été favorable pendant toute la montée, voilà pourquoi ils ne l'avaient pas entendu venir. Il s'accroupit lentement pour ne pas trahir sa présence, mais une voix lui parvint soudain :

– Nous t'attendions, Jeremy cheval.

Jeremy se retourna pour s'assurer qu'il n'y avait personne derrière lui. La voix reprit :

– Nous t'attendions, oui. C'est bien à toi que je m'adresse. L'aigle a prévenu Flamme que tu étais à sa poursuite.

Jeremy leva la tête, mais ne vit rien d'autre qu'un ciel bleu sombre et le grand halo de lune. Son regard revint aux chevaux qui broutaient. Il crut distinguer Flamme, tranquillement installé au milieu du troupeau. [SUITE PAGE 52]

Je repère des indices

Un début paisible

3 **a.** Quel est le sentiment de Jeremy à son arrivée en haut de la crête ? Quelle est la raison de ce sentiment ?

b. Lignes 5 à 10, relève trois mots du champ lexical de ce même sentiment.

POUR ALLER PLUS LOIN ▶ Vocabulaire 8, page 224

4 Explique comment les chevaux apaloosas communiquent entre eux.

L'irruption du surnaturel

5 **a.** À quelle ligne du texte un fait irréel se produit-il pour la première fois ?

b. Relève le mot qui marque ce changement.

c. Comment Jeremy réagit-il ?

6 * En quoi Flamme et Cavale blanche sont-ils des animaux fantastiques ?

Mais son attention se porta sur un superbe animal blanc qui encensait[2] dans sa direction et maintenant faisait deux ou trois pas nonchalants pour se distinguer de la troupe :

– Je m'appelle Cavale blanche. Et toi, tu es Jeremy cheval.

– Je ne suis pas Jeremy cheval, s'entendit répondre Jeremy. Je m'appelle Cheval noir.

Un grand rire de hennissements retentit aussitôt, et Jeremy s'aperçut avec stupeur qu'ils montaient directement à l'intérieur de sa tête, sans voyager à travers l'air comme font les sons habituels, car la troupe d'apaloosas continuait à brouter tranquillement. Cavale blanche aussi lui parlait dans sa tête. Elle remuait bien un peu les lèvres, mais tout montait comme par enchantement à l'intérieur du crâne, comme montait l'eau d'une fontaine.

Paroles claires et limpides, affranchies[3] des mots que prononcent les hommes, pour migrer[4] dans la langue intérieure des chevaux.

– Non, reprit Cavale blanche, non, tu n'es pas Cheval noir. Tu ne mérites pas ce nom[5]. Nous t'appellerons donc Jeremy cheval.

■ Pierre-Marie Beaude, *Jeremy cheval*

www.gallimard-jeunesse.fr.

LISTES DE RÉFÉRENCE

2. qui encensait : qui remuait la tête de bas en haut.

3. affranchies : libérées.

4. migrer : se déplacer.

5. Ce nom ne te convient pas.

Entre les lignes

7 DÉBATTRE À la suite de cet épisode du roman, Jeremy appartient-il au monde des chevaux apaloosas ou à celui des humains ? Justifie ta réponse.

Carnet de lecture Écris ce que tu as retenu du débat.

J'écris

8 Juste avant l'extrait, Jeremy était à la poursuite de Flamme : **raconte sa recherche**.

Vocabulaire pour mieux écrire

Le vocabulaire de la recherche

Classe les expressions selon que l'on est au début, au milieu ou à la fin de la recherche.

- découvrir enfin
- suivre une piste
- se mettre en route pour
- repérer un indice
- accélérer le pas
- avoir rempli sa mission
- être aux aguets
- dresser l'oreille
- commencer par

LES CLÉS DU RÉCIT FANTASTIQUE

Les mots-clés

récit fantastique

- **début réaliste**
- **irruption du surnaturel**

- **animal / humain**
- **objets qui s'animent**

- **inquiétude**
- **étrangeté**
- **danger**

- **doute du lecteur**

Un début réaliste

● Généralement, le récit fantastique commence dans **le monde réel** : Peter se rend dans son ancienne chambre juste pour réfléchir (page 48) ; Jeremy est chargé par son maitre de retrouver un cheval échappé (page 50).

1 RACONTER Invente un autre début réaliste pour l'extrait page 48 : par exemple, c'est Kate qui vient dans la chambre où sont regroupées ses poupées. Raconte ce début à tes camarades.

L'irruption du surnaturel

● Soudain, **un évènement irréel** se produit : une fermeture éclair permet d'ouvrir la fourrure du chat (page 46) ; une poupée se met à marcher (page 48) ; les chevaux apaloosas parlent à Jeremy (page 51) et Jeremy devient un cheval (page 52)...

2 ÉCHANGER Propose des situations fantastiques à partir des animaux ou des objets suivants (tu peux aussi en choisir toi-même) : un hibou – un corbeau – un portrait – une statue – une bague

Carnet de lecture Écris celle que tu préfères.

L'étrangeté du récit / Le doute du lecteur

● Le récit fantastique est **étrange** et n'explique pas l'origine des faits surnaturels.
Le lecteur est plongé dans **le doute** jusqu'à la fin du récit : la Vilaine Poupée, capable de s'animer comme un humain, existe-t-elle (page 48) ?

3 Quel texte te fait le plus peur ou le plus douter ? Pourquoi ?

AIDE ▸ Fiche Méthode nº 6 – page 253

DES PISTES DE LECTURE

Alain Surget,
Le Renard de Morlange,
Éditions Nathan, 2005.
(128 pages)
Ce roman se passe au Moyen Âge. Le comte Renaud de Morlange ne pense qu'à la chasse et méprise son entourage. En punition de sa violence, il est métamorphosé en renard...

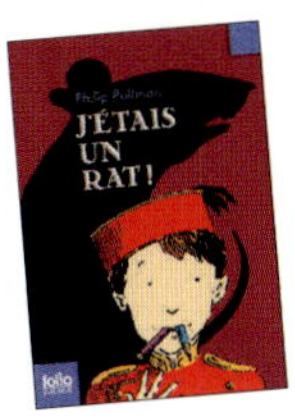

LISTES DE RÉFÉRENCE

Philip Pullman,
J'étais un rat !,
© Éditions Gallimard Jeunesse, 2008 (166 pages).
www.gallimard-jeunesse.fr
Dans une vie antérieure, Roger était un rat. Malgré l'aide du couple qui l'a accueilli, le petit garçon reste mi-humain, mi-animal jusqu'à sa rencontre avec la princesse Marie-Lou.

Thierry Dedieu,
L'Étrange Zoo de Lavardens,
Éditions Seuil Jeunesse, 2014.
(album, 72 pages)
Un vicomte décide de transformer son parc en un zoo. Mais le chaos s'installe quand les animaux commencent à envahir le château...

ÉCRIRE LA SUITE D'UN RÉCIT FANTASTIQUE

La famille du narrateur vient de déménager. La nuit qui précède la rentrée, le jeune garçon, énervé, fait un tour dans le village.

Je me suis rendu compte que je marchais à grandes enjambées et qu'il valait mieux que je fasse demi-tour avant d'aller trop loin. J'ai donc rebroussé chemin et un quart d'heure plus tard je passais de nouveau devant la grille du voisin.

C'est là que c'est arrivé.

Je ne suis pas peureux et j'ai un tempérament calme. Je veux dire que je sursaute rarement, par exemple. Ceux qui s'amusent à s'avancer silencieusement derrière moi et à me poser la main sur l'épaule en sont pour leurs frais. Ça ne me fait ni chaud ni froid.

Mais là, c'est comme si on m'avait « déchiré » en deux.

■ Jean-Claude Mourlevat, *La Balafre*, Éditions Pocket jeunesse, Un département d'Univers Poche, 2010.

CONSIGNE D'ÉCRITURE

● **Lis le texte et écris la suite comme dans un récit fantastique, en imaginant qu'il se produit un évènement surnaturel.**

VOCABULAIRE POUR MIEUX ÉCRIRE

Des mots *pour exprimer la surprise ou le doute*

Des noms

- l'étonnement • l'effarement
- l'hésitation • l'incertitude • la méfiance
- l'appréhension • la stupeur

Des adjectifs

- stupéfait • dubitatif • dérouté
- abasourdi • perplexe • ahurissant
- méfiant • ébahi

Des verbes

- hésiter • effrayer • soupçonner
- suspecter • sidérer • imaginer

1 Classe les mots selon qu'ils expriment la surprise ou le doute (utilise le dictionnaire).

2 Relève les adjectifs qui expriment la surprise.

Soudain, Dorothée, stupéfaite, comprit que la maison s'élevait dans le ciel. La petite fille était abasourdie. Elle ne comprenait pas comment le vent pouvait avoir autant de force. Mais elle fut encore plus ébahie lorsqu'elle comprit que la maison allait rester là, au milieu du cyclone.

■ D'après Lyman Frank Baum, *Le Magicien d'Oz*.

3 Complète avec des mots qui expriment le doute.

Quand la maison retomba enfin à terre, Dorothée ouvrit la porte et aperçut un groupe qui s'approchait. Elle … entre la crainte et le désir de leur parler. Leur tenue bizarre la rendait … et elle les … de ne pas être très sains d'esprit. Pourtant, ils s'adressèrent à elle tout naturellement.

■ D'après Lyman Frank Baum, *Le Magicien d'Oz*.

MÉTHODE D'ÉCRITURE

1. Organisez vos idées

ÉCHANGER À DEUX

a. Notez :
– qui est le narrateur ;
– quel est son tempérament habituel ;
– à quel moment et à quel endroit précis quelque chose survient.

b. Notez chacun deux idées pour poursuivre ce début de roman fantastique : par exemple, *un animal se jette du haut d'un mur, une meute de chiens se comporte bizarrement, un tourbillon de lumière apparait…*

c. Choisissez la meilleure idée. Oralement, **construisez** un scénario. **Notez** les étapes principales.

2. Mets tes idées en mots

d. Écris l'épisode qui suit l'extrait. **Utilise le vocabulaire** de la page 54. **Attention** à conserver la première personne du singulier.

e. Avec ton voisin, **échangez** vos productions. **Gardez** la production qui correspond le mieux à un récit fantastique.

3. Améliorez votre texte

À DEUX

f. Lisez chaque phrase à voix haute pour **repérer** et **corriger** les erreurs de construction. **Vérifiez** les accords.

Orthographe *pour mieux écrire*

Les chaines d'accord dans les GN et du verbe avec le sujet

*Des cris étrange**s** s'amplifiai**ent** de seconde en seconde.*

POUR ALLER PLUS LOIN ▶ Orthographe 13, page 198

g. Vérifiez votre production en utilisant le guide de relecture.

4. Écris ton texte au propre

h. Recopie le texte ou **saisis-le**.

GUIDE DE RELECTURE

- Mon écrit suit bien le texte de départ.
- Ma suite comporte au moins un évènement surnaturel comme dans un récit fantastique.
- J'ai raconté à la première personne du singulier.
- J'ai créé un mystère que le lecteur ne peut pas expliquer. J'ai donc créé un doute.

ENRICHIR SON CARNET DE LECTURE

Carnet de lecture

Je m'exprime

1 **Recopie** une phrase issue d'un texte du chapitre qui te semble bien illustrer ce qu'est un récit fantastique.

2 Aimes-tu les récits fantastiques ? **Donne ton avis**.

Je réfléchis

Vivre des aventures
Se confronter au merveilleux, à l'étrange

3 Existe-t-il un personnage de récit fantastique (roman ou film) qui t'attire ? **Dessine-le** ou **télécharge** son image sur Internet. **Présente-le** à tes camarades en expliquant les raisons de ton choix.

4 Que cherchent les auteurs de récits fantastiques en écrivant leurs histoires ? **Compare** avec le récit d'aventures ou le récit policier : quelles sont les ressemblances ? les différences ?

5 Quel lien peut-on faire entre le récit fantastique et le rêve ? Quelle différence y a-t-il selon toi ?

Je lis un poème

6 **Lis** plusieurs fois le poème dans ta tête pour bien comprendre la construction des phrases qui forment chaque strophe. Pourquoi peut-on parler de *poème fantastique* ?

7 LIRE À VOIX HAUTE Quand tu te sens prêt(e), **lis** le poème devant la classe. **Recopie-le** et **illustre-le** à ta manière.

Mouvement

Ce cheval qui tourna la tête
Vit ce que nul n'a jamais vu
Puis il continua de paitre
À l'ombre des eucalyptus.

Ce n'était ni homme ni arbre
Ce n'était pas une jument
Ni même un souvenir de vent
Qui s'exerçait sur du feuillage.

C'était ce qu'un autre cheval,
Vingt mille siècles avant lui,
Ayant soudain tourné la tête
Aperçut à cette heure-ci.

Et ce que nul ne reverra,
Homme, cheval, poisson, insecte,
Jusqu'à ce que le sol ne soit
Que le reste d'une statue
Sans bras, sans jambes et sans tête.

■ Jules Supervielle, *Mouvement* in *Gravitations*,
www.gallimard.fr

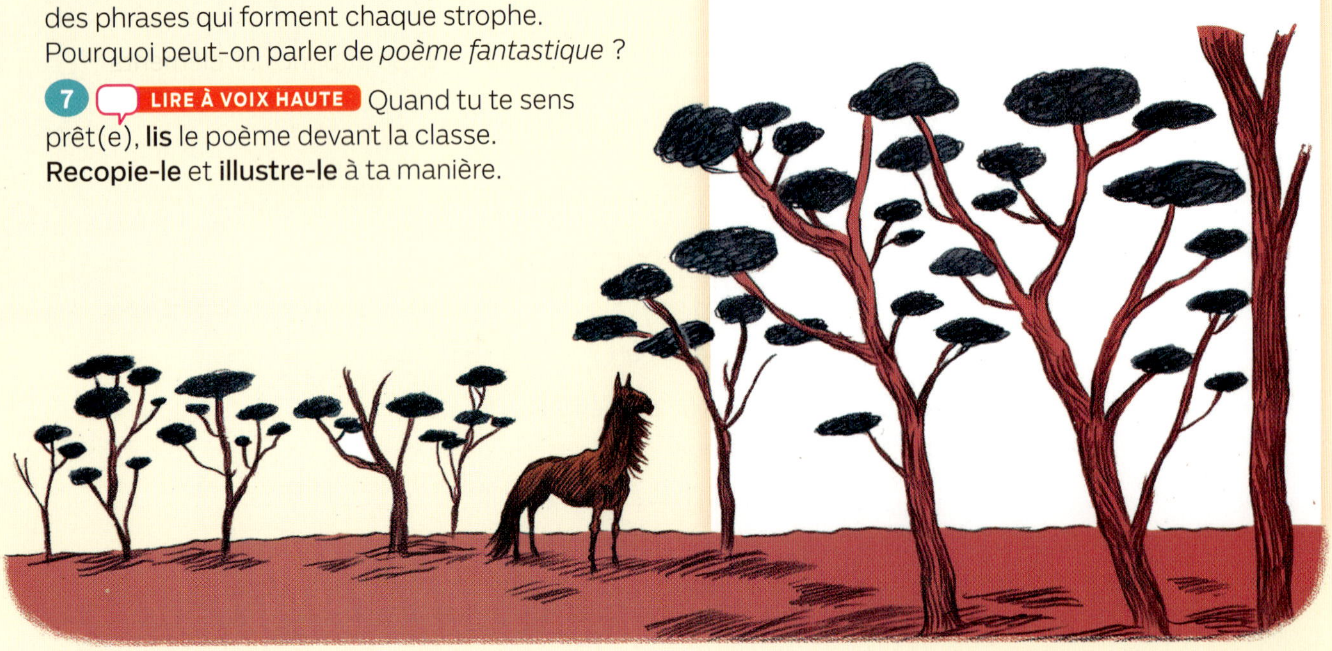

DÉCOUVRIR UNE ŒUVRE D'ART

René Magritte, *Le Domaine d'Arnheim* (1944), gouache sur papier, 33 × 46 cm, collection privée.

L'artiste

René Magritte (1898-1967) est un peintre belge. Son œuvre est caractéristique du surréalisme qui privilégie l'imagination, le rêve, la fantaisie.
Les surréalistes créent une réalité différente et ainsi transforment le monde.

PREMIÈRES IMPRESSIONS

1 Que ressens-tu en regardant cette œuvre ?

2 Parmi ces mots, choisis les deux qui te semblent les plus adaptés à l'œuvre :
la peur – l'absence – l'étrangeté – la souffrance – le mystère – le rêve – l'évasion.

COMPRENDRE L'ŒUVRE

3 Décris l'œuvre : sujet principal, éléments secondaires, couleurs.
Selon toi, pourquoi Magritte a-t-il placé des œufs sur le muret ?

4 Quels liens peut-on établir entre cette œuvre et le récit fantastique ?

5 *Carnet de lecture* Note les références du tableau puis commente-le librement.

6 Sur Internet, cherche d'autre œuvres de Magritte qui pourraient illustrer un récit fantastique. Télécharge leur image et note soigneusement leurs références.

LIRE UNE ŒUVRE INTÉGRALE

Les Passe-vents

Alain Grousset
© Éditions Gallimard Jeunesse.
www.gallimard-jeunesse.fr.

LISTES DE RÉFÉRENCE

Vivre des aventures
Se confronter au merveilleux, à l'étrange

CHAPITRE 1

→ Lis le chapitre 1.

Vocabulaire Un palefrenier est une personne chargée de soigner les chevaux.

1 **a.** Découpe le texte en 6 ou 7 grandes parties. Donne-leur un titre.
b. Explique le titre du chapitre.

2 **a.** Dans un dictionnaire, cherche le sens du mot *anagramme*. De quel nom commun *Tynar* est-il l'anagramme ?
b. Tynar est-il un prince, un seigneur ou un roi ? Relève la phrase qui le dit page 8.

3 Quels sont les sentiments de Jaad à la fin du chapitre ? Que va-t-il chercher à faire ?

4 Carnet de lecture Fais le portrait de Jaad : âge, aspect physique, mode de vie, rôles au château, alliés et opposants, traits de caractère…

CHAPITRES 2 ET 3

→ Lis le chapitre 2.

5 Complète le portrait de Jaad.

→ Lis le chapitre 3.

6 *Aucun humain ne cherchait alors à l'humilier en lui confiant les travaux les plus ingrats.*
Reformule cette phrase (page 23) avec tes propres mots.

7 Que souhaite Jaad plus que tout ? Quels sont les risques ?

8 **a.** À la page 26, quel mot amène un évènement inattendu ?
b. En quoi consiste cet évènement ?
c. Quelle possibilité la samare laisse-t-elle entrevoir à Jaad ?

9 Explique comment Jaad procède pour s'entrainer à maitriser la samare (pages 27 à 29).

10 Carnet de lecture
Recopie la définition du mot ***samare*** (page 26) et dessines-en une.

CHAPITRE 4

→ Lis le chapitre 4.

11 Complète le tableau (pages 32-33).

Ce que fait Jaad	Ce qu'il éprouve*
Il noue la corde à un arbre et autour de sa taille.	…
Il s'aperçoit qu'il flotte dans les airs.	…
Il se redresse, s'agenouille et se met debout sur la samare.	…
Il comprend comment manœuvrer.	…
Il rejoint la terre ferme.	…

*selon le texte ou selon toi

12 De quelles qualités Jaad fait-il preuve ?

13 Reformule les révélations de Shueva. Comment comprends-tu la dernière phrase ?

14 Carnet de lecture Imagine pourquoi Jaad, fils d'un grand savant, dort maintenant dans les écuries (page 36). Écris son histoire.

CHAPITRES 5 ET 6

→ Lis le chapitre 5.

15 **Modifie l'histoire que tu as imaginée en fonction des informations des pages 40-41.**

16 **Relève les points communs entre la traque du grand cerf (pages 13-14) et celle de Jaad. Comment Jaad est-il considéré ?**

→ Lis le chapitre 6.

17 **Explique précisément comment Jaad se déplace dans la Grande Faille. Quelles sont les deux principales difficultés ?**

18 **Selon toi, la ville qu'atteint Jaad est-elle gouvernée par un tyran ? Justifie ta réponse.**

19 Carnet de lecture

a. Selon toi, quel secret Jaad va-t-il devoir affronter au bout du voyage ?

b. En quoi le monde du roman est-il ***fantastique*** comme le dit la quatrième de couverture ?

CHAPITRE 7

→ Lis le chapitre 7.

20 **Qu'est-ce qu'un *paria* ? (page 60) En quoi les « amis » de Jaad sont-ils des parias ?**

21 **Qu'apprenons-nous sur le royaume de Norach (page 58) ?**

22 **À ton avis, qui sont les hommes en noir qui recherchent Jaad ? Pourquoi le recherchent-ils ?**

23 **Relis le dernier paragraphe du chapitre.**

a. En quoi l'arrivée de l'homme est-elle surprenante ?

b. Comment, selon toi, l'inconnu va-t-il aider Jaad à échapper à ses poursuivants ? Note tes hypothèses.

24 Carnet de lecture EMC *Rappelle-toi, Rhuna, nous avons tous été un jour un étranger pour les autres* (page 60) :
Cette phrase te semble-t-elle juste ?
Illustre-la avec des exemples personnels.

25 LIRE À VOIX HAUTE **Recopie le passage que tu as préféré dans le chapitre. Illustre-le. Lis-le à tes camarades en expliquant pourquoi tu l'as choisi.**

CHAPITRE 8

→ Lis le chapitre 8.

26 **Précise où se passe chaque moment du chapitre :** pages 69 à 71 ; pages 72 à 74 jusqu'à *l'étoile* ; pages 74 à 82.

27 **a. Qui est Romand ? Relève la phrase qui le dit pour la première fois.**

b. RACONTER **Reformule oralement « la fable du sieur Romand » (pages 77 à 80).**

28 **a. Qu'est-ce qui différencie Romand et Tynar ?**

b. Pourquoi Romand veut-il que tout le monde puisse voler ? Pourquoi Tynar ne le veut-il pas ?

CHAPITRES 9 À 11

→ Lis les trois derniers chapitres et l'épilogue.

29 **Note l'information la plus importante de chacun d'eux.**

30 **Quels passages pourraient se trouver dans :**
– un récit d'aventures ?
– un récit historique ?
– un conte ?

Carnet de lecture

Un héros d'une aventure fantastique

- En quoi l'aventure de Jaad est-elle « fantastique » ?
- En quoi Jaad se comporte-t-il en héros dans cette histoire ? Quelles sont ses qualités ?

Des leçons de vie

- Classe les personnages selon qu'ils présentent des caractéristiques positives ou négatives.
- Contre quels dangers le roman met-il le lecteur en garde ?
- Quelle leçon de vie as-tu retenue pour toi-même ?

5

POÉSIE ET LIBERTÉ

Imaginer, dire et célébrer le monde

Texte 1

corbeau
se lissant les plumes
Une aile d'abord, droite ; puis l'autre,
gauche ; et le noir qui réfléchit.

corbeau en tulipe
Bec ouvert comme la fleur, car il a
chaud, surement suffoque sous le
soleil ; heureusement l'ombre bouge ;
l'ombre gagne ; l'ombre attendue.

■ Jean-Pascal Dubost, *C'est corbeau*,
Cheyne éditeur, coll. « Poèmes pour grandir », 1998,
4e édition 2006 © Cheyne éditeur,
tous droits réservés.

LISTES DE RÉFÉRENCE

Texte 2

Les moineaux

Le vieux sureau offre ses bras
À tous ses amis les moineaux.
Ils picorent un peu sa tête
En été pour faire la fête.

La fête au vent, au bleu de rêve,
Au linge qui claque aux fenêtres,
Au grand jardin, jamais pareil,
Qui voudrait s'envoler là-haut !

■ Gérard Bocholier, *Poèmes du petit bonheur*

Texte 3

Quand je serai grand, je deviendrai oiseau.

■ Dominique Cagnard, *Réalité*,
extrait de *Presque le bonheur*, « Le Farfadet bleu »,
L'Idée bleue/Cadex, 2001.

ÉCHANGER

- Ces trois textes sont-ils des poèmes ?
- Quel est leur point commun ?
- Lequel te surprend le plus ?

Carnet de lecture

- Choisis le poème que tu préfères et illustre-le.

Poème 1

J'ai vu l'oiseau

J'ai vu l'oiseau
Qui m'enchantait

Tout en sifflant
Autour de moi.

De quelle espèce
Était-il donc ?

Je ne saurais
Vous le dire

Tellement
Il me ressemblait.

Il s'enchantait
De mes chansons

Et revenait
Me les chanter.

■ Eugène Guillevic, *Présent*

Poème 2

l'oiseau est entré
il a emporté mon regard
par-delà les arbres les forêts
il l'a jeté à la mer
mon regard a roulé avec les vagues
jusqu'à mes pieds dans le sable
mes yeux lavés de larmes salées.

■ Luce Guilbaud, *Naviguer dans les marges*, Soc & Foc, 2013.

PARTAGER NOS PREMIÈRES IMPRESSIONS

a Quel(s) rôle(s) joue l'oiseau auprès de chaque poète ?

b Quel poème préfères-tu ? Explique ton choix.

Vocabulaire *pour mieux lire*

Cherche dans un dictionnaire le sens du nom ***pulpe*** (poème 3, vers 2).

Selon toi, quelle idée Andrée Chedid veut-elle exprimer dans la première strophe ?

Je repère des indices

Le poète et le monde

1 Comment le poète est-il présent dans chaque poème ?

2 **a.** Dans les poèmes 1 et 2, quel regard le poète porte-t-il sur le monde : triste, joyeux, mélancolique, en colère... ?

b. * Justifie ta réponse en prenant appui sur des mots précis.

AIDE ▶ Fiche Méthode nº 6 – page 253

3 Dans les poèmes 2, 3 et 4, quels éléments de la nature sont évoqués ?

4 Pour chaque poème, précise quels sens (vue, odorat, etc.) sont sollicités.

Poème 3

Les mouettes

Je te donne trois mouettes
La pulpe d'un fruit
Le goût des jardins sur les choses

La verte étoile d'un étang
Le rire bleu de la barque
La froide racine du roseau

Je te donne trois mouettes
La pulpe d'un fruit

De l'aube entre les doigts
De l'ombre entre les tempes

Je te donne trois mouettes
Et le goût de l'oubli.

■ Andrée Chedid et Laurent Corvaisier, *Chedid*, « Albums DADA », Éditions Mango. LISTES DE RÉFÉRENCE

Poème 4

Je sais le chant des hirondelles en juin
lorsqu'elles sifflent
en rasant les murailles du château
les toits des maisons
les peaux fragiles que l'on partage
les pluies d'étoiles filantes
les éclipses
l'odeur des foins coupés
le goût de mousse des rivières
la fleur des haies

■ Michel Cosem, *Voyages d'hirondelles*, Pluie d'étoiles éditions, 2004.

La musique du poème

5 **a.** Quelles remarques peux-tu faire sur la ponctuation dans les poèmes ?

b. Lis les poèmes 2 et 3 dans ta tête. Sur quoi t'es-tu appuyé(e) pour faire des pauses ?

6 Repère des répétitions dans le poème 3. Pourquoi ces répétitions ?

7 LIRE À VOIX HAUTE À DEUX
Préparez la lecture (au choix) :
– du poème d'Eugène Guillevic : lisez une strophe chacun à votre tour ;
– du poème de Luce Guilbaud : lisez un vers chacun à votre tour.
Pourquoi, selon vous, est-il intéressant de lire ces poèmes à deux ?

Entre les lignes

8 DÉBATTRE Selon toi, pourquoi les poètes aiment-ils évoquer la nature ?

Carnet de lecture Écris ce que tu as retenu du débat.

J'écris

9 **Poursuis le poème 4 avec deux images étonnantes** évoquant la nature de façon à créer la surprise de ton lecteur.
Par exemple :

le murmure serré des fourmis
sensation + adjectif + élément naturel

le parfum sucré des cerises
sensation + adjectif + élément naturel

Texte écho
Oiseau malin,
Alain Souchon
et Laurent Voulzy.

Le Visage de la paix, Pablo Picasso, 5 décembre 1950.

Le poète Ernest Pépin est né en Guadeloupe en 1960. Il célèbre la culture créole tout en rappelant le passé douloureux de cette ile, marquée par l'esclavage. Le créole est né d'un mélange entre la langue natale des esclaves et la langue française. Il est toujours parlé dans différents endroits du monde.

Dis-leur…

Un oiseau passe
éclair de plumes
dans le courrier du crépuscule[1]
VA
        VOLE
                ET DIS-LEUR

Dis-leur que tu viens d'un pays
formé dans une poignée de main
un pays simple comme bonjour
où les nuits chantent
pour conjurer[2] la peur des lendemains
dis-leur
que nous sommes une bouchée
répartie sur sept iles[3]
comme les sept couleurs de la semaine
mais que jamais ne vient
le dimanche de nous-mêmes
VA
        VOLE
                ET DIS-LEUR

Dis-leur que les marées
ouvrent la serrure de nos mémoires
que parfois le passé souffle
pour attiser[4] nos flammes
car un peuple qui oublie
ne connait plus la couleur des jours
il va comme un aveugle dans la nuit du présent
dis-leur que nous passons d'ile en ile
sur le pont du soleil
mais qu'il n'y aura jamais assez de lumière
pour éclairer
nos morts
dis-leur que nos mots vont de créole en créole
sur les épaules de la mer
mais qu'il n'y aura jamais assez de sel
pour bruler notre langue
VA
        VOLE
                ET DIS-LEUR

Dis-leur qu'à force d'aimer les hommes
nous avons appris à aimer l'arc-en-ciel
et surtout dis-leur
qu'il nous suffit d'avoir un pays à aimer
qu'il nous suffit d'avoir des contes à raconter
pour ne pas avoir peur de la nuit
qu'il nous suffit d'avoir un chant d'oiseau
pour ouvrir nos ailes d'hommes libres
VA
        VOLE
                ET DIS-LEUR

Ernest Pépin, *Babil du songeur*,
Ibis Rouge Éditions, 1997.

1. crépuscule : lueur du soleil au début ou à la fin de la journée.

2. conjurer : écarter.

3. sept iles : celles qui forment la Guadeloupe.

4. attiser : rendre plus violent.

PARTAGER

NOS PREMIÈRES IMPRESSIONS

a Quel est le sens du verbe *voler* dans *VA, VOLE ET DIS-LEUR* ?

b À ton avis, pourquoi l'auteur a-t-il choisi pour titre *Dis-leur...* ?

Vocabulaire pour mieux lire

1. Trouve dans un dictionnaire les différents sens du mot ***bouchée***.
Lequel l'auteur utilise-t-il dans le vers 13 ?

2. À DEUX Recherchez dans quelles parties du monde on parle le créole, puis expliquez comment vous comprenez l'expression ***vont de créole en créole*** (vers 33).

Grammaire pour mieux lire

Les pronoms personnels

1 Quel pronom désigne :
– l'oiseau ?
– le poète et le peuple créole ?

2 Qui désigne le pronom *leur* dans *dis-leur* ?
À quel pronom s'oppose-t-il ?

POUR ALLER PLUS LOIN ▶ Grammaire 20, page 178

Je repère des indices

Des « images » et des formes variées

3 Que penses-tu de la disposition du refrain ?
Qu'évoque-t-elle ?

4 **a.** *il nous suffit d'avoir un chant d'oiseau pour ouvrir nos ailes d'hommes libres* (vers 46 et 47) : pourquoi l'oiseau est-il un symbole de liberté pour Ernest Pépin ?

b. À DEUX Recherchez les symboles de la paix.
Lesquels retrouves-tu sur le dessin de Picasso ?
Selon toi, quel oiseau pourrait symboliser le poème d'Ernest Pépin ?

L'engagement du poète

5 **a.** Relis l'introduction du poème : où est né l'auteur ?

b. Relève des passages qui font référence à l'histoire de la Guadeloupe.

6 Que signifie la phrase *un peuple qui oublie ne connait plus la couleur des jours* (vers 25 et 26) ? Quel est le message du poète ?

7 LIRE À VOIX HAUTE
À DEUX Choisissez la strophe du poème que vous préférez et préparez-en la lecture : repérez bien les groupes de sens.
Quels sentiments voulez-vous faire partager ?

Entre les lignes

8 DÉBATTRE De qui le poète est-il le porte-parole ?

J'écris

9 *Va / Vole / Et dis-leur / Dis-leur que...* : choisis qui pourrait se cacher derrière ce ***leur*** et écris quel souhait tu aimerais leur confier.

Vocabulaire pour mieux écrire

L'expression du souhait

– je voudrais
– il faudrait que
– un vœu
– mon souhait
– le désir que

LES CLÉS DE LA POÉSIE

Les mots-clés

- la nature
- des sensations
- des sentiments
- des émotions
- l'engagement du poète
- des images • une musique

1 Choisis deux mots-clés et trouve un vers qui, selon toi, leur convient bien.

Le thème de la nature

● Pour le poète, la **nature** est une source d'inspiration. Le poète évoque des **sensations** variées (auditives, visuelles...) pour partager avec le lecteur son amour des paysages, des animaux et exprimer ses **sentiments**. Dans le poème de Guillevic (page 62), l'évocation de l'oiseau et de son chant procure un sentiment de joie.

2 Crée un portrait chinois sur le thème de la nature.

Par exemple :

Si j'étais un insecte, je serais...
Si j'étais un animal sauvage, je serais...

L'engagement du poète

● Parfois, le poète évoque les injustices du monde (l'exclusion, la misère...) à l'aide d'**images fortes** qui font réagir le lecteur.
Il fait appel à différents **symboles** comme celui de l'oiseau qui représente la paix et la liberté (page 64).

3 **À DEUX** Faites une recherche pour trouver quel symbole est associé :

– au faucon, en France, au Moyen Âge,
– à l'ibis, en Égypte,
– au cygne, dans la mythologie grecque,
– à l'alouette, en Gaule.

La liberté des formes

● Chaque poète a **sa propre manière d'écrire** : en vers ou en prose, avec des strophes ou en une seule phrase... Certains poètes jouent même avec la forme visuelle ou sonore des mots, comme un peintre ou un musicien.

4 Recopie le vers *VA, VOLE ET DIS-LEUR...* sur une bande de papier. Illustre-le à ta façon. Décorez votre classe !

DES PISTES DE LECTURE

LISTES DE RÉFÉRENCE

Michel Cosem, ***Plumes tièdes du matin,*** Tertium éditions, 2009.
« Ce qui me plait dans la poésie c'est que l'on peut tout dire avec les mots de tous les jours : dire le vent, la pluie, les fleurs, l'herbe qui pousse, mais derrière ces choses simples se cache ce que l'on pense du monde [...]. »

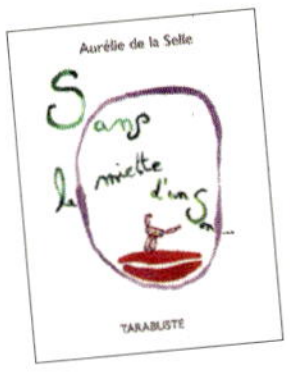

LISTES DE RÉFÉRENCE

Aurélie de la Selle, ***Sans la miette d'un son,*** Tarabuste, 2001.
Engagée en faveur des personnes sourdes et malentendantes, l'auteure évoque son handicap dans des poèmes brefs et nous fait partager sa force de vivre.

LISTES DE RÉFÉRENCE

Jean-Louis Troïanowski, ***L'arbre mime le vent pour plaire à ses feuilles,*** Pluie d'étoiles éditions, 2006.
Cet album est une promenade poétique au gré des saisons dans un jardin un peu mystérieux.

COMPOSER UN CALLIGRAMME

Calligramme, Guillaume Apollinaire

CONSIGNE DE COMPOSITION

1. Choisis ton poème préféré dans le chapitre.
2. Récris-le sous la forme d'un calligramme afin que le dessin formé par les mots corresponde à une idée ou à un sentiment important pour le poète. Tu peux composer ton calligramme à l'aide de plusieurs dessins comme Apollinaire dans *L'Oiseau et le Bouquet*.

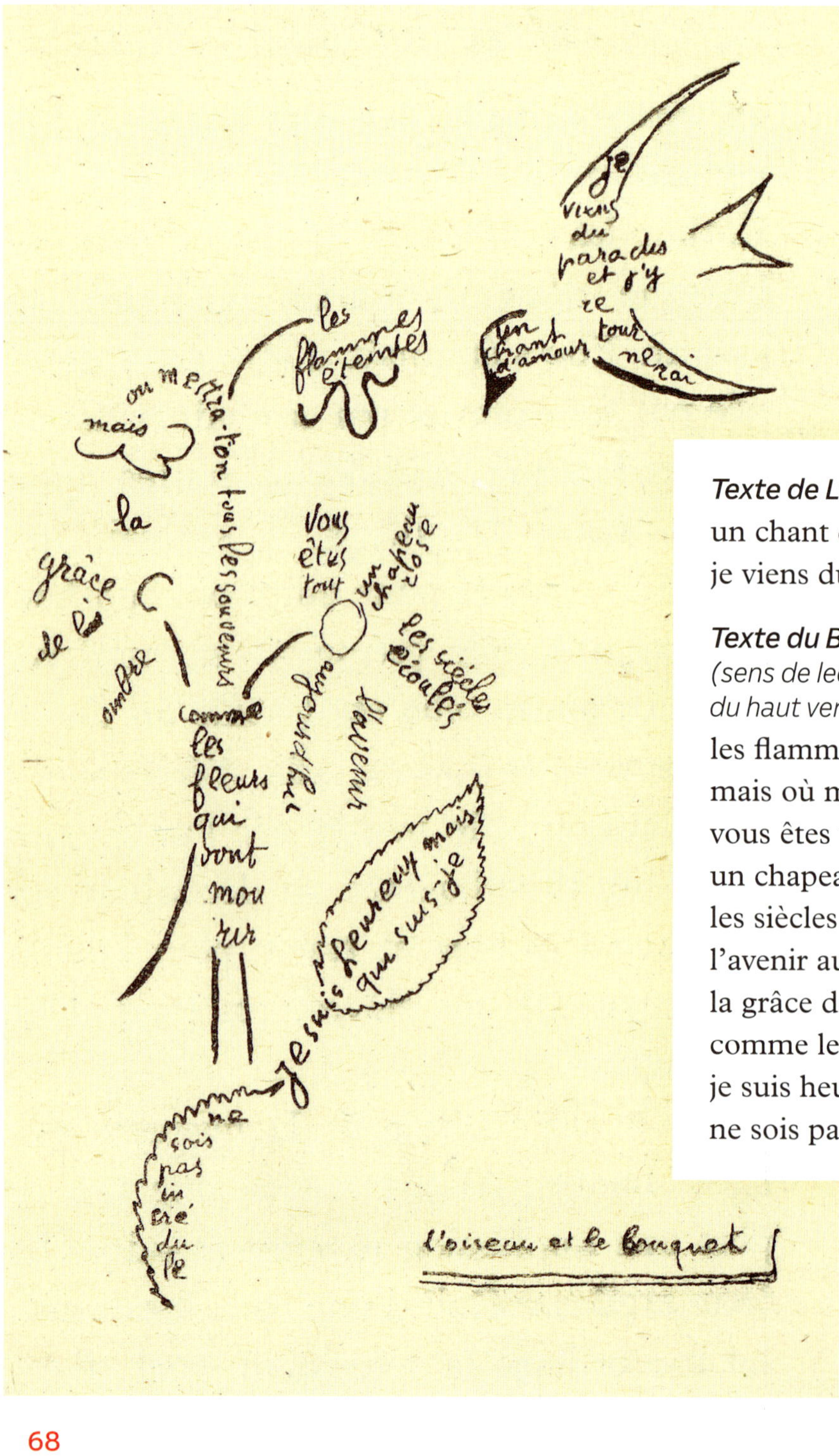

Texte de L'Oiseau

un chant d'amour
je viens du paradis et j'y retournerai.

Texte du Bouquet
(sens de lecture du haut vers le bas)

les flammes éteintes
mais où mettra-t-on tous les souvenirs
vous êtes tout
un chapeau rose
les siècles écoulés
l'avenir aujourd'hui
la grâce de l'ombre
comme les fleurs qui vont mourir
je suis heureux mais qui suis-je
ne sois pas incrédule

■ Guillaume Apollinaire, *L'Oiseau et le Bouquet*. Illustration pour *Ces choses qui seront vieilles* : roman de Louise Faure-Favier, Paris, 1919.

MÉTHODE DE COMPOSITION

1. Observe le calligramme d'Apollinaire

a. Pourquoi, selon toi, Apollinaire a-t-il dessiné un oiseau pour illustrer les vers :

un chant d'amour
je viens du paradis et j'y retournerai ?

b. Décris le dessin de l'oiseau et du bouquet : le poète a-t-il utilisé le même procédé ?

2. Choisis un ou des dessins

c. Liste les différents sentiments et les éléments naturels évoqués dans le poème.

d. Choisis un ou des dessins qui pourraient les symboliser : *une vague*, *une larme*, *une aile d'oiseau*, etc.

3. Réalise ton calligramme

e. Sur une feuille de dessin, **trace** au crayon la ou les formes que tu as choisies.

f. Sur les traits ou à l'intérieur des formes, **recopie** au crayon les phrases de ton poème **en adoptant un sens de lecture**.
Aide-toi du guide de relecture.

4. Mets ton calligramme au propre

g. Recopie ton calligramme en couleurs.

h. Gomme les traits de ton dessin et le tracé au crayon des lettres.

i. Calligraphie le nom de son auteur et le titre du poème (s'il en a un).

GUIDE DE RELECTURE

- J'ai dessiné une ou plusieurs formes qui correspondent au poème que j'ai choisi.
- J'ai recopié avec attention les phrases du poème en donnant toujours le même sens de lecture.
- J'ai recopié le nom de l'auteur et le titre du poème (s'il en a un).
- J'ai soigné la mise en page du calligramme.

ENRICHIR SON CARNET DE LECTURE

Carnet de lecture

La chanson intégrale des Rita Mitsouko

Je m'exprime

1 Avec l'aide de votre enseignant, **trouvez** des poèmes en lien avec le thème de la liberté ou de la paix.

Écrivez-les ensuite sur de petits tracts pour les faire découvrir à vos camarades.

Je réfléchis

Imaginer, dire et célébrer le monde

2 Jean-Pierre Siméon définit ainsi la poésie :

« La poésie, c'est comme les lunettes. C'est pour mieux voir. Parce que nos yeux ne savent plus, ils sont fatigués, usés. Croyez-moi, tous ces gens autour de vous, ils ont les yeux ouverts et pourtant petit à petit, sans s'en rendre compte, ils deviennent aveugles. Il n'y a qu'une solution pour les sauver : la poésie. »

■ Jean-Pierre Siméon, *La nuit respire*, Cheyne éditeur « Poèmes pour grandir » 3e édition 2003, 1987 © Cheyne éditeur, tous droits réservés.

Reformule avec tes mots ce que dit Jean-Pierre Siméon du rôle de la poésie et du poète. Es-tu d'accord avec lui ?

J'écoute une chanson

3 **Cherche** et **écoute** en totalité la chanson « Ding Dang Dong » du groupe Rita Mitsouko. Quels adjectifs pourrais-tu utiliser pour la qualifier ?

4 De quel(s) poème(s) du chapitre cette première strophe de la chanson se rapproche-t-elle le plus ? **Justifie** ta réponse.

« Ding Dang Dong »

Le jour se lève et j'irais bien chanter
Avec le merle d'à côté
Déjà les étourneaux volent là-haut
Merveilleux nuage d'oiseaux
Oh mon amour la belle heure pour s'aimer
L'aurore dans mon corps fait couler la rosée
Le ciel est clair et l'air est encore frais
Par la fenêtre ouverte, triomphe l'été

■ Album *Variety*, sorti en avril 2007, producteurs Mark Plati et les Rita Mitsouko, Label Six SARL/ Because Music.

DÉCOUVRIR UNE ŒUVRE D'ART

L'Oiseau de feu, Fontaine Igor Stravinsky, Nikki de Saint Phalle et Jean Tinguely, Paris, 1983.

L'artiste

Niki de Saint Phalle (1930-2002) est surtout connue pour ses immenses sculptures destinées à **occuper l'espace public** (jardins, aires de jeux, fontaines...). Elle peut ainsi toucher tous les publics, étonner le spectateur par la taille, la forme et les couleurs de ses œuvres, mais aussi répondre à des besoins concrets : jouer, se rafraichir, habiter...

PREMIÈRES IMPRESSIONS

1 A quoi vois-tu que cette sculpture fait partie d'une fontaine ?

2 D'après toi, quelles sont les impressions des passants ?

COMPRENDRE L'ŒUVRE

3 Le titre, *L'Oiseau de feu*, te semble-t-il adapté ?
Cherche pourquoi Nikki de Saint Phalle l'a choisi.

4 **a.** En quoi l'eau de la fontaine fait-elle partie de l'œuvre ?

b. Quels éléments contribuent à créer une impression de mouvement ?

5 Quel contraste l'œuvre produit-elle avec son environnement ?

Vocabulaire

Au XXᵉ siècle se développe l'idée selon laquelle l'art doit être accessible à tous.
Ainsi, de plus en plus d'œuvres d'art sont exposées dans **l'espace public**, l'artiste cherchant à faire dialoguer son œuvre avec son environnement.

6 *Carnet de lecture* En quoi cet « oiseau de feu » est-il poétique, selon toi ?

6 LE RÉCIT DE SCIENCE-FICTION

Vivre des aventures – La morale en question

Texte 1

[Les voyageurs] traversèrent silencieusement la pièce, emportant leurs fusils, vers la Machine, vers la masse argentée, vers la lumière vrombissante.

Pour commencer, un jour et puis une nuit, et puis encore un jour et une nuit encore, puis ce fut le jour, la nuit, le jour, la nuit, le jour. Une semaine, un mois, une année, une décennie, 2055 après Jésus-Christ, 2019, 1999, 1957 ! Partis ! La Machine vrombissait.

Ils mirent leurs casques à oxygène et vérifièrent les joints.

Eckels, secoué sur sa chaise rembourrée, avait le visage pâle, la mâchoire contractée. Il sentait les trépidations dans ses bras et, en baissant les yeux, il vit ses mains raidies sur son nouveau fusil. Il y avait quatre hommes avec lui dans la Machine : Travis, le guide principal, son aide Lesperance, et deux autres chasseurs, Billings et Kramer. Ils se regardaient les uns les autres, et les années éclataient autour d'eux.

■ Ray Bradbury, *La lettre*,
in *Les Pommes d'or du soleil*

Texte 2

Aujourd'hui, ça va saigner ! Papa Grand-Féroce nous apprend à chasser.

C'est très important car, comme tout le monde le sait, un chasseur sachant chasser le mammouth à la hache et sans tricher doit savoir le chasser et le mettre en sachets sans s'assécher de soif en suivant sa piste.

Œil-d'Écureuil, Oreille-de-Renard, Gobe-Gobe, Guépard, Galipette et Cerise-qui-mord nous rejoignent. Mon papa nous conduit au cœur de la jungle, jusqu'à une piste qui file entre les ronces. La leçon est réservée aux guerriers : Floup et Roûmm restent dans notre caverne pour s'occuper de Petit-Sauvage.

■ Paul Thiès, *Petit-Féroce va à l'école*,
Rageot Romans © Rageot.

ÉCHANGER

- Lequel des deux textes est extrait d'un récit de science-fiction ? Pourquoi ?

LIRE À VOIX HAUTE

- Lis le texte que tu as choisi en t'entrainant auparavant car les phrases sont longues : veille à faire des pauses au bon endroit.

Le Monde d'En Bas

Suburba, 18 octobre 2096

Les grands chiffres rouges de l'horloge à cristaux liquides affichaient 16 heures 36 lorsque Élodie sortit du collège Matthis. Elle posa son cartable à côté des grilles et attendit que Myria, sa meilleure copine du moment, la rejoigne.

Dans les galeries de Suburba, ce n'était pas encore l'heure d'affluence et le silence de l'immense ville souterraine n'était troublé que par les discussions des élèves sur le trottoir et le léger bourdonnement des voitures électriques. C'est le calme qui permit à Élodie d'entendre le très faible « pop » d'un fusil à compression. Quelque chose au-dessus de sa tête comme un gros pétard et le photoclare de 300 000 watts qui surplombait le collège s'éteignit subitement. Toute la zone se trouva aussitôt plongée dans la pénombre. Seule la lueur diffuse des photoclares les plus proches empêchait que l'obscurité soit totale. L'affolement gagna les élèves et dégénéra très vite en bousculade, des cris fusèrent, assortis d'appels, d'injures et de bruits de galopade. […]

C'était la troisième fois depuis le début de l'année scolaire que le photoclare du collège était pris pour cible. […]

Tout le monde savait qu'il s'agissait des membres de l'AERES, l'Association des Enterrés pour la Remontée En Surface. Depuis deux ans, l'AERES se battait pour que l'on remonte vivre sur terre au lieu de rester dans le Monde Souterrain. Des scientifiques de l'association

PARTAGER NOS PREMIÈRES IMPRESSIONS

a Repère le nom de la ville et le titre du roman : quel est leur rapport avec le sens du texte ?

b À ton avis, quelle va être la suite du roman ? Justifie ta réponse.

Vocabulaire pour mieux lire

1. Ligne 11 : le nom ***photoclare*** existe-t-il ? Comment est-il construit ? Que signifie-t-il ?

2. Lignes 25-26 : en t'aidant du dictionnaire, donne le sens de ***étaient résorbées***.

Je repère des indices

Une vision du futur

1 À quelle date la scène se passe-t-elle ? Qu'est-il arrivé des décennies auparavant ?

2 **a.** Cherche l'origine du nom *Suburba*.
b. Comment vit-on dans cette ville ?
c. Pourquoi Suburba existe-t-elle ?

s'étaient, parait-il, rendus dans le Monde d'En Haut pour y effectuer des mesures. Ils assuraient que les Grandes Pollutions qui avaient ravagé la terre en 2022 en causant des millions de morts étaient presque toutes résorbées et que, soixante-quatorze ans plus tard, il était désormais possible d'y revivre.

On les avait d'abord pris pour de doux rêveurs. Mais, peu à peu, l'idée de remonter avait fait son chemin et l'AERES avait regroupé de plus en plus de sympathisants. Le gouvernement de Suburba avait alors publié plusieurs communiqués assurant que, d'après toutes les études sérieuses, la terre ne serait pas habitable en surface avant plusieurs siècles et que l'AERES se rendait coupable de diffuser des idées dangereuses pour l'avenir de la cité. Les principaux membres de l'association avaient été jugés à la va-vite et emprisonnés, quant aux énormes portes blindées qui donnaient accès au Monde d'En Haut, leurs soudures avaient été renforcées. Cela n'avait pas empêché les idées de l'AERES de faire leur chemin surtout parmi les jeunes.

■ Xavier-Laurent Petit, *Le Monde d'En Haut* © Casterman.

LISTES DE RÉFÉRENCE

Des valeurs en jeu

3 **a.** Pour quelle raison le gouvernement de Suburba et l'AERES s'opposent-ils ?

b. À ton avis, pourquoi le gouvernement ne veut-il pas que les habitants sortent de Suburba ?

4 * Le narrateur est-il du côté de l'AERES ou de celui du gouvernement de Suburba ? Justifie ta réponse.

AIDE ▶ Fiche Méthode n° 6 – page 253

Entre les lignes

5 **DÉBATTRE** Le désir des sympathisants de l'AERES est-il justifié ? Écris un ou deux arguments pour appuyer ta réponse.

J'écris

6 **Imagine et décris l'une des « Grandes Pollutions » dont il est question ligne 24.**

L'Enfaon

« L'enfaon » est le produit d'un embryon humain modifié avec des gènes de cerf. Il habite le Centre des Humains Génétiquement Modifiés et fréquente l'école de Leïla, la narratrice.

Un matin, en arrivant à l'école, j'ai aperçu les élèves de la classe groupés au fond de la cour. Je me suis demandé ce qui pouvait bien les attirer comme cela. J'ai couru pour les rejoindre et je me suis arrêtée net en découvrant L'enfaon au centre du cercle. Il ne disait rien. Il portait une sorte de bonnet sur la tête et paraissait gêné.

– Montre-nous ton crâne, L'enfaon ! le harcelaient les gars de la classe. Allez ! Montre-nous ton crâne !

Je leur ai lancé :

– Laissez-le ! Vous ne voyez pas que vous l'embêtez ?

– On ne l'embête pas. On veut juste qu'il nous montre sa tête.

L'un d'eux a saisi L'enfaon par le bras et l'a tiré jusqu'à lui sous les applaudissements de ses copains. L'enfaon s'est débattu. Un autre en a profité pour lui enlever son bonnet. L'enfaon a crié et s'est déchainé. Alors j'ai hurlé :

– Lâchez-le !

La maitresse est arrivée au même moment. Elle a disputé les garçons et leur a ordonné de rejoindre la classe. L'enfaon,

PARTAGER NOS PREMIÈRES IMPRESSIONS

a Relève les trois expressions qui marquent les trois moments du texte.

b Reformule ce qui se passe dans chacun de ces moments.

Vocabulaire pour mieux lire

1. Recherche sur Internet à quoi ressemble *un faune* dans la mythologie. Pourquoi L'enfaon a-t-il un air de ***petit faune*** ?

2. Cherche le sens de l'adjectif ***hybride*** et du nom ***hybridation*** dans le dictionnaire : en quoi L'enfaon est-il un être hybride ?

Grammaire pour mieux lire

L'accord sujet – verbe

1 Justifie l'accord du verbe.
- *je me suis arrêtée net* (l. 3)
- *le harcelaient* (l. 6)
- *leur a ordonné* (l. 18)
- *lui donnaient un air de petit faune* (l. 42-43)
- *répétaient* (l. 45).

POUR ALLER PLUS LOIN ▶ Orthographe 13, page 206

lui, s'est réfugié contre le mur du préau. Il pleurait et tremblait en cachant son crâne entre ses mains.

– C'est fini, l'a rassuré la maitresse. C'est fini.

Elle lui a rendu son bonnet. Il l'a pris et l'a aussitôt posé sur sa tête. J'ai eu le temps de distinguer deux petites cornes qui pointaient sur son crâne. J'ai d'abord eu un réflexe de recul ; puis, la surprise passée, j'ai réalisé que c'étaient… ses premiers bois. Alors j'ai essayé quelque chose dont je ne me croyais vraiment plus capable : je lui ai adressé un mot, juste un mot. J'ai tendu la main et j'ai murmuré :

– Viens…

Au lieu de me répondre, il a haussé les épaules et est parti bouder sous le poirier de la cour. Il est resté là tout l'après-midi. J'étais morte de tristesse.

[SUITE PAGE 77]

Je repère des indices

Des humains du futur

2 **a.** Il est impossible que le récit se passe aujourd'hui ? Pourquoi ?

b. De quoi la science est-elle capable à l'époque du roman ?

3 En quoi L'enfaon est-il différent des autres humains ?

Des attitudes et des sentiments opposés

4 Classe les personnages selon qu'ils sont bienveillants ou pas envers L'enfaon.

5 **a.** Quels sont les sentiments de Leïla au fil du texte ? Explique-les.

b. * Que s'est-il passé dans la tête de L'enfaon entre les deuxième et troisième moments du texte ?

6 **LIRE À VOIX HAUTE** Prépare la lecture d'un passage de ton choix en mettant en valeur les sentiments des personnages.

Le soir même, à la maison, j'ai pris un coussin et j'ai tapé dessus pendant de longues minutes. Je crois que je ne me suis jamais autant défoulée sur un carré de tissu. J'ai frappé, frappé, frappé. Je voulais le chasser de mon esprit, ne plus penser à lui. Au bout d'une heure, j'ai rejoint mes parents et on a discuté de tout, sauf de lui.

Le lendemain matin, en arrivant dans la cour, j'ai eu la bonne surprise de le découvrir sans bonnet, comme s'il avait compris qu'il était inutile de cacher ce qu'il était. Qui l'avait aidé à s'affirmer ? Les gens du Centre ? La maitresse ? En tout cas, ses pointes lui donnaient un air de petit faune. « De petit diable », répétaient dans la cour des mauvaises langues.

■ Éric Simard, *L'Enfaon*, Mini Syros, 2010.

LISTES DE RÉFÉRENCE

Entre les lignes

7 **DÉBATTRE** **EMC** L'auteur cherche à faire réfléchir le lecteur sur le monde d'aujourd'hui : sur quelles questions, à ton avis ?

J'écris

8 **Poursuis le texte en imaginant le dialogue de Leïla et de L'enfaon.** Veille à varier les verbes de parole et à accorder correctement les sujets inversés.

Vocabulaire pour mieux écrire

1. Dans un dictionnaire, recherche au moins un synonyme des verbes :

- **demander**
- **répondre**
- **expliquer**
- **assurer.**

2. Complète le dialogue avec des verbes trouvés en **1**.

– Vous étudiez la construction d'une nouvelle machine ? … Trégor avec insistance.

– En effet, … Grisber avec agacement.

– Vous savez, je ne cherche pas à voler vos idées, … Trégor. J'ai moi-même un projet en cours, …-t-il tandis que Grisber le regardait avec méfiance.

LES CLÉS DU RÉCIT DE SCIENCE-FICTION

Les mots-clés

- des technologies avancées
- des machines
- des voyages dans l'espace et dans le temps
- des créatures hybrides
- une vision du futur
- une dénonciation des dangers

1 Choisis un mot-clé et explique-le par une situation racontée dans un des textes du chapitre.

Un autre rapport au temps et à l'espace

● Le récit de science-fiction s'appuie sur **des connaissances scientifiques et techniques** très **avancées**. Elles permettent de faire voyager les personnages **dans le temps** et **dans l'espace**.

2 Imagine une machine du futur. Décris-la ou dessine-la le plus précisément possible.

Des personnages étranges

● Les personnages du récit de science-fiction peuvent être **des extraterrestres, des créatures hybrides** comme L'enfaon, page 76.
Leur rencontre avec des êtres humains provoque **des réactions de rejet ou de compréhension.**

3 Complète la fiche du récit de science-fiction que tu aimerais lire :
– époque : passé ou futur ;
– moyens de déplacement utilisés ;
– découvertes ;
– rencontres effectuées ;
– conséquences pour le héros, l'héroïne.

Le monde contemporain en question

● La situation des personnages est souvent provoquée par **une catastrophe** (climatique, comme pour les habitants de Suburba, page 74) ou par **des découvertes mal maitrisées** (comme dans *L'Enfaon*, page 76). En montrant quelles en sont les conséquences, l'auteur **dénonce les dangers du monde dans lequel il vit.**

4 Quel aspect du monde d'aujourd'hui te semble le plus dangereux pour l'avenir ?
– la pollution ;
– les inégalités entre les régions du monde ;
– le réchauffement climatique…
Pourquoi ?

DES PISTES DE LECTURE

Jules Verne,
De la Terre à la Lune,
Le livre de Poche.
(364 pages)
Jules Verne est un des premiers auteurs de science-fiction.
Il a exploité les possibilités que pouvaient offrir des machines très sophistiquées.

Christian Grenier,
Virus L.I.V. 3 ou la mort des livres,
Le Livre de poche Jeunesse, 2001.
(176 pages)
Le gouvernement des Lettrés a interdit les écrans et décrété la lecture obligatoire. Face à cette tyrannie, les Zappeurs se révoltent et propagent un virus qui efface les mots à mesure qu'ils sont lus.

Émile Bravo,
Une épatante aventure de Jules,
4 volumes, Dargaud, 2017. (Bande dessinée, 48 pages)
Grâce à ses amis extraterrestres ou experts du clonage, Jules peut affronter les problèmes qu'il rencontre avec sa famille.

RACONTER UN ÉPISODE DE SCIENCE-FICTION

En se promenant près de chez elle, Zita a découvert un cratère formé par une météorite.
En appuyant sur le bouton d'une commande qui se trouvait dans le cratère, elle a été propulsée sur une étrange planète.

■ Ben Hatke, *Zita la fille de l'espace*, Rue de Sèvres, 2016.

CONSIGNE D'ÉCRITURE

Raconte l'arrivée de Zita sur l'étrange planète puis sa découverte du décor et des créatures qui y vivent.

Appuie-toi sur les éléments de la planche.

VOCABULAIRE POUR MIEUX ÉCRIRE

Des mots *pour décrire des personnages de science-fiction*

Des noms
- scaphandre • pustule • pinces
- globe • bulbe • tentacule

Des adjectifs
- ébouriffé • pataud • poilu
- mécanique • flasque

Des verbes
- ramper • se dandiner • sautiller
- glisser • claquer

1. Cherche le sens des mots que tu ne connais pas dans le dictionnaire.

2. Complète les phrases avec les mots ci-contre.

Dans un coin, Digber aperçut une sorte de pieuvre : sa tête ressemblait à un … , ses tentacules étaient toutes … . Plus loin un crapaud … … jusqu'à une écrevisse qui … sur le sol ; ses … … avec un bruit terrible. Un canard … couvert de … , … sur un tapis roulant.

MÉTHODE D'ÉCRITURE

1. Organise tes idées

a. Sur ton cahier d'essai :
– **dessine** de façon plus précise trois ou quatre créatures rencontrées par Zita en les mettant en couleurs ;
– **choisis** dans les listes page 80 des mots qui te semblent les plus adaptés à chaque créature. **Écris-les** en dessous de tes dessins. **Trouves-en** d'autres.

b. **Imagine** quelques éléments de décor. Organise les éléments découverts par Zita : ce qu'elle voit en premier, en deuxième...

2. Mets tes idées en mots

c. **Raconte** l'arrivée de Zita sur l'étrange planète. **Utilise le passé simple**.

d. **Décris** ensuite ses découvertes en reprenant l'organisation que tu as décidée **en utilisant l'imparfait**.

Orthographe ***pour mieux écrire***

Les marques de l'imparfait et du passé simple
Pour tous les verbes, les marques de l'imparfait sont : *-ais* ; *-ais*, *-ait* ; *-ions* ; *-iez* ; *-aient*.
Pour les marques du passé simple, reporte-toi pages 244 à 247.

POUR ALLER PLUS LOIN ▶ Orthographe 10 et 13, pages 192 et 198

e. **Échange** ta production avec celle de ton voisin. **Conseillez-vous**.

3. Améliore ton texte

f. **Récris** ton texte en prenant en compte ce que ton ou ta camarade t'a signalé.

g. À deux ou trois endroits de ta description, **ajoute** les sentiments que peut éprouver Zita : stupeur, angoisse, dégout...

h. **Relis** une dernière fois ta production en utilisant le guide de relecture.

4. Écris ton texte au propre

i. **Recopie** le texte au propre ou **saisis-le**.

j. **Lis** ton texte à la classe en mettant en valeur l'étrangeté du monde découvert par Zita.

GUIDE DE RELECTURE

- Mon texte ressemble à un récit de science-fiction : Zita est confrontée à des machines du futur et à des créatures étranges...
- J'ai raconté au passé simple l'arrivée de Zita sur l'étrange planète.
- J'ai décrit à l'imparfait le décor et les étranges créatures.

ENRICHIR SON CARNET DE LECTURE

Je m'exprime

1 Complète le tableau.

Texte page	74	76
Époque	...	...
Lieu	...	...
Ce qui s'est passé avant l'extrait	...	...
Ce qui se passe dans l'extrait	...	...
Invention technologique ou scientifique	...	...

2 Produis un dessin à partir d'un des textes du chapitre.

Je réfléchis — Vivre des aventures

3 Faut-il avoir des connaissances scientifiques et techniques pour écrire un roman de science-fiction ? **Justifie** ta réponse.

4 EMC La science-fiction est-elle un moyen efficace pour aborder des questions liées au monde contemporain : manipulations génétiques, pollution, racisme ? **Développe** ton avis.

Je dis une fable

5 Recopie la fable et **illustre-la**. **Apprends-la** et **récite-la**.

AIDE ▶ Fiche Méthode nº 1 – page 248

Le cosmonaute et son hôte

Sur une planète inconnue,
un cosmonaute rencontra
un étrange animal :
il avait le poil ras,
une tête trois fois cornue,
trois yeux, trois pattes et trois bras !
« Est-il vilain ! pensa le cosmonaute
en s'approchant prudemment de son hôte.
Son teint a la couleur d'une vieille échalote,
son nez a l'air d'une carotte.
Est-ce un ruminant ? Un rongeur ? »
Soudain, une vive rougeur
colora plus encor le visage tricorne.
Une surprise sans bornes
fit chavirer ses trois yeux.
« Quoi ! Rêvé-je ? dit-il. D'où nous vient, justes cieux,
ce personnage si bizarre sans crier gare !
Il n'a que deux mains et deux pieds,
il n'est pas tout à fait entier.
Regardez comme il a l'air bête, il n'a que deux yeux
[dans la tête !
Sans cornes, comme il a l'air sot ! »
C'était du voyageur arrivé de la Terre
que parlait l'être planétaire.
Se croyant seul parfait et digne du pinceau,
il trouvait au Terrien un bien vilain museau.

Nous croyons trop souvent que, seule, notre tête
est de toutes la plus parfaite !

■ Extrait de *La Mandarine et le Mandarin*, Éditions La Farandole, 1970 © Pierre Gamarra.

Jean Tinguely, *Tricycle*, vers 1960, assemblage de fer et métaux de récupération, 48 × 85 × 46 cm, Musée national d'art moderne Centre Pompidou, Paris.

L'artiste

Jean Tinguely (1925-1991) est un sculpteur et peintre suisse.
Il a créé d'immenses **sculptures** pour les exposer dans des jardins.
Les matériaux de récupération constituent une de ses principales sources d'inspiration, notamment pour imaginer des machines fantaisistes.

PREMIÈRES IMPRESSIONS

1 Pour toi, s'agit-il d'une œuvre d'art ?

COMPRENDRE L'ŒUVRE

2 Cette sculpture est-elle vraiment un « tricycle » ? Pourquoi ?
À quoi Jean Tinguely s'est-il amusé ?

3 Selon toi, qu'est-ce que Jean Tinguely a voulu dire en créant ce « tricycle » à l'époque des fusées et de la conquête spatiale ?

Vocabulaire

Une **sculpture** est **une œuvre en trois dimensions**.
Elle peut être taillée dans un bloc de pierre ou de marbre ou bien coulée dans le bronze.
Les sculptures modernes ou contemporaines sont parfois constituées d'éléments soudés entre eux comme le *Tricycle* de Jean Tinguely.

4 *Carnet de lecture*

Sur Internet, cherche des images de sculptures créées dans l'Antiquité.

Prends modèle sur la légende de *Tricycle* pour écrire les références de l'œuvre que tu as choisie. Compare-la avec celle de Tinguely et dis celle que tu préfères.

LIRE UNE ŒUVRE INTÉGRALE

Le Monde d'En Haut

Xavier-Laurent Petit, Casterman Poche, 2010.

Vivre des aventures
La morale en question
Héros, héroïnes et personnages

LISTES DE RÉFÉRENCE

CHAPITRES 1 ET 2

→ Lis la première et la quatrième de couverture.

1 Relève les indices d'un récit de science-fiction.

→ Lis le chapitre 1.

2 a. À DEUX Associez les époques (1), les personnages (2), les lieux (3).

1. vers 2022 – à la fin du XXᵉ siècle – en 2096

2. les Gardes de l'Ordre – le grand-père d'Élodie – l'arrière-grand-père d'Élodie

3. sur la Terre, à la campagne – à Suburba – sur la Terre polluée

b. Liste les caractéristiques d'une civilisation du futur.

3 a. Qu'est-ce que l'AERES ? Qui sont ses membres ? Que veulent-ils ?

b. Quels moyens le Gouvernement utilise-t-il pour contrer l'AERES ? Pourquoi ?

c. Le narrateur est-il du côté des gardes ou de l'AERES ? Justifie ta réponse.

→ Lis les pages 13 à 18 du chapitre 2, jusqu'à la fin du 1er paragraphe.

4 En t'aidant de la Fiche 1 :

a. Résume les idées de Lukas puis celles de son père.

b. Indique vers qui vont les sympathies d'Élodie. Quel mot amène en elle *un picotement qui lui parcourt l'échine* ?

→ Lis la fin du chapitre.

5 Carnet de lecture

– Dans les deux chapitres, relève les informations sur Suburba : taille, mode de vie des habitants, technologie, surveillance...

– Dessine Suburba telle que tu l'imagines. Aimerais-tu y vivre ?

CHAPITRES 3 À 5

→ Lis le résumé du chapitre 3 sur la **Fiche 2** puis lis le chapitre 4.

6 VRAI OU FAUX ? Justifie chaque réponse par une expression du texte.

a. L'opération « Magma » vise à arrêter tous les membres de l'AERES.

b. Élodie tire volontairement dans une fenêtre de l'immeuble d'en face.

c. Axelle est étudiante à l'Institut technologique.

→ Lis le chapitre 5 en t'aidant de la **Fiche 3**.

7 À DEUX Dans un tableau, résumez les éléments de l'enquête de Duroust et Murray :

– ce qu'ils cherchent
– les moyens qu'ils utilisent pour trouver
– ce qu'ils trouvent

8 À DEUX Imaginez la suite de l'histoire. Construisez-la d'abord oralement avant d'en noter les moments les plus importants sous la forme d'un scénario.

CHAPITRES 6 À 8

→ Lis la **Fiche 4** puis le chapitre 6.

9 Comment comprends-tu les évènements de la fin du chapitre 6 ?

→ Lis les chapitres 7 et 8.

10 *Carnet de lecture*

Note tes hypothèses sur ce que va faire Élodie dans la suite de l'histoire.

CHAPITRE 9

11 Cherche dans ton dictionnaire le sens du mot *conspiration*.

→ Lis le chapitre 9 jusqu'à *je vous laisse la parole...*, page 66.

12 Décris précisément la conspiration.

– nombre et noms de certains conspirateurs
– chef de la conspiration
– nature du projet d'attentat
– risques encourus
– résultat du vote
– délai de réalisation du projet.

→ Lis la fin du chapitre.

CHAPITRES 10 À 12

→ Lis les chapitres 10 et 11.

13 Classe les informations selon qu'elles sont connues d'Élodie, de Lukas ou du lecteur.

– Lukas fait partie de l'AERES.
– C'est Élodie qui a tiré dans la vitre de l'immeuble d'en face.
– Axelle fait partie de l'AERES.
– Axelle est un des chefs de l'Ordre souterrain.
– Axelle et Sylvie Drachet sont la même personne
– Des photos ont été prises pendant la réunion de l'AERES.
– L'arrestation des membres de l'AERES est prévue le lendemain de leur réunion.

14 *Carnet de lecture*

Rédige la carte d'identité de Lukas et d'Axelle.

→ Lis le chapitre 12.

15 Remets les évènements en ordre et note les pages.

a. Un incendie se déclare dans le secteur de la géopile principale.
b. Axelle se dévoile et cherche à tuer Lukas.
c. Élodie parvient à rejoindre Lukas dans la salle de la géopile.
d. Élodie suit Lukas et Axelle dans Suburba.
e. Les gardes profitent de l'incendie pour piéger les membres de l'AERES.
f. Élodie découvre la porte qui donne sur la géopile principale.

CHAPITRES 13 À 15

→ Lis le chapitre 13.

16 Explique les évènements qui s'y déroulent. À ton avis, où Élodie se trouve-t-elle à la fin ?

→ Lis les chapitres 14 et 15.

17 Décris l'arrivée d'Élodie dans le Monde d'En Haut.

18 À DEUX Résumez les évènements de 2028. En 2096, le Monde d'En Haut est-il inhabitable ? Donnez au moins trois arguments.

CHAPITRES 16 À 19

→ Lis la fin du roman à l'aide de la **Fiche 5**.

19 a. Donne des exemples de la cruauté des Gardes. Comment Pasteur apparait-il à l'inverse ?

b. Pourquoi Pasteur se réjouit-il de l'arrivée de nouvaux habitants ?

c. Axelle va-t-elle vivre dans le Monde d'En Haut ou dans le Monde d'En Bas ? Relève les expressions qui le disent.

Carnet de lecture

Héros, héroïnes et personnages

• Quel est le personnage principal du roman ? Justifie ta réponse.
• Dans le chapitre 4 (page 39), Élodie considère que son frère est « un vrai héros ». Est-ce aussi ton avis ? Pourquoi ?

La morale en question

• Quelles sont les conséquences des évènements de 2028 ? Qui sont les responsables ?
• Pourquoi le gouvernement de Surburba est-il inacceptable ? Le devient-il après 2096 ?

7 LE THÉÂTRE

Se confronter au merveilleux, à l'étrange
La morale en question

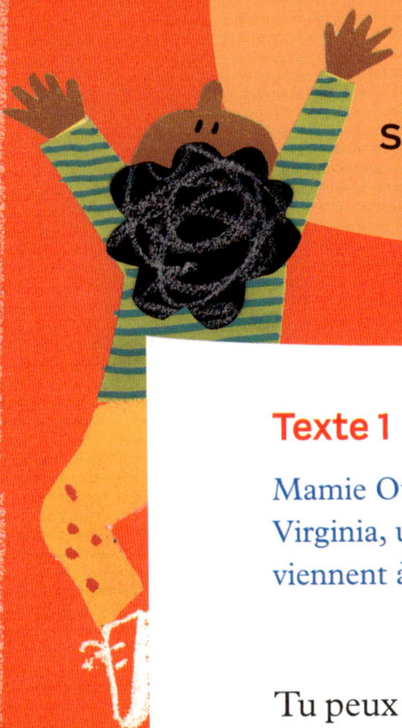

Texte 1

Mamie Ouate et Kadouma, son assistant, vivent sur une ile où ils cherchent Virginia, une femelle papillon qu'on ne trouverait que là. Mais les provisions viennent à manquer…

MAMIE OUATE

Tu peux tout, Kadouma, absolument tout ! Tes yeux sont des poussières d'étoiles et il y a dans ta tête plus d'énergie que dans une bombe nucléaire, et c'est pourquoi chaque jour tu décides de ta vie, tu peux si tu le veux soulever les montagnes, boire la mer, décrocher les nuages, faire tomber la nuit le jour et la neige en été, simplement il faut apprendre à te concentrer. Tiens, essaie avec moi : on se tait, on ferme les yeux très fort, plus fort encore et on ne pense plus qu'à l'avion qui doit nous livrer nos provisions. D'accord ?

KADOUMA

C'est parti !

Ils sont face à face, les yeux fermés, concentrés. On entend peu après un petit avion qui passe au-dessus d'eux. Cris de joie.

MAMIE OUATE

Tu vois, Kadouma, nous pouvons tout toi et moi ; à nous champagne et foie gras.

■ Joël Jouanneau et Marie-Claire Le Pevec, *Mamie Ouate en Papoâsie*

LISTES DE RÉFÉRENCE

Texte 2

Juliette vient d'arriver chez sa grand-mère à Sawubona, une réserve d'animaux en Afrique du Sud. Elle y fait la connaissance de tantine Grace et de Tandaï qui travaille dans la réserve.

– Cette enfant ressemble à Veronica, dit Grace en s'adressant à Tandaï.

Juliette sursauta comme si elle venait de se bruler.

– Vous connaissiez maman ?

– Tantine ! s'écria Tandaï en bondissant sur ses pieds, tu m'avais promis de ne rien dire.

– Du calme, mon garçon. Il y a trop de secrets à Sawubona. Elle a le droit de connaitre la vérité.

– Quelle vérité ? demanda Juliette.

– Mademoiselle Juliette, dit Tandaï, je suis désolé, il faut que nous y allions.

– Mais…

– S'il vous plait !

■ Lauren St John, *La Girafe blanche*,
traduit par Cécile Dutheil de la Rochère
 www.gallimard-jeunesse.fr

ÉCHANGER

• Selon toi, lequel de ces textes est extrait d'une pièce de théâtre ? Justifie ta réponse à l'aide de deux arguments.

LIRE À VOIX HAUTE À DEUX

• Entrainez-vous à lire à voix haute l'extrait choisi. Pour bien comprendre la situation, relisez attentivement le chapeau qui précède le texte. Définissez le ton des personnages.

COMPRENDRE INTERPRÉTER UN TEXTE DE THÉÂTRE

Yaël Tautavel est né sur une ile désertée par les animaux. Il n'en a donc jamais vu. Pour en découvrir, il se rend chez Habilis, un peintre animalier.

Dans l'atelier du peintre

Dans l'atelier.

YAËL. – Ouawh ! On dirait une caverne !

HABILIS. – C'en est une. Bienvenue dans mon univers.

YAËL. – Qu'est-ce que c'est ?

HABILIS. – Un taureau. Attention, il n'est pas sec.

YAËL. – Comment vous faites ça ?

HABILIS. – Je descends ici, dans ma caverne, bien loin de l'agitation des hommes, je sors mes couleurs et j'attends.

YAËL. – Qui ?

HABILIS. – L'animal. Qu'il passe en moi.

YAËL. – En vous ? Et quand il est là ?

HABILIS. – Je l'observe, au cœur de mes plaines intérieures. Son mouvement, son esprit, ses rêves… et je lui rends sa liberté.

YAËL. – Et par où il sort, le gros taureau ?

HABILIS. – Par les doigts, sur la toile.

YAËL. – Ouawh ! Vous […] êtes magicien alors […] ?

HABILIS. – Je suis peintre.

YAËL. – Sacré boulot. […]

HABILIS. – Tu veux essayer ?

YAËL. – Moi ? Vous rigolez, Monsieur Habilis, sauf votre respect, jamais je pourrai capturer un taureau ou un puma. C'est pas que j'aie

PARTAGER

NOS PREMIÈRES IMPRESSIONS

Écoutez le texte : de quoi les deux personnages parlent-ils ?

Vocabulaire pour mieux lire

1. À quelle époque les mots ***Tautavel*** et ***Homo habilis*** font-ils référence ? Trouve une autre allusion à la même époque.

2. ÉCHANGER Reformule les expressions de Yaël en t'aidant du contexte : lignes 21 à 23 ; ligne 34 ; ligne 37.

Je repère des indices

Un dialogue étonnant

1. Qui pose la plupart des questions ? Pourquoi ?

2. Donne un adjectif pour qualifier le langage de Yaël. Justifie ta proposition.

3. a. Choisis les verbes qui, selon toi, correspondent au rôle joué par Habilis auprès de Yaël à partir de la ligne 19.
décourager – rassurer – conseiller – dévaloriser – transmettre – empêcher
b. Complète la liste avec deux autres verbes.

les pétoches[1], c'est pas le genre de la maison, mais ça pourra jamais rentrer chez moi, je suis beaucoup trop petit.

HABILIS. – Tu as largement la place.

YAËL. – Oh ! C'est pas des blagues ?

HABILIS. – Tu peux accueillir en toi tous les animaux qui existent. Et les autres.

YAËL. – Ceux qui sortent du pipeau[2] ? Comme la mite, le dragon ou le loup-garou ?

HABILIS. – Tout se peint, Yaël, absolument tout. Les taureaux, les dragons, les nuages, les pensées, les sentiments, les gens qu'on aime…

YAËL. – Même les gens qu'on aime et qui nous manquent ?

HABILIS. – Surtout ceux-là.

YAËL. – Moi, si j'avais quelqu'un de prisonnier dans mon manque, j'aimerais bien pouvoir lui rendre la liberté.

HABILIS. – Tu le portes en toi, ce quelqu'un, non ?

YAËL. – Il est gravé pour l'éternité sur mes parois intérieures. Dis, Monsieur Habilis, et les sentiments qui m'arrivent des fois comme une vague des profondeurs, même qu'ils me chamboulent tout du sol au plafond, sans savoir ni pourquoi ni comment, je peux leur rendre leur liberté à ceux-là aussi, dites ?

HABILIS. – Les couleurs sont là pour ça.

YAËL. – Et les mauvais rêves ?

HABILIS. – Aide-les à s'échapper.

YAËL. – Comment ?

HABILIS. – Peins-les.

■ Stéphane Jaubertie, *Yaël Tautavel ou l'Enfance de l'art*, Éditions Théâtrales, coll. Jeunesse, 2007.

1. C'est pas que j'aie les pétoches : ce n'est pas que j'aie peur.

2. Ceux qui sortent du pipeau : ceux qui sont inventés.

Un message sur l'art

4 Qu'explique Habilis à Yaël lignes 7 à 15 ?

5 Qu'est-ce que Yaël va pouvoir peindre, représenter ?

6 * À quoi peut servir la peinture ? Relève les passages dans lesquels les personnages font comprendre son rôle au lecteur / spectateur.

7 JOUER À DEUX Mettez l'extrait en scène et en voix.

Entre les lignes

8 DÉBATTRE Es-tu d'accord avec Habilis lorsqu'il dit que « tout se peint » ?
Carnet de lecture Écris ce que tu aimerais peindre et pourquoi.

J'écris

9 Tu rencontres Habilis. Pose-lui une question et imagine sa réponse.

Quand l'ennui se fait sentir…

Blanquette est la septième chèvre de Seguin. Elle est chez lui depuis deux jours, enfermée dans un enclos. Les six précédentes chèvres se sont enfuies les unes après les autres.

Jour 3

Chez Seguin

BLANQUETTE. – Je m'ennuie drôlement…

SEGUIN. – Déjà ?

BLANQUETTE. – Pourquoi ? Il faut plus de temps d'habitude ?

SEGUIN. – Non, mais ce que je veux dire, c'est que j'ai changé. Non ? J'ai changé quand même ! Enfin, je fais attention, j'ai fait attention ! Mais qu'est-ce qu'elles ont, ces chèvres ? Il leur en faut toujours plus ou quoi ? C'est pas possible…

BLANQUETTE. –Y a rien ici, on s'ennuie.

SEGUIN. –Y a rien ?Y a RIEN ?

BLANQUETTE. – Ben non…

SEGUIN. – Et moi ? Et la montagne ? Et le ciel bleu ? Et le chant des oiseaux ?

BLANQUETTE. –Y a rien pour soi, je veux dire.

SEGUIN. – Et c'est pour qui, alors ?

PARTAGER

NOS PREMIÈRES IMPRESSIONS

Quel texte connu te rappelle cette scène ? À quel moment de l'histoire se situe-t-elle ?

Vocabulaire pour mieux lire

1. Relève les mots qui désignent la chèvre. Que remarques-tu ? Pourquoi Seguin les emploie-t-il ?

2. Quel est le sens du mot ***drôlement*** dans l'expression ***je m'ennuie drôlement*** (ligne 1) ?

Grammaire pour mieux lire

Les phrases interrogatives

1 **a.** Classe les phrases interrogatives selon leurs marques d'interrogation :
- point d'interrogation seul ;
- inversion du sujet ;
- mots interrogatifs.

b. Quelles phrases te semblent les plus difficiles à lire ? Pourquoi ? Entraine-toi.

2 Quels sentiments se cachent derrière les questions de Seguin, lignes 8 à 10, 43 à 45 ?

POUR ALLER PLUS LOIN ▶ Grammaire 3, page 144

Blanquette. – J'veux dire, on peut pas toucher.
Je voudrais pouvoir toucher la montagne, le ciel, les oiseaux,
moi, voir du monde.
Voir le monde de plus près.
Seguin. – Voir le monde de plus près ? Mais comment veux-tu,
pitchoune ? Le monde il est bien trop grand, qu'est-ce que tu ferais
toute seule, seulinette, là-dedans ? Regarde ici, tu as le plus beau
des mondes, tout ce qu'on peut désirer voir du monde, voilà,
je te l'offre, tu l'as rien que pour toi devant tes grands yeux.
C'est mon cadeau.
Blanquette. – Mais on pourrait pas… aller voir d'un peu plus près ?
Seguin. – Parbleu non, ma pitchounette, tu es bien trop petite,
PICCOLINA.
Les chèvres comme toi ce n'est pas fait pour ce genre de montagne,
non.
Une petite colline, à la rigueur.
Pourquoi pas ?
Sans arbres, sans loups, sans pièges, sans rien pour se cacher se perdre
se faire bouffer, mais cette montagne-là,
NON.
Blanquette, enfin,
sois raisonnable, ma chevrinette,
tu étais bien gentille docile proprinette…
Qu'est-ce que tu as ?
Qu'est-ce qui te prend ?
J'ai fait quelque chose de mal ?

■ Sandrine Roche, *Ravie*, Éditions Théâtrales, coll. Jeunesse, 2014.

Je repère des indices

L'adaptation théâtrale d'un texte connu

3 Lis l'extrait de l'histoire originale page 92. Quelles différences ou points communs trouves-tu entre les deux versions (situation, langage, noms…) ?

4 **a.** Dans la scène de théâtre, sur quel ton Seguin s'adresse-t-il à la chèvre ? ?

b. Relève les expressions de Blanquette qui montrent que cette scène se situe à notre époque ?

5 * Selon toi, comment peut-on représenter la chèvre sur scène ?

Un message de l'auteur

6 Pourquoi la chèvre s'ennuie-t-elle ?

7 À quels risques s'expose-t-elle si elle va voir le monde de plus près ?

8 * Quels sont les arguments de Seguin pour garder sa chèvre avec lui ?

La Chèvre de M. Seguin

M. Seguin s'apercevait bien que sa chèvre avait quelque chose, mais il ne savait pas ce que c'était… Un matin, comme il achevait de la traire, la chèvre se retourna et lui dit dans son patois :

« Écoutez, Monsieur Seguin, je me languis chez vous, laissez-moi aller dans la montagne.

– Ah ! mon Dieu !… Elle aussi ! » cria M. Seguin stupéfait, et du coup il laissa tomber son écuelle ; puis, s'asseyant dans l'herbe à côté de sa chèvre :

« Comment Blanquette, tu veux me quitter ! »

Et Blanquette répondit :

« Oui, Monsieur Seguin.

– Est-ce que l'herbe te manque ici ?

– Oh ! non ! Monsieur Seguin.

– Tu es peut-être attachée de trop court ; veux-tu que j'allonge la corde ?

– Ce n'est pas la peine, Monsieur Seguin.

– Alors, qu'est-ce qu'il te faut ! qu'est-ce que tu veux ?

– Je veux aller dans la montagne, Monsieur Seguin.

– Mais, malheureuse, tu ne sais pas qu'il y a le loup dans la montagne… Que feras-tu quand il viendra ?… »

■ Alphonse Daudet, *Les Lettres de mon moulin* (1887). LISTES DE RÉFÉRENCE

Entre les lignes

9 DÉBATTRE Dans la scène de théâtre, es-tu plutôt en accord avec Blanquette ou avec Seguin ? Argumente ta réponse.

10 JOUER **À DEUX** Choisissez un personnage et préparez la mise en voix de la scène pages 90 et 91.

Ajoutez des didascalies pour préciser le ton à donner à chaque réplique.

J'écris

11 **Imagine la réplique de Blanquette aux dernières questions de Seguin page 91.** Elle peut s'adresser à lui ou se parler à elle-même.

Vocabulaire *pour mieux écrire*

1. Donne les verbes correspondant aux noms : ***évasion*** – ***échappée*** – ***fuite***.

2. Quelle est la différence entre ***gambader*** et ***sauter*** ?

LES CLÉS DU THÉÂTRE

Les mots-clés

- personnages • scènes • dialogues
- répliques • didascalies
- mise en scène
- adaptation • message

1 Trouve un exemple pour expliquer un des mots-clés.
Recopie-le sur une affiche collective dont le titre sera *Les mots-clés du théâtre*.

L'importance de l'imaginaire

● Dans le théâtre, en particulier celui pour la jeunesse, **l'imagination** des auteurs donne naissance à des situations et à **des personnages parfois étonnants, insolites.**
Ainsi, Mamie Ouate et Kadouma (page 86) vivent seuls sur une ile fantaisiste.

2 Décris les situations étonnantes du chapitre.
Laquelle as-tu trouvée la plus surprenante ?

Des intentions derrière des dialogues

● Le théâtre permet de faire **partager des valeurs, des émotions et de divertir** le lecteur ou le spectateur.

3 Pour chaque texte du chapitre, explique quelles sont précisément les intentions de l'auteur.

Des adaptations théâtrales

● De nombreuses pièces du théâtre pour la jeunesse sont **des adaptations de contes** :
– *Le Petit Chaperon rouge,*
– *Le Petit Poucet,*
– *La Belle et la Bête...*
ou de **récits courts** :
– *La Chèvre de M. Seguin.*

4 Trouve le passage correspondant à cet extrait dans le conte original et compare les versions.

LE LOUP. – Moi j'ai seulement faim.
LA PETITE FILLE. – Je n'ai pas peur de toi.
LE LOUP. – Je vais quand même te manger.
LA PETITE FILLE. – Alors mange-moi, mais si tu me manges, tu n'es pas ma grand-mère.

■ Joël Pommerat, *Le Petit Chaperon rouge*
© Actes Sud, 2009.

DES PISTES DE LECTURE

Mike Kenny, ***Le Jardinier,*** Heyoka Jeunesse, Actes Sud Papiers, 2006.
Joe aime se réfugier dans le jardin avec son grand-oncle Harry qui commence à perdre la mémoire.

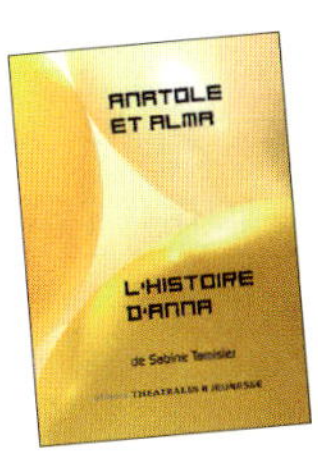

Sabine Tamisier, ***L'Histoire d'Anna* et *Anatole et Alma,*** Éditions Théâtrales, 2015.
Ces deux pièces donnent la parole aux enfants qui ne comprennent pas toujours leurs parents et les histoires des grands.

LISTES DE RÉFÉRENCE

Suzanne Lebeau, ***Petit Pierre,*** Éditions Théâtrales, 2006.
Petit Pierre, né difforme, ne s'adapte pas à l'école et devient garçon de ferme.
Mais il se révèle grâce à l'art.

ÉCRIRE UNE ADAPTATION THÉÂTRALE

La Chèvre de M. Seguin

Blanquette finit par s'enfuir dans la montagne. Le soir venu, elle écouta les clochettes d'un troupeau qu'on ramenait, et se sentit l'âme toute triste… Un gerfaut[1], qui rentrait, la frôla de ses ailes en passant. Elle tressaillit… puis ce fut un hurlement dans la montagne.

« Hou ! hou ! »

Elle pensa au loup ; de tout le jour la folle n'y avait pas pensé… Au même moment une trompe[2] sonna bien loin dans la vallée. C'était ce bon M. Seguin qui tentait un dernier effort.

« Hou ! hou !… », faisait le loup.

Texte intégral

Alphonse Daudet, *Les Lettres de mon moulin* (1887).

1. Un gerfaut : un faucon.
2. Une trompe : un genre de trompette.

CONSIGNE D'ÉCRITURE

Lis ce passage de *La Chèvre de M. Seguin* d'Alphonse Daudet. Adapte-le en scène de théâtre. Pour cela, imagine et écris :
– les répliques de Blanquette, du gerfaut et du loup ;
– les didascalies pour la mise en scène.

VOCABULAIRE POUR MIEUX ÉCRIRE

Des mots pour exprimer la joie, la peur

Des noms

- le plaisir • la terreur • la crainte
- la gaité • l'épouvante

Des adjectifs

- enchanté • angoissé
- ravi • inquiet

Des verbes

- frissonner • redouter • saliver
- savourer • s'extasier • trembler

1 Classe ces mots selon qu'ils expriment la joie ou la peur (utilise un dictionnaire).

2 Complète le tableau avec les mots dérivés.

Nom	Adjectif	Verbe
la terreur	…	…
la crainte	…	…
…	inquiet	…
…	ravi	…

3 Choisis les mots qui conviennent pour compléter les expressions.

anges – sauter – tétanisé – serrée – cœur

a. joie
être aux … – … de joie – avoir le … qui bat

b. peur
être … – avoir la gorge … – avoir le … qui bat

MÉTHODE D'ÉCRITURE

1. Organisez vos idées — JOUER À TROIS

a. Complétez le tableau.
Puis, **jouez** la situation racontée dans l'extrait.

Personnage	Ce qu'il dit	Ce qu'il fait
Blanquette	...	...
Le gerfaut	...	...
Le loup	...	...

2. Mettez vos idées en mots — À TROIS

b. Écrivez les répliques du gerfaut et du loup. **Faites parler** la chèvre.
Elle peut s'adresser aux lecteurs / spectateurs ou se parler à elle-même.

c. Appuyez-vous sur les informations présentes dans le récit pour écrire deux ou trois didascalies.

d. Jouez la scène à nouveau pour vous assurer que le dialogue reflète bien l'histoire.

3. Améliorez votre texte — À TROIS

e. Écrivez les noms des personnages devant chaque réplique.

f. Variez le vocabulaire pour exprimer la joie ou la peur (page 94).

Grammaire pour mieux écrire

Pour exprimer les sentiments des personnages, tu peux utiliser :
– l'impératif : *Viens là ! Ne me regarde pas ! Retourne-toi !*
À l'impératif, on ne met pas de ***-s*** à la 2e personne du singulier des verbes en *-er*.
– des phrases non verbales : *Quel ennui ! Quelle joie ! La montagne, un vrai paradis !*
– le point d'exclamation.

4. Écrivez votre texte au propre — À TROIS

g. Recopiez ou **saisissez** votre scène. Chacun surligne ses répliques.

5. Jouez la scène devant vos camarades — À TROIS

h. Les spectateurs évalueront votre adaptation à l'aide du guide ci-dessous.

GUIDE POUR LA REPRÉSENTATION

- La scène correspond à la situation du récit.
- Chaque comédien joue bien son personnage : paroles et attitudes.

ENRICHIR SON CARNET DE LECTURE

Carnet de lecture

Un pull
Abandonné par celui qui le portait.

Un pull
Posé
Là
Vite fait bien fait
Sur le plat d'un buisson
Parce que
Ce jour-
Là
Un jour de printemps certainement
Il faisait déjà trop chaud
Trop
Chaud
Pour la saison
Trop chaud
Certainement

Le pull est resté
Là
Pendant une semaine.

Peut-être deux.
Peut-être trois.
Un mois peut-être.

La haie
Fine bouche
Et
Grande gourmande
A fini par manger le mohair.

Elle a rendu le vêtement
Un peu plus tard
Et
À regret
Au jardinier venu pour la tailler.

■ Sylvain Levey, *Cent culottes et sans papiers*, Éditions Théâtrales, coll. Jeunessse, 2010.

Je m'exprime

1 DÉBATTRE Crois-tu qu'il soit important que des auteurs écrivent des pièces de théâtre pour les jeunes lecteurs ? Pourquoi ?

2 As-tu envie d'aller voir des pièces au théâtre ? **Argumente** ta réponse.

Je réfléchis

La morale en question

3 Dans le chapitre, quels sont les thèmes abordés ? Quels autres sujets pourraient te toucher dans une pièce de théâtre ?

4 Quelle valeur morale rencontrée dans ce chapitre te semble la plus importante ? **Explique** pourquoi.

Je mets en voix

5 **a.** LIRE À VOIX HAUTE
◀ **Lis** plusieurs fois ce texte extrait d'une pièce de théâtre pour t'en imprégner. **Identifie** les mots ou groupes de mots qui sont répétés.

b. À DEUX **Dites** en même temps les mots répétés et séparément les autres. **Prenez appui** sur la mise en page et **entrainez-vous**.

c. **Recopie** et **illustre** une partie du texte.

La Liberté guidant le peuple, Eugène Delacroix, 1830. ▼

© Isabelle Planche, prise de vue du spectacle *Ravie*, mise en scène Sandrine Roche, Maison du Théâtre à Brest, novembre 2014.

L'artiste

Sandrine Roche, née en 1970, est auteure, metteure en scène et comédienne. Elle travaille souvent l'écriture de ses textes avec des enfants et des adolescents.

PREMIÈRES IMPRESSIONS

1 Lis l'extrait pages 90-91. Quelle impression éprouves-tu en regardant cette photographie du spectacle *Ravie* ?

2 À ton avis, quel personnage la comédienne interprète-t-elle ?

COMPRENDRE L'ŒUVRE

3 Fais un croquis de la photographie, avec seulement les lignes principales. Que remarques-tu ?

4 **a.** Quels sont les principaux éléments de décor ? Les couleurs ? Les accessoires ?

b. Compare la prise de vue du spectacle avec le tableau d'Eugène Delacroix, page 96.

5 Quelles valeurs sont exprimées par le geste de la comédienne ?

6 *Carnet de lecture* Note tes impressions personnelles sur cette photographie. Aurais-tu pensé à cette représentation en lisant l'extrait de *Ravie* ? Quels moyens utiliserais-tu pour représenter le loup ?

8 LE RÉCIT MYTHOLOGIQUE

Héros, héroïnes et personnages
Se confronter au merveilleux, à l'étrange

Texte 1

Les Grecs de l'Antiquité sont polythéistes*. Leurs dieux ressemblent à des hommes ou des femmes, avec des qualités et des défauts humains. Réunis sur le mont Olympe, sous l'autorité de Zeus, ils sont immortels, dirigent la nature, et interviennent souvent dans la vie des humains. Les Grecs croient aussi aux héros et à leurs aventures extraordinaires au service des cités ou de l'humanité. Les mythes sont les aventures des dieux et des héros.

■ *Histoire, Géographie, EMC 6e*, Éditions Hatier.

* sont polythéistes : honorent plusieurs dieux.

Texte 2

Zeus était le fils du Titan Cronos qui avait épousé Rhéa. Cronos s'était rendu maitre de l'Univers en détrônant son propre père, Ouranos, et craignait fort que ses enfants n'agissent de même. Aussi mit-il au point une solution radicale pour éviter d'être renversé à son tour : il avalait ses enfants dès leur naissance ! Il avait ainsi dévoré Hestia, Déméter, Héra, Hadès et Poséidon*. Quand Rhéa attendit son sixième enfant, elle en eut assez et décida de le garder : c'était Zeus. Elle partit accoucher en Crète, sur le mont Ida, et confia le bébé à sa propre mère, Gaïa. Puis elle donna à Cronos une pierre enveloppée de langes, que le père avala sans sourciller, comme s'il se fût agi du nouveau-né promis.

■ Odile Gandon, *Dieux et Héros de l'Antiquité*

* Devenu adulte, Zeus réussira à redonner vie à ses frères et sœurs.

ÉCHANGER

- Écoute puis lis ces deux extraits. Qu'est-ce qui les différencie ? Lequel est un récit mythologique ? À quel genre appartient l'autre texte ?
- **À DEUX** Listez les noms des dieux grecs cités sur cette double page. Dans la Rome antique, ces mêmes dieux portaient d'autres noms. Cherchez-les.

• Généalogie d'Hercule
• *Les Douze Travaux d'Hercule* (résumé)

Qui est Hercule ?

Hercule (chez les Romains) ou Heraclès (en Grèce) est le fils de Zeus et d'une mortelle, Alcmène. C'est donc un **demi-dieu**. Héra, l'épouse de Zeus, se venge de cette naissance en faisant subir à Hercule douze épreuves qu'elle croit impossibles à réaliser.

Le lion de Némée

Il est un descendant de Gaïa, la déesse de la Terre, et de Pontos, le dieu des mers déchainées. Il a donc une origine divine. Le lion de Némée est un monstre malfaisant qui décime les troupeaux et ruine les bergers.

Texte 1 Le lion de Némée

Hercule lui asséna sur le crâne un coup formidable auquel aucun être vivant n'aurait pu résister. Le fauve parut à peine étourdi : il recula pour revenir aussitôt à la charge. Une nouvelle fois, Hercule le frappa à la tête, si violemment que la massue lui échappa des mains. Comme le fauve s'apprêtait à fuir, Hercule comprit qu'il n'avait pas le choix : ce serait un combat au corps à corps ! Au moment où l'animal le frôlait pour quitter le caverne, Hercule se jeta sur lui et enserra sa gorge entre ses bras. Le monstre rugit en se débattant ; Hercule accentua encore sa pression en évitant les crocs qui cherchaient à le mordre. Les adversaires roulèrent dans la poussière, parmi les ossements entassés à l'entrée de la grotte. Bientôt, les mouvements du fauve se firent saccadés et de moins en moins violents ; ses yeux se ternirent et sa tête se fit plus lourde.

Quand Hercule écarta les bras, le corps du monstre s'effondra, sans vie. Haletant, Hercule considéra sa victime.

– J'ai vaincu le lion de Némée !

■ Christian Grenier,
Les Douze Travaux d'Hercule
© Éditions Nathan.

Hercule et le lion de Némée, amphore vers 540 av. J.-C.

PARTAGER
NOS PREMIÈRES IMPRESSIONS

a. Quels sont les points communs entre les deux combats ?

b. Quel récit préfères-tu ? Pourquoi ?

Vocabulaire pour mieux comprendre

Relève les noms qui désignent le lion de Némée et ceux qui désignent le taureau de Minos.
Quels sont les mots communs ?
Lequel exprime le mieux la nature des deux animaux ?

Je repère des indices

Des personnages d'origine divine

1. Dessine l'arbre généalogique d'Hercule. Aide-toi des informations pages 99 et 100.

2. Relève dans l'ensemble de la double page les allusions à l'origine divine des personnages.

Texte 2 Le taureau de Minos

Hercule dégrafa de ses épaules la peau du lion de Némée qui, on le sait, était d'un très beau roux – et il l'agita devant le mufle de la bête. Ce fut comme un signal : dans un grondement de tonnerre, le taureau s'élança vers Hercule à toute vitesse ! Au moment où il le frôlait, le héros se cambra ; esquivant de justesse les cornes qui avaient failli l'empaler, il les saisit à pleines mains ! Rendu fou de rage par cette étreinte, l'animal secoua la tête et se débattit. Il se jeta à terre ; mais Hercule refusa de lâcher prise, si bien que les deux combattants roulèrent pêlemêle dans la poussière, dans un corps à corps colossal !

Hercule et le taureau de Crète, céramique grecque, vers 500-475 av. J.-C.

Affalé, l'animal meuglait et battait l'air de ses puissants sabots. Son adversaire sentait sur son épaule le souffle haletant et chaud que lâchaient ses naseaux.

Hercule tenait bon ; il sentait qu'à se débattre en vain, le taureau fatiguait. Il tâtonna le sol, à la recherche de son filet. Dans un dernier effort, il fit basculer l'animal sur le dos. Le monstre ne tarda pas à s'empêtrer dans les mailles. Plus il gigotait, plus il resserrait ses propres liens. Au bout d'un long moment, immobilisé dans le filet qui le retenait prisonnier, il cessa de bouger et laissa enfin tomber sa tête, en signe de soumission.

■ Christian Grenier, *Les Douze Travaux d'Hercule*

Le taureau de Minos
Il a été créé et offert à Minos, roi de Crète, par Poséidon pour que Minos le sacrifie en son honneur. Mais Minos a gardé le taureau. Poséidon se venge en le rendant fou et dangereux.

Des exploits surnaturels

3 Pourquoi Hercule combat-il chacun des monstres ?

4 **a.** Relève les verbes d'action : que constates-tu ?
b. Relève des expressions qui montrent la dureté des combats.

5 * De quelles qualités extraordinaires Hercule fait-il preuve ? En quoi est-il un héros ?

6 LIRE À VOIX HAUTE **À DEUX** Choisissez un des deux textes. Alternez vos lectures en mettant en valeur la dureté du combat et l'héroïsme d'Hercule.

7 *Carnet de lecture* HDA Reproduis l'illustration que tu préfères puis rédige une phrase pour la commenter.

Entre les lignes

8 DÉBATTRE Quel sens donnes-tu à ces deux victoires d'Hercule contre des animaux monstrueux ?

J'écris

9 Relis le texte 1 puis résume comment Hercule a réussi à vaincre le lion de Némée.

Texte 1

L'étranger

Qui est Ulysse ?

Ulysse a remporté la guerre de Troie avec les autres princes grecs. Pendant son voyage de retour vers Ithaque, il fâche Poséidon en tuant son fils, le Cyclope Polyphème. Dès lors, Poséidon n'aura de cesse d'empêcher Ulysse de rentrer chez lui. Heureusement, Athéna, déesse de la sagesse, va l'aider.

Ulysse est le héros de *L'Odyssée*, récit écrit par Homère.

Après un naufrage, Ulysse échoue, presque nu, à l'embouchure d'un fleuve. La déesse Athéna fait en sorte que Nausicaa le rencontre : elle l'envoie laver du linge et jouer avec ses suivantes au bord du fleuve.

– Aie pitié de moi ! C'est toi que je rencontre en premier après tant de malheurs. Je ne connais aucun des habitants de cette terre […], montre-moi la ville, donne-moi de quoi m'habiller. […]

Alors Nausicaa aux bras blancs dit :

– Tu sais bien, l'étranger, car tu n'as l'air ni d'un fou ni d'un lâche, que Zeus distribue le bonheur, aux nobles et aux pauvres, comme il le souhaite : s'il t'a donné ces malheurs, il te faut les supporter. Mais puisque te voilà sur notre terre, ne crains rien. Rien de ce qu'on se doit d'accorder au suppliant qui vient vous trouver ne te manquera. Je vais te montrer le chemin de notre ville et je vais te dire le nom de notre peuple : nous sommes les Phéaciens et moi, je suis la fille du grand Alkinoos, le roi des Phéaciens.

Puis Nausicaa s'adresse à ses femmes[1] :

– Revenez ici ! Où vous fait fuir la vue d'un homme ? Avez-vous peur que ce soit un ennemi ? Il n'y a pas et il n'y aura jamais un seul homme capable d'apporter la mort au pays des Phéaciens ; c'est une terre aimée des dieux ! Nous vivons à l'écart, au milieu des flots et au bout du monde. Nous ne fréquentons pas les autres hommes. Celui que vous avez devant vous n'est qu'un pauvre naufragé. Puisqu'il nous est venu, il faut nous en occuper.

1. ses femmes : ses suivantes.

Texte 2

La preuve

Les Phéaciens ramènent Ulysse à Ithaque. Pénélope, son épouse, a fait en sorte de lui rester fidèle mais, quand il parait à la cour, elle ne le reconnait pas.

– Malheureuse, c'est toi qui entre toutes les femmes as reçu le cœur le plus indifférent ! Aucune autre que toi ne pourrait rester loin de son mari qui revient dans sa patrie après vingt ans d'absence ! Allons, nourrice, prépare-moi un lit et que j'y dorme seul. Car elle, c'est un cœur de fer qu'elle a !

La sage Pénélope alors lui fait cette réponse :
– Ce n'est chez moi ni indifférence ni mépris, je sais très bien ce que tu étais quand tu es parti d'Ithaque sur ton navire aux longues rames. Allons, Euryclée[2], apporte de la grande chambre le lit qu'il avait fait lui-même et couvre-le de toisons, de manteaux et de draps chatoyants !

Elle parle ainsi pour le mettre à l'épreuve. Alors Ulysse, indigné, dit à sa fidèle compagne :
– Femme, ce que tu dis me fait mal. Qui donc a déplacé mon lit ? L'homme le plus habile n'aurait pu le faire sans l'aide d'un dieu car il y a un secret dans sa construction : je l'ai bâti tout seul. Dans la cour poussait un olivier, un arbre vigoureux aussi épais qu'une colonne. J'ai bâti autour de lui les murs de notre chambre, je l'ai recouverte d'un toit et l'ai fermée de portes solides. Puis j'ai taillé le tronc à la racine, je l'ai poli et j'en ai fait le socle de notre lit, en l'incrustant d'argent, d'ivoire et d'or. Pour finir, j'ai tendu dessus des sangles de cuir rouge. Je ne sais si le lit est toujours en place, femme, ou si pour le déplacer un homme a scié le tronc à la racine.

À ces mots, Pénélope sent son cœur défaillir car elle reconnait les signes décrits par Ulysse. En pleurant, elle se précipite sur lui, jette ses bras autour de son cou, embrasse son visage et lui dit :
– […] Maintenant que tu m'as décrit notre lit qu'aucun autre mortel n'a vu, mon cœur est convaincu.

■ Homère, *L'Odyssée*, traduit et adapté du grec par Isabelle Pandazopoulos
 www.gallimard-jeunesse.fr

2. La vieille nourrice d'Ulysse.

PARTAGER
NOS PREMIÈRES IMPRESSIONS

a Quels sont les points communs entre les deux textes ?

b À ton avis, à quel moment de *L'Odyssée* se situe chacun d'eux ? Justifie ta réponse.

Vocabulaire *Pour mieux lire*

1. **Texte 2, lignes 7 et 8**, explique le sens de ***c'est un cœur de fer qu'elle a***
Propose une expression synonyme.

2. **Texte 2, ligne 26**, cherche dans le dictionnaire le sens du verbe ***défaillir***.

Grammaire pour mieux lire

Les déterminants

1 **Texte 1**

a. Lignes 5 à 7, recopie la phrase *Tu sais bien… les supporter*.
Entoure les déterminants et souligne les noms qui les accompagnent.

b. Lignes 8 à 12, quel déterminant revient trois fois ? Justifie son emploi.

POUR ALLER PLUS LOIN ▶ Grammaire 16, page 170

Je repère des indices

Des personnages nobles

2 Quels détails indiquent que Nausicaa et Pénélope appartiennent à la noblesse de leur pays ?

3 Qu'est-ce qui caractérise la Phéacie ? Qui protège ce pays selon Nausicaa ?

Des qualités exceptionnelles

4 **a.** Comment Nausicaa réagit-elle en voyant Ulysse ? Quel nom lui donne-t-elle ?
b. Quelle leçon donne-t-elle à ses suivantes (l. 13) ?

5 * De quelle qualité Pénélope fait-elle preuve pendant l'absence d'Ulysse ? Et à son retour ?

6 *Carnet de lecture* **HDA** Cherche une représentation d'Ulysse et Pénélope. Imprime-la et colle-la sur ton carnet.

Entre les lignes

7 * Ulysse a construit la chambre qu'il partage avec Pénélope autour d'un olivier robuste : à ton avis, quel est le sens de cette légende ?

J'écris

8 À son arrivée à Ithaque, Ulysse rencontre Télémaque, son fils qu'il n'a pas vu depuis plus de vingt ans.
Imagine la scène de leurs retrouvailles.

Télémaque voit son père, Friedrich Preller, l'Ancien.

Vocabulaire *pour mieux écrire*

Le bonheur des retrouvailles

Reconstitue les expressions.
- tomber – laisser couler – serrer – balbutier – trembler
- d'émotion – ses larmes – de tous ses membres – contre son cœur – dans les bras de

LES CLÉS DU RÉCIT MYTHOLOGIQUE

Les mots-clés

- des dieux et des demi-dieux
- des héros
- des exploits
- des victoires contre des monstres

1 Choisis un mot-clé et explique-le avec un exemple pris dans les textes du chapitre.

Des dieux et des demi-dieux

● **Les mythes** sont des récits qui appartiennent aux temps les plus reculés des civilisations. Leurs personnages sont **des dieux** (Zeus, Poséidon...) ou **des demi-dieux**, moitié humains, moitié divins, comme Hercule, pages 100-101. Les dieux habitent l'Olympe.

2 Dessine l'Olympe tel que tu l'imagines.

Zeus brandissant la foudre, statuette en bronze, Ve siècle av. J.-C.

Des exploits qui organisent monde

● **Les dieux** (Zeus, Hadès et Poséidon) mettent de l'ordre dans le monde et le dirigent.

● **Les demi-dieux**, grâce à **leurs exploits**, éliminent **les monstres** qui menacent le peuples : Hercule tue le lion de Némée, page 100.

3 Cherche comment Zeus et ses frères ont réussi à se débarrasser des Titans et des Géants et à mettre de l'ordre dans l'univers.

Des héros proches des dieux

● Parfois, **les héros** sont **des mortels** : ils n'ont pas d'origine divine mais **leur existence se déroule sous le regard des dieux**. Ulysse est haï par Poséidon qui l'empêche de rentrer chez lui mais protégé par Athéna qui favorise son retour (pages 102-103).

4 RACONTER
Au début de *L'Odyssée*, Ulysse est confronté au cyclope Polyphème, fils de Poséidon. Lis cet épisode puis résume comment Ulysse parvient à le vaincre.

AIDE ▶ Fiche Méthode nº 3 – page 250

DES PISTES DE LECTURE

Mireille Szac, ***La Mythologie grecque en cent épisodes,*** 3 volumes :
– Hermès,
– Thésée,
– Ulysse,
Bayard Jeunesse, 2006, 2011, 2015.

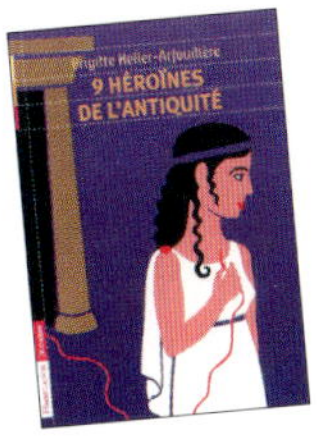

Brigitte Heller-Arfouillère, ***9 héroïnes de l'Antiquité,*** Flammarion Jeunesse, 2011. Ce recueil raconte les histoires des déesses ou des mortelles les plus célèbres de la mythologie grecque et romaine.

Anne Jonas, ***Nom de Zeus, du talon d'Achille à la cuisse de Jupiter. 50 expressions de la mythologie,*** La Martinière Jeunesse, 2014. Cet ouvrage donne le sens d'expressions tirées de la mythologie grecque et romaine et raconte les histoires dont elles sont issues.

L'épisode de *L'Odyssée*

1 Observe attentivement l'épisode illustré sur la couverture de l'album. De quel récit est-il extrait ?

2 Écoute la lecture de cet épisode par ton enseignant.

CONSIGNE D'EXPRESSION ORALE

3 Raconte l'épisode en t'appuyant sur la couverture de l'album et sur ce que tu as retenu de l'histoire.

AIDE ▶ Fiche Méthode nº 3 – page 250

■ Yvan Pommaux, *Ulysse aux mille ruses*

VOCABULAIRE POUR MIEUX RACONTER

Des mots pour exprimer le charme des sirènes

Des verbes

- charmer • subjuguer • fasciner
- envouter

Des noms

- sortilège • magie • ensorcellement
- attrait

Des adjectifs

- maléfique • cruel • séduisant
- enchanteur

1 **Relève les mots qui évoquent les pouvoirs surnaturels de Circé.**

Après plusieurs jours de voyage, Ulysse et ses compagnons débarquèrent sur les terres de Circé, une magicienne aux sortilèges très puissants. Elle décida d'envouter certains compagnons d'Ulysse grâce à l'attrait de son chant. Subjugués par sa voix, ils se rendirent jusqu'à son palais. Circé leur fit boire un breuvage maléfique.

■ D'après *L'Odyssée*, Homère.

2 **Complète la suite de l'épisode en t'aidant des mots de vocabulaire ci-contre.**

Les compagnons d'Ulysse se métamorphosèrent en porcs sous l'effet du poison. Ulysse arriva au palais pour délivrer ses hommes de la … Circé. Elle était si belle qu'elle … également le vaillant Ulysse. La … sorcière lui proposa de boire le même breuvage mais le héros avait trouvé un moyen pour résister au … de Circé.

■ D'après *L'Odyssée*, Homère.

MÉTHODE POUR RACONTER À L'ORAL

1. Organisez vos idées ÉCHANGER À DEUX

a. Listez au brouillon les moments du récit dont vous vous souvenez.

b. Discutez entre vous pour obtenir une liste aussi proche que possible de l'histoire racontée par Homère.

Ulysse et les Sirènes, vase grec, 480-470 av. J.-C.

2. Enrichissez votre récit À DEUX

c. Observez la couverture de l'album.
Au brouillon, notez :
– le lieu où se trouvent les personnages,
– le décor,
– les personnages eux-mêmes,
– leurs caractéristiques physiques,
– leur expression,
– leur place les uns par rapport aux autres...

d. Enrichissez la liste des évènements avec ces précisions.
Utilisez le vocabulaire de la page 106 pour décrire l'attitude des personnages.

e. Relisez-vous plusieurs fois pour mémoriser votre version enrichie de l'épisode.

3. Prépare ta mise en voix

f. Entraine-toi à raconter l'histoire de mémoire sans trop hésiter.
Écoute celle de ton voisin ou **enregistre-toi** :
repère ce que tu pourrais améliorer à l'aide du guide ci-dessous.

4. Raconte ton récit

g. Quand tu te sens prêt(e), **raconte ton histoire**.
Tu peux garder sous les yeux ton brouillon et la couverture mais seulement pour t'aider. **Ne lis pas**, **raconte** en regardant bien ton auditoire.

GUIDE D'AMÉLIORATION DE TON RÉCIT

- J'ai reformulé avec mes propres mots les éléments les plus importants de l'épisode de *L'Odyssée*.
- J'ai décrit les personnages (physique, actions, attitudes, etc.).
- J'ai raconté l'histoire de manière fluide sans trop hésiter.
- J'ai fait attention à capter l'attention de mon auditoire.

ENRICHIR SON CARNET DE LECTURE

Je m'exprime

1 **Choisis** ton passage préféré dans les textes du chapitre, **recopie-le** puis **explique** pourquoi tu l'as choisi.

2 En t'appuyant sur un ou des passages des textes du chapitre, **explique** ce qu'est un mythe avec tes propres mots.

3 DÉBATTRE Trouves-tu justifié que les dieux aident les héros ?

Je réfléchis

Héros, héroïnes et personnages
Se confronter au merveilleux, à l'étrange

4 Selon toi, quels sont les points communs entre un héros comme Ulysse et un héros de roman d'aventures ?
Qu'est-ce qui les différencie ?

5 ÉCHANGER Est-il plus difficile de lire un récit mythologique qu'un conte de fées ? **Justifie** ta réponse.

Je lis un poème

Quand il écrit le poème ci-dessous, Joachim Du Bellay est en mission à Rome, où il s'ennuie. Il regrette la douceur de son pays natal, la France.

6 Chaque strophe est constituée d'une seule phrase. **Lis** le poème plusieurs fois pour bien les comprendre.
Puis **entraine-toi** à le dire.

J'écris

7 **Reprends** le premier vers du poème,
Heureux qui, comme Ulysse, a fait un beau voyage,
puis **invente** une nouvelle strophe en suivant ta propre inspiration.

Chanson de Ridan

Poème intégral

Heureux qui, comme Ulysse, a fait un beau voyage,
Ou comme cestuy-là[1] qui conquit la toison[2],
Et puis est retourné plein d'usage[3] et raison,
Vivre entre ses parents le reste de son âge !

Quand reverrai-je, hélas, de mon petit village
Fumer la cheminée, et en quelle saison
Reverrai-je le clos de ma pauvre maison
Qui m'est une province, et beaucoup davantage[4] ? […]

■ Joachim du Bellay (1522-1560), *Les Regrets*.

1. celui-là.
2. Il s'agit de Jason, héros d'un mythe dans lequel il conquiert la Toison d'Or.
3. plein d'expérience.
4. Qui, pour moi, a autant de valeur qu'une région et même davantage.

Marc Chagall, *Ulysse et les Sirènes*, lithographie pour *L'Odyssée*, 1974-1975.

L'artiste

Marc Chagall (1903-1985), d'origine russe, a surtout vécu à Paris. Il s'est intéressé à la peinture, à la mosaïque, à la sculpture, au décor de théâtre… Il a **illustré de nombreuses œuvres du patrimoine** : la Bible, les *Fables* de La Fontaine, *L'Odyssée* d'Homère.

PREMIÈRES IMPRESSIONS

1 À quoi reconnais-tu une illustration de l'épisode d'Ulysse et les Sirènes ?

2 En t'appuyant sur les couleurs, propose deux ou trois adjectifs pour qualifier la scène.

COMPRENDRE L'ŒUVRE

3 **a.** Comment les Sirènes sont-elles représentées ?

b. Se montrent-elles menaçantes ? Justifie ta réponse.

4 **a.** Compare la version de Marc Chagall à celle d'Yvan Pommaux (page 106) :
- quels sont leurs points communs ?
- leurs différences ?

b. Quelle version préfères-tu ?

Vocabulaire

De nombreux artistes (Gustave Doré, Picasso, Marc Chagall…) **ont illustré** les œuvres du patrimoine comme les *Fables* de La Fontaine, les *Contes* de Perrault, les récits de la mythologie… Les ouvrages illustrés par de grands artistes font partie des **livres d'art**.

5 *Carnet de lecture*

Trouve d'autres lithographies de Marc Chagall illustrant des épisodes célèbres de *L'Odyssée*. Télécharge celle que tu préfères, note ses références et écris quelques lignes pour justifier ton choix.

LIRE UNE ŒUVRE INTÉGRALE

Ulysse aux mille ruses

Yvan Pommaux, L'École des Loisirs, 2011.

Héros, héroïnes et personnages
Se confronter au merveilleux, à l'étrange

LISTES DE RÉFÉRENCE

L'ALBUM

1 a. **À DEUX** Manipulez le livre, feuilletez les pages. Notez tout ce que vous observez.

b. Comment appelle-t-on ce type de livre ? Quel outil précieux situé à la fin vas-tu pouvoir utiliser tout au long de ta lecture ?

2 Relève et mémorise les mots-clés du texte de la quatrième de couverture.

3 Décris la première de couverture. L'as-tu déjà vue ? Où ?

LES PAGES 6 À 14

→ Lis les pages en articulant le texte et les illustrations.

4 a. Selon toi, à quoi correspond le changement de caractères entre les pages 6 à 9 et les pages 10 à 14 ?

b. L'album reproduit-il exactement *L'Odyssée* écrit par Homère ? Justifie ta réponse.

5 RACONTER **À DEUX**
L'un de vous relit ce qui est dit à propos d'Hermès.
L'autre ce qui est dit à propos d'Athéna.
Puis chacun raconte à l'autre la partie de l'histoire qu'il a lue.

AIDE ▸ Fiche Méthode nº 3 – page 250

6 *Carnet de lecture*

Note toutes les informations que tu as recueillies sur Ulysse et son voyage.

LES PAGES 15 À 19

→ Lis les pages 15 à 17, jusqu'à *Le soir, un dîner fut servi.*

7 Lis ou relis la page 102 du manuel et compare les deux versions. Note les différences les plus importantes.

→ Lis la fin de la page 17 puis les pages 18-19.

8 a. À quoi correspondent les changements de caractères ?

b. Le récit de Demodocos porte-t-il sur *L'Iliade* ou sur *L'Odyssée* ? Justifie ta réponse.

9 *Carnet de lecture*

Reproduis ton illustration préférée. Justifie ton choix.

Ulysse et le Cyclope, vase grec.

LES PAGES 20 À 45

→ Lis les pages 20 à 32.

10 Complète le tableau (étapes 1 à 5).

	Terre accostée Rencontres	Nature du danger	Réaction d'Ulysse
1 p. 20	Pays des Cicones	...	...
2 p. 20	Pays des Lotophages	...	...
3 p. 21	Pays des Cyclopes	...	...
4 p. 26	L'Éolie, pays d'Éole	...	...
5 p. 29	Terres de Circé	...	...
6 p. 38	L'ile des Sirènes	...	...
7 p. 42	Charybde et Scylla	...	...
8 p. 42	L'ile d'Hélios, le Soleil	...	...

→ Lis les pages 34-35.

11 Qui est Tirésias ? Qu'apprend-il à Ulysse ? Quelle est l'importance de ses prédictions ?

→ Lis les pages 36 à 45.

12 a. Complète le tableau (étapes 6 à 8) :

1. Qu'ont en commun les différentes rencontres d'Ulysse au cours de son voyage ?

2. Quel moyen utilise-t-il le plus souvent pour échapper au danger ?

b. Compare les différentes illustrations de l'épisode des Sirènes : pages 106-107 du manuel ; première de couverture et pages 39 à 42 de l'album :

1. Quelles sont les constantes ? Les variantes ?

2. Quelle illustration préfères-tu ? Pourquoi ?

13 Quels éléments naturels jouent un rôle capital dans l'aventure d'Ulysse ?

14 À quelles autres pages de l'album la page 45 fait-elle écho ? Quelle est la situation d'Ulysse et où se trouve-t-il à ce moment de l'album ?

15 *Carnet de lecture*

Fais le portrait d'Ulysse en insistant sur les qualités qui lui permettent de poursuivre son voyage vers Ithaque.

LES PAGES 46 À 71

→ Lis les pages 46 à 71 (le texte et les illustrations).

16 Quel rôle Athéna joue-t-elle dans l'histoire d'Ulysse ? Réponds précisément.

17 Classe les ruses et les mensonges d'Athéna, de Pénélope et d'Ulysse.

18 a. Quel exploit faut-il réaliser pour obtenir la main de Pénélope ? Commente l'illustration des pages 58-59.

b. Qu'espère Pénélope en fixant ses conditions ?

19 a. Tout au long de l'épisode du retour à Ithaque, Homère oppose la pauvreté et la richesse : comment ? Que veut-il montrer ?

b. Commente l'illustration et le texte des pages 64-65 puis relis le premier paragraphe de la page 66.

c. Quel trait de caractère d'Ulysse est ici souligné ?

20 Lis ou relis le texte d'Homère page 103 de ton manuel et compare-le avec les pages 67 à 69. Lequel préfères-tu ? Pourquoi ?

Carnet de lecture

Se confronter au merveilleux, à l'étrange

À DEUX

- Quels dieux interviennent dans l'histoire d'Ulysse ? À quel moment et pourquoi ?
- Quelles sont les principales manifestations du merveilleux en dehors de la présence des dieux ?

Héros, héroïnes et personnages

- Comment la supériorité d'Ulysse sur les autres hommes se manifeste-t-elle ? En quoi est-il un héros ? En quoi reste-t-il un homme ?
- Calypso, Circé, Nausicaa, Pénélope : quel rôle joue chacune de ces femmes dans l'histoire d'Ulysse ? Comment se comporte-t-il avec elles ?

9 LE ROMAN HISTORIQUE

Héros, héroïnes et personnages – La morale en question

Texte 1

Le 22 juin 1940, le maréchal Pétain signe l'armistice avec l'Allemagne. Il devient chef de l'État français, s'installe à Vichy et collabore avec l'ennemi.

Mais des hommes refusent cette collaboration et organisent une résistance : ils sabotent les installations, impriment des tracts et des affiches contre la propagande du gouvernement de Vichy, soutiennent l'aide apportée par l'Angleterre, aident des Juifs à échapper aux rafles… Beaucoup d'entre eux mourront au service de la France libre.

Texte 2

Jo se tint sous le couvert des arbres autant qu'il le put, jusqu'au moment où il traversa en courant le champ qui jouxtait la ferme.

La veuve Horcada l'attendait dans la cour, appuyée sur son bâton. Elle eut l'air surprise et même contrariée de le voir.

– Dis donc, toi, je t'avais dit de ne plus venir ici !

– Il le fallait, se défendit Jo. Je devais vous le dire…

– Me dire quoi ?

– Les Allemands, ils étaient au village hier. Il y en a des centaines tout le long de la frontière. Je voulais vous prévenir…

La vieille femme écarquilla les yeux sous l'effet de l'angoisse.

– Et ils ont fusillé deux personnes aussi, ajouta Jo. Deux hommes de Bedous. Ils avaient aidé des Juifs à franchir la frontière.

■ Michael Morpurgo, *Anya*, traduit par Anne Krief

gallimard-jeunesse.fr

ÉCHANGER

- Lequel des deux textes est extrait d'un roman historique ?
Trouve deux arguments pour justifier ta réponse.
À quelle catégorie appartient l'autre texte ?

- **À DEUX** Complétez cette carte mentale avec les expressions des deux textes.

Les Français — Seconde Guerre mondiale — Les Allemands

AIDE ▶ Fiche Méthode nº 5 – page 252

Recherchez d'autres informations dans des livres ou sur Internet.

COMPRENDRE INTERPRÉTER UN ROMAN HISTORIQUE

La bicyclette

Dounia pédale avec vigueur. Descendant la pente, elle lâche son guidon. Soudain elle a peur que la pompe ne se soit mystérieusement détachée, qu'elle ait disparu, qu'elle se soit envolée avec la missive… Dounia pose ses yeux sur le tube métallique où est dissimulé le message. Réconfortée, elle accélère l'allure… Crispée par l'effort, en sueur, Dounia grimpe le plus vite possible le long de la route qui mène au château.

Sa bicyclette à la main, elle traverse la cour de la ferme. Marcel attelle un cheval.

– Bonjour, monsieur.

– Bonjour, fillette.

Dounia pose son vélo contre un mur et détache la pompe. Elle la tend à Marcel en disant :

– À l'intérieur il y a… Regardez à l'intérieur de la pompe. De la part de mon oncle Georges, ajoute-t-elle tout bas.

– Merci. Entre, viens te rafraichir.

– Non, merci, répond-elle. Je suis pressée. Au revoir, monsieur.

Elle descend la longue route les cheveux au vent. Exaltée. Dans la plaine, Dounia, soudain calmée, inspecte les maïs encore verts, les avoines parsemées de coquelicots. Elle pédale, légère, aérienne, floue… […]

PARTAGER NOS PREMIÈRES IMPRESSIONS

a Qu'est-ce qui indique que ce texte n'est pas extrait d'un documentaire ?

b Quel personnage t'intéresse le plus dans l'extrait ? Pourquoi ?

Vocabulaire pour mieux lire

1. a. Ligne 4 : donne le sens du nom *message*. Trouve un synonyme plus haut dans le texte.
b. Ligne 37 : quel est le sens du nom *message* ?

2. Dans le dernier paragraphe, relève les mots appartenant au champ lexical de **la guerre**.

POUR ALLER PLUS LOIN ▶ Vocabulaire 8, pages 224

Je repère des indices

Un contexte historique

1 **a.** Relève les éléments du récit et des illustrations qui sont en rapport avec la Seconde Guerre mondiale.
b. À quel temps l'histoire est-elle racontée ? Quel est l'effet produit ?

2 Explique précisément :
– qui sont les personnages et ce qu'ils font,
– le rôle du vélo, de la pompe à vélo,
– l'utilité de l'avion et du camion.

Dounia atteint le village. La joie bondit en elle, se répand, l'inonde. « Mais je dois vite prévenir Oncle. » Georges est dans la salle du four[1]. Elle frappe. Lance d'une voix nette :
– C'est moi, Dounia.

Oncle entrouvre la porte. Elle pénètre dans la pièce sombre. Des regards semblent se poser sur elle. Dounia se sent fière. Elle murmure à Georges :
– J'ai confié la pompe à Marcel. Il l'a emmenée en la serrant fort. Me la rendra-t-il ?
– Merci Tourterelle. Ne t'inquiète pas. Demain je t'en donnerai une autre.

Oncle la prend sur ses genoux. Confortable douceur. Elle colle son oreille contre les battements mats du cœur de Georges… Sa respiration la berce… Elle s'assoupit. Lorsqu'elle se réveille, Georges, assis à côté d'elle, explique à Marcel :
– Tu attends ici la répétition sur les ondes du fameux message : « L'écureuil s'est brisé une patte. » À 19 heures tu dois entendre encore une fois cette phrase. Ce qui signifie : les armes ont été chargées dans l'avion. Le message passe à la radio, pour la dernière fois, vers 21 heures. Alors l'avion a décollé et vole vers nous pour le parachutage. Dès que tu auras entendu : « L'écureuil s'est brisé une patte », tu files en bicyclette à la laiterie. Tu montes dans le camion. Robert est prévenu, il t'attend au bord de la route. Quelle chance nous avons ! Quand je pense que toute la laiterie est réquisitionnée par les soldats allemands et que les chauffeurs laitiers continuent de nous aider à la barbe de l'ennemi[2]…

1. Georges est forgeron. Le four sert à chauffer le métal.
2. à la barbe de : juste devant.

■ Rolande Causse, *Rouge Braise* © Éditions Gallimard, 1998. www.gallimard.fr

Des personnages ancrés dans la réalité

3 **a.** En quoi Marcel, Georges et Dounia sont-ils des gens ordinaires ?
b. En quoi sont-ils aussi des héros ?

4 Quels sont les sentiments de Dounia au fil du texte ? Explique leur cause.

ligne	sentiment	cause
…	…	…

5 Quelles sont les principales qualités de Georges, de Marcel et de Dounia ?

Entre les lignes

6 DÉBATTRE Que cherche à montrer l'auteure à travers son roman ?

J'écris

7 **« L'écureuil s'est brisé une patte » : à ton tour, imagine des messages secrets et donne leur signification.**

Texte écho
Le P'tit Grenier
d'Anne Sylvestre

La rafle

La famille de Louis, d'origine polonaise, vit en France depuis 1930. Jusqu'à la guerre, Louis ignorait qu'il était juif et vivait avec ses parents d'une façon très ordinaire.

Le 12 octobre 1941, la famille Podski échappa à une rafle. C'était un samedi. Exceptionnellement, Abraham accompagnait Hannah et Louis en courses. Il détestait ce temps perdu, aussi trainait-il sa morosité[1] à l'arrière, protestant à chaque arrêt devant les vitrines pauvrement approvisionnées. En outre, engoncé dans sa lourde canadienne[2], il étouffait et reprochait inconsciemment à sa femme d'avoir su prévoir qu'il ferait beau. Elle marchait d'un bon pas, son léger tailleur mauve dessinait une corole autour de ses genoux.

Au retour, Abraham proposa de couper par la rue des Bégonias. Ils contournèrent le quartier italien, ne s'aperçurent pas que les promeneurs

1. sa morosité : son ennui.

2. engoncé dans sa lourde canadienne : Abraham porte une veste doublée de peau de mouton très serrée.

PARTAGER NOS PREMIÈRES IMPRESSIONS

a Quelles sont tes réactions après avoir lu l'extrait ?

b Selon toi, que veut nous faire comprendre le narrateur à travers cette scène ?

Vocabulaire *pour mieux lire*

1. Les ***pèlerines*** (l. 15) : à ton avis, s'agit-il de policiers allemands ou français ? Justifie ta réponse en t'aidant de documents historiques.

2. ***avec obséquiosité*** (l. 27) : l'expression signifie *avec empressement, en flattant*. À qui certains promeneurs sourient-ils avec obséquiosité ? Pourquoi ?

Je repère des indices

La présence d'un danger

1 Quels détails situent la scène dans la réalité de la Seconde Guerre mondiale ?

2 **a.** Quelle expression marque un tournant dans le texte ? Quel est le danger pour Louis et ses parents ?
b. Justifie le titre de l'extrait.

3 Qui a peur ? Relève les expressions de cette peur.

marchaient vite, sans se parler, et lorsqu'ils débouchèrent du passage souterrain qui, sous les immeubles, abrégeait[3] le trajet, il était trop tard. Trois camions noirs, disposés en chicane[4], barraient la rue des Bégonias. Une vingtaine de policiers contrôlaient les papiers.

Dans leur longue et sombre pèlerine[5], ils ressemblaient à d'inquiétantes chauvesouris.

Pétrifiés, Abraham et Hannah Podski s'immobilisèrent. Au contraire, fort excité, Louis désirait aller de l'avant. Devant sa porte ouverte, une énorme femme à la taille informe ceinte d'un vaste tablier[6] considérait le spectacle avec un mépris orgueilleux, proche de la provocation. De temps à autre, elle lançait un commentaire acide qu'elle soulignait d'une avancée de son double menton. [...]

Nullement effrayée, elle baissait à peine le ton, montrait du doigt les « pèlerines ». Elle était bien la seule à avoir ce comportement. Les vérifications d'identité s'accomplissaient dans un silence impressionnant, les promeneurs fuyaient dès qu'ils récupéraient leurs papiers. Certains souriaient avec obséquiosité. Louis vit que des policiers entraient dans les maisons.

[SUITE PAGE 118]

3. abrégeait : raccourcissait.

4. en chicane : en zigzag pour empêcher de passer.

5. pèlerine : cape à capuche.

6. la taille ceinte d'un vaste tablier : un vaste tablier noué à la taille.

Des réactions liées au contexte

4 Comment les passants réagissent-ils à la rafle ?

5 **a.** Rédige le portrait de Mme Dubreuil (aspect physique, profession, âge approximatif, situation familiale).

b. Quelles accusations porte-t-elle et envers qui ?

c. * Comment le narrateur explique-t-il le comportement de Mme Dubreuil ?

6 RACONTER **À TROIS OU QUATRE**
Répartissez-vous les différents moments de la scène puis reformulez ce qui arrive à Louis et à sa famille. Rendez compte des réactions des différents personnages.

Entre les lignes

7 **a.** Comment vivait Louis jusqu'à ce jour ?

b. Comment va-t-il vivre désormais ?

– Ils arrêtent les Juifs, évidemment c'est moins dangereux que de s'attaquer aux gangsters ! claironna encore la femme.

Au mot de Juif, Abraham se raidit imperceptiblement. Il prit la main de Louis, voulut faire demi-tour. Sans doute la grosse femme repéra-t-elle le changement d'attitude, puisque tout de go[7] elle demanda :

– Vous êtes juifs ?

Devançant son mari, Hannah dit fébrilement :

– Oui, oui, nous le sommes !

– Entrez chez moi. Inutile de rebrousser chemin, les pèlerines ont bouclé le quartier !

Les Podski demeurèrent trois heures avec Mme Dubreuil, mercière[8] de profession, veuve d'un mari tué par les Allemands en 1917.

7. tout de go : soudain

8. mercière : commerçante qui vend du fil, de la laine à tricoter…

■ Jean-Paul Nozière, *La Chanson de Hannah* © Éditions Nathan, 1995.

Grammaire pour mieux écrire

Des participes passés

8 Quel GN ou pronom est en lien avec chacun des participes passés ?
– *engoncé* (l. 5) ;
– *disposés* (l. 13) ;
– *Pétrifiés* (l. 17) ;
– *excité* (l. 18) ;
– *effrayée* (l. 23).

9 Comment *engoncé*, *Pétrifiés*, *excité* et *effrayée* sont-ils mis en valeur ?

10 Dans la dernière phrase, ajoute un participe passé au GN *Les Podski*. Attention à son orthographe !

J'écris

11 De retour chez eux, Louis et ses parents écrivent à Mme Dubreuil pour la remercier. Rédige leur lettre. Utilise des participes passés mis en valeur comme dans le texte.

Vocabulaire pour mieux écrire

1. Quel sens du mot ***reconnaissance*** correspond au sentiment des Podski :
– identifier quelqu'un par la mémoire ?
– admettre quelque chose pour vrai ?
– se souvenir d'un bienfait ?

2. Donne deux synonymes de ***reconnaissance*** : *remerciement – exploration – sondage – gratitude*.

LES CLÉS DU ROMAN HISTORIQUE

Les mots-clés

- des faits historiques
- une histoire inventée (une fiction)
- des personnages impliqués
- des héros, des héroïnes
- dénoncer ou rendre hommage

1 **À PLUSIEURS** Réalisez une affiche pour garder une trace du chapitre : listez les mots-clés et, pour chaque mot, donnez une courte explication avec un exemple tiré du chapitre.

Un contexte historique

● Les évènements sont situés dans une **période de l'Histoire** (Moyen Âge, règne de Louis XIV...) qui **explique** :
– **le comportement des personnages** ;
– **leurs habitudes** ;
– **leur apparence physique**.
Par exemple, le comportement de Louis et de sa famille s'explique par les persécutions dont les Juifs ont été victimes pendant la Seconde Guerre mondiale.

2 Associe les titres de ces romans à leur contexte historique :

– *La Soie au bout des doigts*
– *Les Orangers de Versailles*
– *La Guerre du feu*
– *Le Défi des druides*
– *La Vengeance de la momie*

– La Préhistoire
– L'Égypte antique
– Le règne de Louis XIV
– La Gaule romaine
– La révolution industrielle (XIXe siècle)

Des personnages ordinaires et extraordinaires

● Les personnages sont **inventés**. Le plus souvent, ils ont une **vie ordinaire** mais ils peuvent être mêlés à **des évènements qui bouleversent leur vie**. Parfois, ils se comportent en **héros**.

3 De quelles qualités fait preuve un enfant des rues qui vit au Moyen Âge et se bat pour survivre ? Donne-lui un nom et raconte un moment de son histoire.

Des valeurs à transmettre

● Le récit historique permet de **dénoncer** la violence des guerres sur les civils et de **rendre hommage** à ceux qui ont fait preuve de courage.

4 Pourquoi de très nombreux auteurs ont-ils écrit des œuvres en prenant comme cadre la Seconde Guerre mondiale ?

DES PISTES DE LECTURE

Vincent Cuvellier,
Ils ont grandi pendant la guerre, 1939-1945
© Gallimard Jeunesse Giboulées, 2015. (160 pages)
www.gallimard-jeunesse.fr
Onze témoignages de personnes dont l'enfance ou l'adolescence s'est déroulée pendant la Seconde Guerre mondiale.

Yaël Hassan,
J'ai fui l'Allemagne nazie, Journal d'Ilse, 1938-1939
© Gallimard Jeunesse, 2015. (91 pages)
www.gallimard-jeunesse.fr
Ilse, une jeune fille allemande d'origine juive, doit fuir l'Allemagne nazie. Elle raconte ses souffrances et ses peurs dans son journal [extrait page 120].

Didier Daeninckx et Pef,
Les Trois Secrets d'Alexandra,
Rue du Monde, Histoire d'Histoire (trois albums). Alexandra découvre l'histoire de sa famille en trois temps : la France sous le régime de Vichy, les camps de concentration, la Libération.

ÉCRIRE LA PAGE D'UN JOURNAL INTIME

CONSIGNE D'ÉCRITURE

Ilse est une jeune fille juive allemande. Après l'arrivée d'Hitler au pouvoir, elle doit fuir son pays avec sa famille. Elle écrit cette page de son journal à bord du paquebot qui l'emmène à Cuba, au large de l'Amérique.

Sur le Saint-Louis, le 14 mai 1939
(au tout petit matin)

Il est encore très tôt. Ma couchette est près du hublot. Quel spectacle, mon cher journal ! À l'horizon, les premiers rayons du soleil donnent à la mer des reflets orangés. Malgré ma fatigue, je n'ai pas très bien dormi. Est-ce à cause de l'excitation à l'idée de cette journée qui s'annonce ? Le fait est que me voilà dans l'impossibilité de me rendormir, alors autant en profiter pour poursuivre mon récit de la journée d'hier.

■ Yaël Hassan, *J'ai fui l'Allemagne nazie, Journal d'Ilse, 1938-1939* © Éditions Gallimard Jeunesse, 2015.
www.gallimard-jeunesse.fr

1 Lis ce texte.

2 Dans la suite de son journal intime, Ilse décrit une rencontre qu'elle a faite la veille sur le bateau. Imagine cette rencontre et poursuis le texte comme si tu étais Ilse. Raconte les échanges entre les personnages au sujet des circonstances de leur départ à l'étranger.

VOCABULAIRE POUR MIEUX ÉCRIRE

Des mots *pour exprimer une rencontre*

Des noms

- un(e) inconnu(e) • une présence
- un compagnon / une compagne (de voyage) • un(e) ami(e)

Des adjectifs

- attentif(ve) • intéressant(e)
- étonné(e) • amical(e) • inconnu(e)

Des verbes

- découvrir • observer avec intérêt
- faire connaissance • (se) confier
- échanger

1 À l'aide d'un dictionnaire, trouve un mot pour compléter chaque liste.

2 Donne le nom et l'adjectif dérivés du verbe *(se) confier*.

3 Complète le texte avec des mots des listes ci-contre.

Alors que je marchais en direction du pont, j'entendis une voix derrière moi. Je me retournai et … un garçon de mon âge. Je compris qu'il était … de ma … à cet endroit. Je ne tardai pas à … avec lui et je sus aussitôt qu'il allait devenir le … de mes vacances.

MÉTHODE D'ÉCRITURE

1. Organise tes idées

a. Relis le texte de la page 120 pour dégager le contexte dans lequel Ilse écrit son journal intime.

b. Imagine que tu es Ilse. Écris une première phrase (par exemple, *Comme je m'ennuyais, je suis allée sur le pont…*).

c. Liste les différentes étapes de ton récit (par exemple, *sortie sur le pont, rencontre avec le capitaine du bateau ou avec un ou plusieurs autres passagers, évènements qui suivent…*).

2. Mets tes idées en mots

d. Reprends chaque étape et **développe-la**. **Utilise** la première personne et le passé composé.

e. Pour chaque étape, **précise** les sentiments d'Ilse.

f. Avec ton voisin, **échangez** vos productions pour vous donner des conseils.

3. Améliore ton texte

g. Corrige ton texte en fonction des remarques de ton voisin et du guide de relecture. **Enrichis-le** en utilisant les mots de la page 120.

h. Vérifie l'orthographe des verbes au passé composé.

***Orthographe** pour mieux écrire*

Le participe passé des verbes au passé composé

J'ai pensé – Nous avons pensé	Je suis allé(e) – Nous sommes allé(e)s
J'ai pris – Nous avons pris	Je suis sorti(e) – Nous sommes sorti(e)s
J'ai perdu – Nous avons perdu	Je suis descendu(e) – Nous sommes descendu(e)s

POUR ALLER PLUS LOIN ▶ Orthographe 14, page 200

4. Écris ton texte au propre

i. Recopie le texte en l'améliorant encore si nécessaire ou **saisis-le**.

GUIDE DE RELECTURE

- J'ai écrit une page de journal intime en me mettant à la place d'Ilse (utilisation du pronom *je*).
- J'ai raconté la rencontre d'Ilse avec un(e) passager(ère), au passé composé.
- J'ai enrichi mon texte à l'aide du vocabulaire de la page 120.

ENRICHIR SON CARNET DE LECTURE

Je m'exprime

1 Si tu étais auteur(e) d'un roman historique, quelle époque choisirais-tu ? Pourquoi ?

2 DÉBATTRE
Le roman *J'ai fui l'Allemagne nazie* a pour personnage principal une jeune fille allemande, Ilse.
Selon toi, quel est l'intérêt de donner la parole à ce personnage ?

Je réfléchis — Héros, héroïnes et personnages

3 Quel personnage des textes du chapitre te semble avoir le comportement le plus héroïque ? Pourquoi ?

Je dis un poème

Le poème a été écrit par Paul Éluard en 1942.
Il comporte vingt-et-une strophes de quatre vers qui se terminent toujours par « J'écris ton nom ».
La dernière strophe comporte uniquement le mot « Liberté ».

4 À ton avis, pourquoi Paul Éluard a-t-il écrit ce poème ?

5 LIRE À VOIX HAUTE
À DEUX OU TROIS **Préparez** la mise en voix du poème.
Répartissez-vous les strophes, les vers ou même les mots de certains vers.
Faites partager l'intention du poète.

Liberté

Sur mes cahiers d'écolier
Sur mon pupitre et les arbres
Sur le sable sur la neige
J'écris ton nom

Sur toutes les pages lues
Sur toutes les pages blanches
Pierre sang papier ou cendre
J'écris ton nom

Sur les images dorées
Sur les armes des guerriers
Sur la couronne des rois
J'écris ton nom

Sur la jungle et le désert
Sur les nids sur les genêts
Sur l'écho de mon enfance
J'écris ton nom […]

Liberté.

■ Paul Éluard, *Liberté* in *Poésie et vérité*, Éditions de Minuit, 1942.

DÉCOUVRIR UNE ŒUVRE D'ART

Pablo Picasso, *La Guerre* et *La Paix*, décors, 1952, fresque de la chapelle du château-musée de Vallauris.

L'artiste

Pablo Picasso (1881-1973) est un artiste espagnol qui a produit une œuvre foisonnante (peintures, sculptures, céramiques…) et essentielle dans l'histoire de l'art au XXe siècle. Il a surtout vécu en France.

PREMIÈRES IMPRESSIONS

1 Comment Picasso a-t-il montré la différence entre la guerre et la paix ? Note tes impressions.

Vocabulaire

- Un **symbole** est un personnage, un objet ou un animal qui représente une idée. La colombe est le symbole de la paix.
- Une **fresque** est une peinture réalisée sur un mur.

COMPRENDRE L'ŒUVRE

2 Sur Internet, trouve une image de la fresque dans son environnement. Quelles sont ses dimensions ?

3 Dans chaque partie de la fresque, relève les éléments qui symbolisent la guerre ou la paix.

4 Choisis un élément dans chaque partie de la fresque. Décris-le précisément.

LIRE UNE ŒUVRE INTÉGRALE

Les Enfants de la Résistance

Benoît Ers & Vincent Dugomier,
1. *Premières actions*, Éditions Le Lombard, 2016.

Héros, héroïnes et personnages
La morale en question

L'ALBUM - LA PAGE 50

→ Lis la première et la quatrième de couverture.

1 a. **Quel est le mot-clé de l'album ?**

b. **Classe les informations : époque, lieu, personnages. Donne tes hypothèses sur l'histoire racontée dans l'album.**

→ Feuillette les pages de l'album.

2 **À quel genre appartient chacune des deux parties (pages 3 à 48 et pages 49 à 55) ?**

→ Lis la page 50.

3 a. **L'histoire racontée dans l'album est-elle une histoire vraie ? Justifie ta réponse.**

b. **Explique ce qui a inspiré les auteurs.**

Reporte-toi régulièrement aux pages documentaires pour mieux comprendre l'histoire.

LES PAGES 3 À 7

4 **Qui est le narrateur : François ou Eusèbe ? Justifie ta réponse.**

5 **En t'aidant des pages 51-52 et de ton manuel d'histoire, choisis dans la liste le titre qui convient à chaque partie.**

a. pages 3 à 5 (1re et 2e bandes)
b. 3e bande de la page 5
c. 1re case de la page 6
d. cases 2 à 7 de la page 6 + 1re case de la page 7
e. cases 2 et 3 de la page 7
f. cases 4 à 8 de la page 7

1. L'exode
2. L'Occupation
3. La débâcle
4. Avant la déclaration de guerre
5. La défaite et l'armistice
6. L'entrée en guerre

6 *Carnet de lecture*

Choisis une case et décris-la précisément. Tu peux aussi la reproduire.

LES PAGES 8 À 12

7 **À DEUX** **Rédigez la fiche d'identité d'Eusèbe ou de François.**

- **Père**
  portrait physique
  métier
  traits de caractère
  pour le père de François, passé militaire
- **Questions d'héritage**
- **Mère**
  portrait physique
  traits de caractère
- **Nombre de frères ou sœurs**
  (pour François)
- **Âge**
- **Portrait physique**

Échangez les fiches et complétez-les.

8 Qui est Lisa Baum ?
Pourquoi est-elle en danger ?

9 *Carnet de lecture*

Quelle place Lisa Baum va-t-elle occuper dans l'histoire, selon toi ?

Imagine une ou deux hypothèses.

LES PAGES 13 À 18

10 a. Comment le dessinateur exprime-t-il la violence des Allemands lors de la destruction du monument aux morts ?

b. Comment les villageois réagissent-ils dans un premier temps (page 15).

c. Qu'est-ce que les auteurs de la BD veulent faire comprendre au lecteur dans les pages 16 et 17 ? Justifie ta réponse.

11 Explique la dernière bande de la page 18. Que va-t-il se passer, selon toi ?

12 *Carnet de lecture*

Donne tes impressions sur la première partie de la bande dessinée :

personnages, manière de raconter des faits historiques, dessins...

LES PAGES 19 À 31

13 « Il y a des moments dans la vie où il faut savoir désobéir. Surtout si l'on sait que c'est pour une juste cause. » (page 22)

a. En quoi consiste la désobéissance de François puis celle de Lisa ? Justifie-les.

b. Lis ce qui concerne le général de Gaulle à la page 51 : à quelle désobéissance appelle-t-il ?

14 À la page 28, explique le sens des trois dernières vignettes. Comment François et Eusèbe réagissent-ils aux propos des villageois ?

15 *Carnet de lecture*

En quoi François et Eusèbe sont-ils des résistants ?

Explique leurs motivations.

LES PAGES 32 À 45, 1RE BANDE

16 a. Que comprend François lors de son séjour à Paris ? Quelle case le formule explicitement ?

b. Comment, selon les auteurs de la BD, des gens ont-ils pu adhérer aux idées d'Hitler (page 39) ou à celles du maréchal Pétain (page 33) ?

17 a. Décris précisément les cases qui représentent le glissement de terrain (page 41) : plan, point de vue, onomatopées... Quel est l'effet produit ?

b. Quelles sont les deux conséquences de ce glissement de terrain ?

LES PAGES 45 À 48

18 a. Pages 46-47, hormis François et Eusèbe, quels personnages retrouves-tu ? Où les as-tu déjà vus ? Qu'est-ce qui a changé ? Développe ta réponse.

b. De quoi ce changement est-il l'indice ? Recopie le texte de la case qui le dit explicitement.

19 En quoi l'évènement raconté à page 48 est-il historique ? Quelles en ont été les conséquences ?

Carnet de lecture

Héros, héroïnes et personnages
La morale en question

- De quelles qualités chacun des trois enfants a-t-il fait preuve ? En quoi sont-ils des héros ?
- Contre quels comportements les auteurs mettent-ils les lecteurs en garde ? Quelles valeurs morales défendent-ils ?

Le choix de la bande dessinée

- En quoi s'agit-il d'une bande dessinée historique ?
- La bande dessinée te semble-t-elle un genre adapté au récit de la guerre ? Justifie ta réponse.

10 LA PAGE DOCUMENTAIRE

S'ouvrir sur le monde

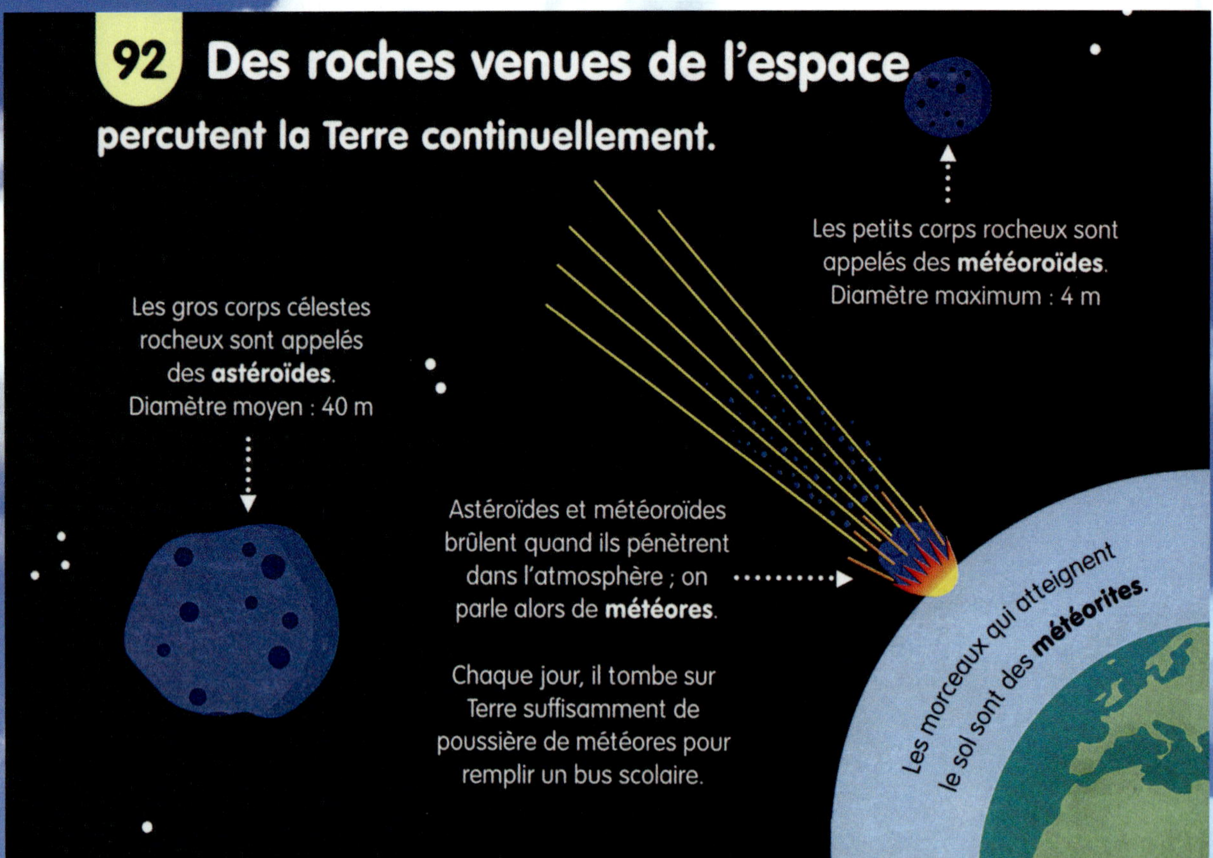

Fiche n° 92 : « Des roches venues de l'espace », in *100 infos insolites sur les sciences* © 2016 Usborne Publishing Ltd.

[S]a planète d'origine était à peine plus grande qu'une maison !

Ça ne pouvait pas m'étonner beaucoup. Je savais bien qu'en dehors des grosses planètes comme la Terre, Jupiter, Mars, Vénus, auxquelles on a donné des noms, il y en a des centaines d'autres qui sont quelquefois si petites qu'on a beaucoup de mal à les apercevoir au télescope. Quand un astronome découvre l'une d'elles, il lui donne pour nom un numéro. Il l'appelle par exemple : « l'astéroïde 325 ».

J'ai de sérieuses raisons de croire que la planète d'où venait le petit prince est l'astéroïde B 612. Cet astéroïde n'a été aperçu qu'une fois au télescope, en 1900, par un astronome turc.

Il avait fait une grande démonstration de sa découverte à un congrès international d'astronomie. Mais personne ne l'avait cru à cause de son costume. Les grandes personnes sont comme ça.

■ Antoine de Saint-Exupéry, *Le Petit Prince*

LISTES DE RÉFÉRENCE

ÉCHANGER

- Quels indices prouvent que la fiche ci-contre est extraite d'un ouvrage documentaire ?
- Connais-tu le texte, page 127 ? À quel genre appartient-il ?
- Compare les illustrations : que remarques-tu ?

VOCABULAIRE

- Explique la différence entre un astéroïde et une planète.

La Terre
Le berceau de l'humanité

- **planète tellurique**, 1 satellite (la Lune)
- **distance au Soleil :** 150 millions de km = 1 UA
- **révolution :** 1 an; **rotation :** 1 j
- **diamètre :** 13000 km

TROP GORE !

Terrorisés à l'idée que le monde soit détruit par les dieux, les Aztèques s'adonnaient au sacrifice humain pour les apaiser !

MALIN !

Au Moyen Âge, on pense que la Terre est plate, alors que les Grecs de l'Antiquité savent déja qu'elle est ronde. En -200, Eratosthène en calcule le rayon, avec une précision de 1 % !

Troisième planète en partant du Soleil, la Terre est la seule planète, pour le moment, où nous ayons observé de la vie… et en quantité, puisqu'il existe des millions d'espèces vivantes, peuplant même les milieux les plus extrêmes.

La Terre est une planète active : sa croûte est divisée en plusieurs plaques qui bougent les unes par rapport aux autres, créant des séismes, des volcans et la dérive des continents. Située ni trop près ni trop loin du Soleil, la Terre bénéficie d'une température clémente (+15 °C en moyenne) et peut ainsi abriter de l'eau à l'état liquide. Les océans recouvrent d'ailleurs près des 3/4 de sa surface, ce qui lui vaut le surnom de « planète bleue ».

Les espèces vivantes, et en particulier les plantes grâce à la photosynthèse, ont beaucoup transformé son atmosphère, désormais riche en oxygène. Mais les activités humaines bouleversent l'équilibre de notre planète : réchauffement climatique, prolifération des déchets, chute de la biodiversité… Saurons-nous, au XXIe siècle, redresser la barre ?

CHRONO EXPRESS

- **-4,5 milliards** d'années : formation de la Terre
- **-3,7 milliards** d'années : la vie apparaît dans les océans
- **-550 millions** d'années : la vie s'étend sur la terre ferme

64

PARTAGER NOS PREMIÈRES IMPRESSIONS

a Lis la double page : quel ordre de lecture as-tu adopté ? Pourquoi ?

Vocabulaire *pour mieux comprendre*

1. En t'aidant d'un dictionnaire ou du contexte, donne le sens des mots :
– ***tellurique, croute, plaques*** ;
– ***clémente, nocifs***.

2. a. Le contexte permet-il de comprendre les expressions : ***la dérive des continents, la photosynthèse, la couche d'ozone, la chute de la biodiversité*** ?

b. Cherche leur sens sur Internet.

Je repère des indices

Un concentré d'informations

1 **a.** Selon toi, les auteurs parviennent-ils à donner les informations qu'un lecteur de ton âge doit savoir sur la Terre ?

b. Comment ces informations sont-elles réparties ?

2 Quelle image donne le plus d'informations ? Lesquelles ?

■ *L'Univers*, « Les concentrés », Nathan, 2015.

Les lumières apparaissant sur la face nocturne de notre planète trahissent la présence d'une civilisation. Leur répartition est le signe d'un développement économique et technologique très inégal des différents pays.

AH BON ?

La Terre est trop légère pour retenir son atmosphère : celle-ci s'échappe dans l'espace. Heureusement que les volcans, en émettant de grandes quantités de gaz, la recréent en permanence !

LE DÉTAIL QUI TUE

Les ultraviolets émis par le Soleil sont nocifs, et pour s'en protéger, la vie est d'abord née dans les océans. Il a fallu 2 milliards d'années de photosynthèse pour créer la couche d'ozone !

-65 millions d'années : extinction des dinosaures

-200 000 ans : apparition de *homo sapiens* (homme savant)

HALLUCINANT !

Dans 2 milliards d'années, l'augmentation de la luminosité du Soleil aura rendu la Terre inhabitable. Mars, par contre, sera prête à nous accueillir !

b Cette double page est-elle facile à comprendre ? Justifie ta réponse.

Un texte principal, des rubriques et des titres

3 **a.** Justifie le sous-titre de la page *Le berceau de l'humanité*. Imagines-en un autre.

b. Donne un titre à chaque paragraphe du texte principal.

4 Quelle était l'intention des auteurs lorsqu'ils ont choisi les titres des rubriques ?

Entre les lignes

5 **À DEUX** Relevez les informations concernant les êtres humains, habitants de la Terre. Rangez-les selon l'ordre chronologique.

J'écris

6 Imagine une autre légende de la photographie page de droite.

Les sciences de la Terre

La structure de la Terre

La Terre est la seule planète du système solaire capable d'abriter la vie, car elle est à la distance idéale du Soleil, ni trop éloignée, ni trop proche. Nous vivons sur une énorme sphère solide au cœur liquide.

Vue de l'espace, la Terre est une boule bleue enveloppée de nuages.

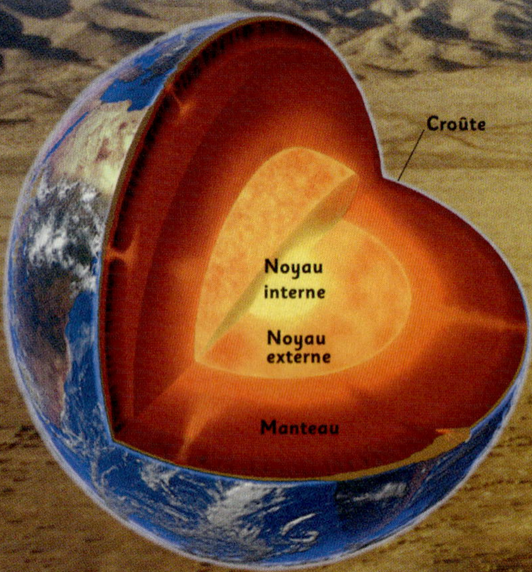

Les entrailles de la Terre

S'il était possible de peler la Terre comme une orange, on trouverait : une première couche fine, la croûte, sur laquelle nous habitons ; une deuxième couche composée de roches bouillonnantes, le manteau ; enfin, le cœur, avec son noyau externe, chargé de fer et de nickel en fusion, et son noyau interne fait de fer et de nickel solidifiés.

Précieux éléments

L'atmosphère de la Terre et les eaux de sa surface jouent un rôle vital. Elles maintiennent la planète à la bonne température, car elles absorbent la chaleur du Soleil et la redistribuent autour du globe.

102

Quel est l'océan le plus vaste de notre planète ?

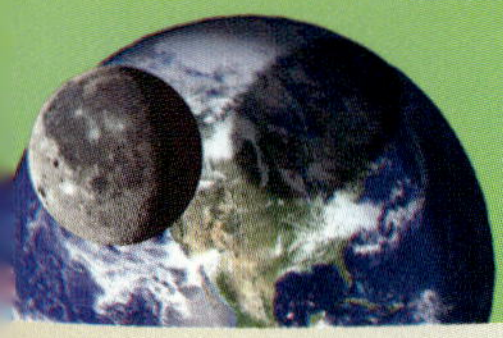

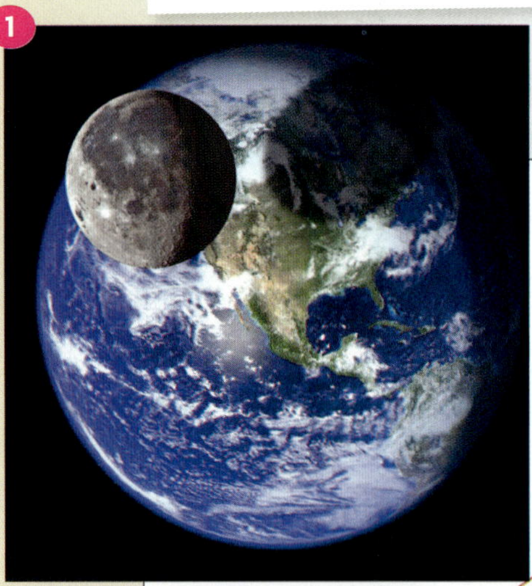

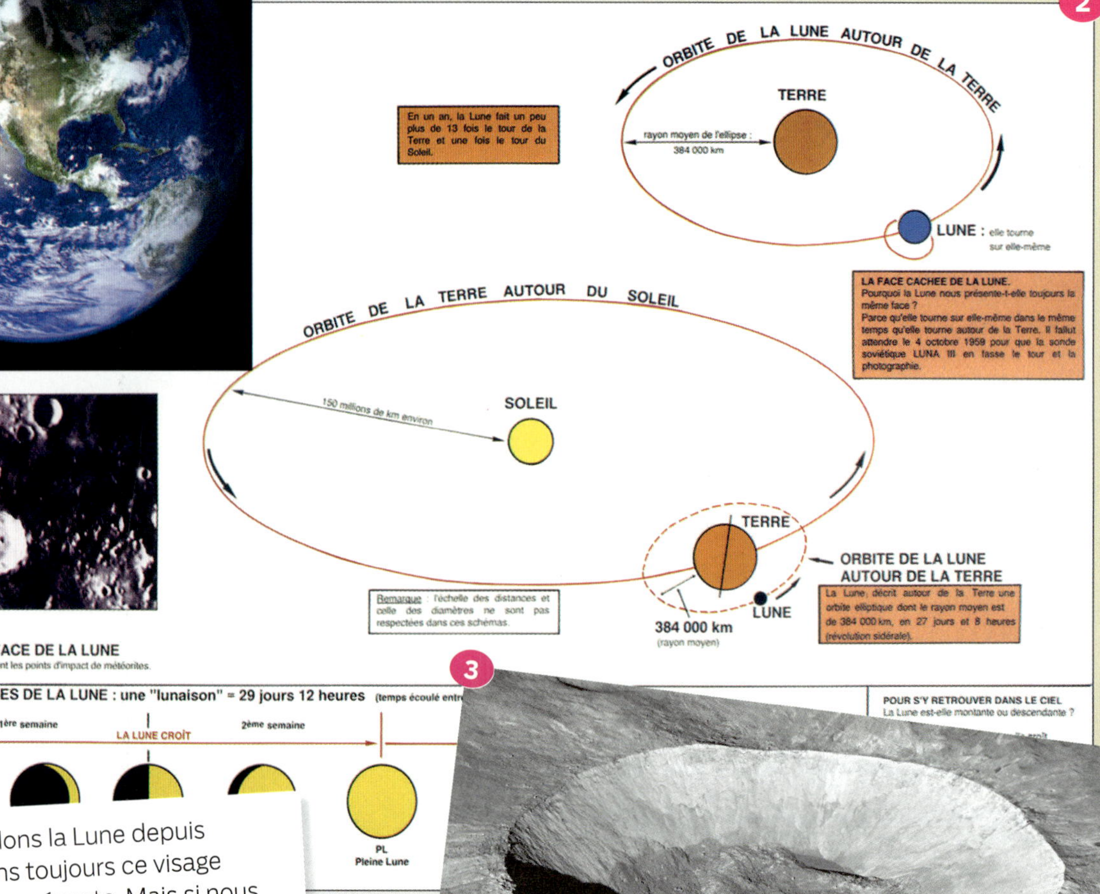

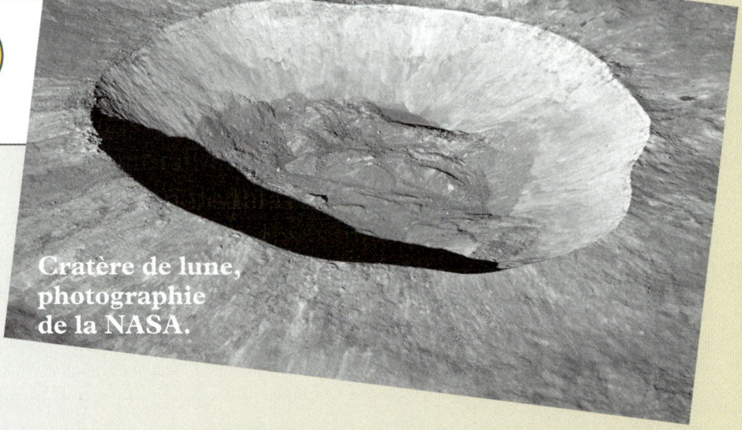

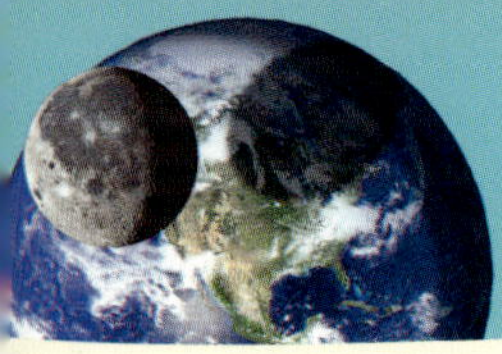

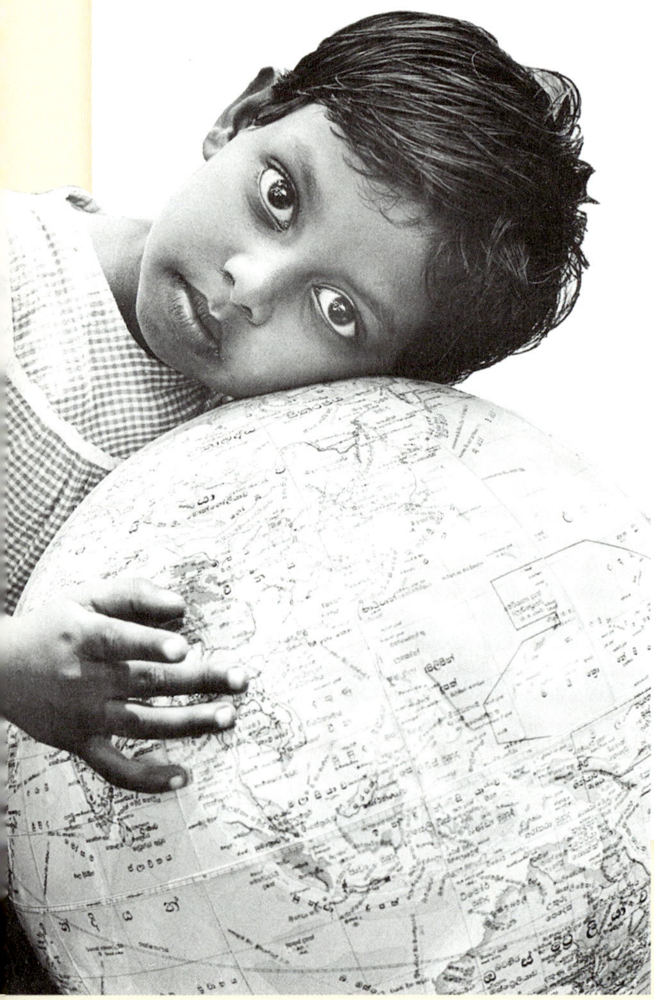

Prol

■ Collectif,
Mon encyclopédie des sciences
© Éditions Gallimard Jeunesse.
www.gallimard-jeunesse.fr

Les volcans

Les volcans sont des fissures de la croûte terrestre d'où s'échappe parfois le magma (roches bouillonnantes du manteau terrestre), sous forme d'éruptions plus ou moins explosives. Parfois, ne jaillissent que des nuages de gaz, de cendres et de poussières de roche.

La formation des montagnes

Quand deux plaques se heurtent, des montagnes naissent, comme l'Himalaya, il y a 50 millions d'années.

La faille de San Andreas, aux États-Unis, connaît de nombreux séismes.

Les failles

Un déplacement brusque des plaques le long d'une faille provoque des séismes.

La dérive des continents

Il y a des millions d'années, les terres étaient réunies en un seul continent. Lentement elles se sont séparées et déplacées… jusqu'à former les continents actuels.

Il y a 200 millions d'années — Il y a 135 millions d'années — Il y a 10 millions d'années

La croûte craque

Comme un puzzle géant, la croûte terrestre est formée de plaques qui se déplacent peu à peu. Des volcans et des séismes apparaissent souvent aux points de rencontre de ces plaques, appelés failles.

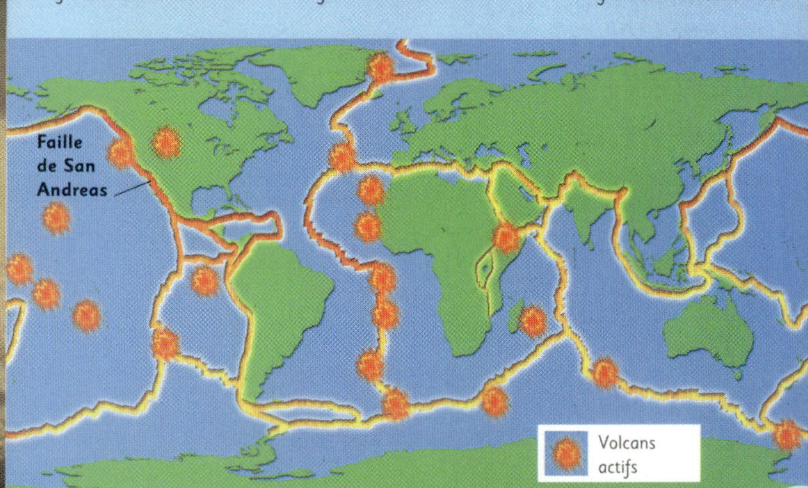

103

L'océan Pacifique.

PARTAGER
NOS PREMIÈRES IMPRESSIONS

a) Comment la double page est-elle organisée dans son ensemble ?

b) Qu'est-ce qui la rend attrayante ?

Vocabulaire pour mieux lire

Pour chaque illustration, dis s'il s'agit d'une *photographie*, d'un *dessin*, d'une *carte*, d'un *schéma*.

Grammaire pour mieux lire

Les mots de liaison

1 Dans le texte d'introduction, quel mot sert de liaison entre les deux parties de la première phrase ?

2 Trouve une autre phrase qui comporte le même mot de liaison. À quoi sert-il ?

3 Dans chaque phrase, remplace ce mot en gardant le même sens.

4 Pose la question qui permet de répondre par la deuxième partie de chaque phrase.

Je repère des indices

L'organisation du document

5 a. Quel est le thème du document ?

b. À quel thème plus général se rattache-t-il ? Où est-ce indiqué ?

6 Combien de parties le document comporte-t-il ? Combien y a-t-il d'illustrations ?

7 * Page de gauche, à quelle partie du texte d'introduction chaque sous-partie correspond-elle ?

La cohérence des informations

8 Page de gauche, quelles informations complètent le schéma ?

9 Page de droite :

a. Quel mot-clé permet de faire le lien entre les différentes parties ?

b. Dans quel sens faut-il lire la page pour bien comprendre ?

c. Pourquoi la carte mentionne-t-elle la faille de San Andreas ?

d. Quel est le rôle du dessin ?

10 ÉCHANGER Compare le document des pages 128-129 avec celui des pages 130-131 :
- quels sont les points communs ?
- les différences ?

Entre les lignes

11 DÉBATTRE Pour quelles raisons la surface de la Terre évolue-t-elle au fil du temps ?

J'écris

12 À DEUX a. Sous la forme d'une carte mentale, résumez les principales informations du document en réutilisant les termes scientifiques qu'on y trouve.

b. Recopiez votre carte mentale sur une affiche et présentez-la à vos camarades.

AIDE ▶ Fiche Méthode nº 5 – page 252

13 COLLECTIF a. Imaginez des questions comme « Quel est l'océan le plus vaste de notre planète ? », qui trouvent leur réponse dans le document. Notez-les sur votre cahier de brouillon.

b. Organisez un jeu de questions / réponses : chacun pose une question et répond à celles des autres.

LES CLÉS DE LA PAGE DOCUMENTAIRE

Les mots-clés

- des informations • une organisation
- des illustrations • des rubriques
- des titres et des sous-titres
- un vocabulaire spécialisé

1 Agrandissez une page documentaire pour en faire une affiche. Légendez-la avec les mots-clés.

Une organisation complexe

● Souvent, une page documentaire contient beaucoup d'**informations**.
Des rubriques et / ou des paragraphes permettent de distinguer les différentes catégories de renseignements.
Parfois, les **titres** cherchent à éveiller la curiosité du lecteur comme dans le document pages 128-129.

2 Change les titres des sous-parties du document pages 130-131 à la manière de ceux du document, pages 128-129.

Des informations à mettre en lien

● Du fait de son éclatement en rubriques, c'est au lecteur de **construire les liens entre les parties** du document.
Ainsi, il doit mettre **en relation les textes et les illustrations** et même, parfois, trouver le bon **sens de lecture** du document.

3 Si tu devais construire une double page sur la Lune, dans quel ordre mettrais-tu les rubriques ?
– Le premier homme sur la Lune
– Un satellite de la Terre
– La formation de la Lune
– La surface de la Lune

Un vocabulaire spécialisé

● La page documentaire comporte **un vocabulaire spécialisé**. Souvent un **mot-clé** permet de comprendre le sens de plusieurs mots ; **le contexte** est aussi une aide précieuse.

● Parfois, le lecteur doit se référer au dictionnaire s'il veut connaitre le sens de certains mots très spécialisés.

4 Relève les mots scientifiques qui concernent la Terre et proposes-en d'autres.
– la photosynthèse
– une supernova
– une plaque
– la croute
– une étoile
– l'atmosphère

Les Phases de la Lune, gravure, vers 1880.

Les phases de la Lune

CONSIGNE DE COMPOSITION

À partir des textes et des documents, composez une page documentaire.

A

Le Soleil éclaire à la fois la Terre et la Lune.
Une moitié de la Terre est dans le jour et l'autre moitié est dans la nuit. C'est la même chose pour la Lune.
Depuis la Terre, nous pouvons apercevoir la Lune.
Selon notre position sur la Terre et la position de la Lune par rapport au Soleil, nous voyons :
– une partie de son côté jour, toute petite (croissant de Lune), moyenne (quartier de Lune), grande (Lune gibbeuse) ;
– ou tout le côté jour (pleine Lune).

B

Les scientifiques pensent que la Lune est née de la collision d'un astre avec la Terre, il y a environ 4,46 milliards d'années.

La Lune est le satellite de la Terre. Son diamètre est quatre fois plus petit. La Lune tourne autour de la Terre en 28 jours et, ensemble, les deux planètes tournent autour du Soleil en 365 jours.

1

2

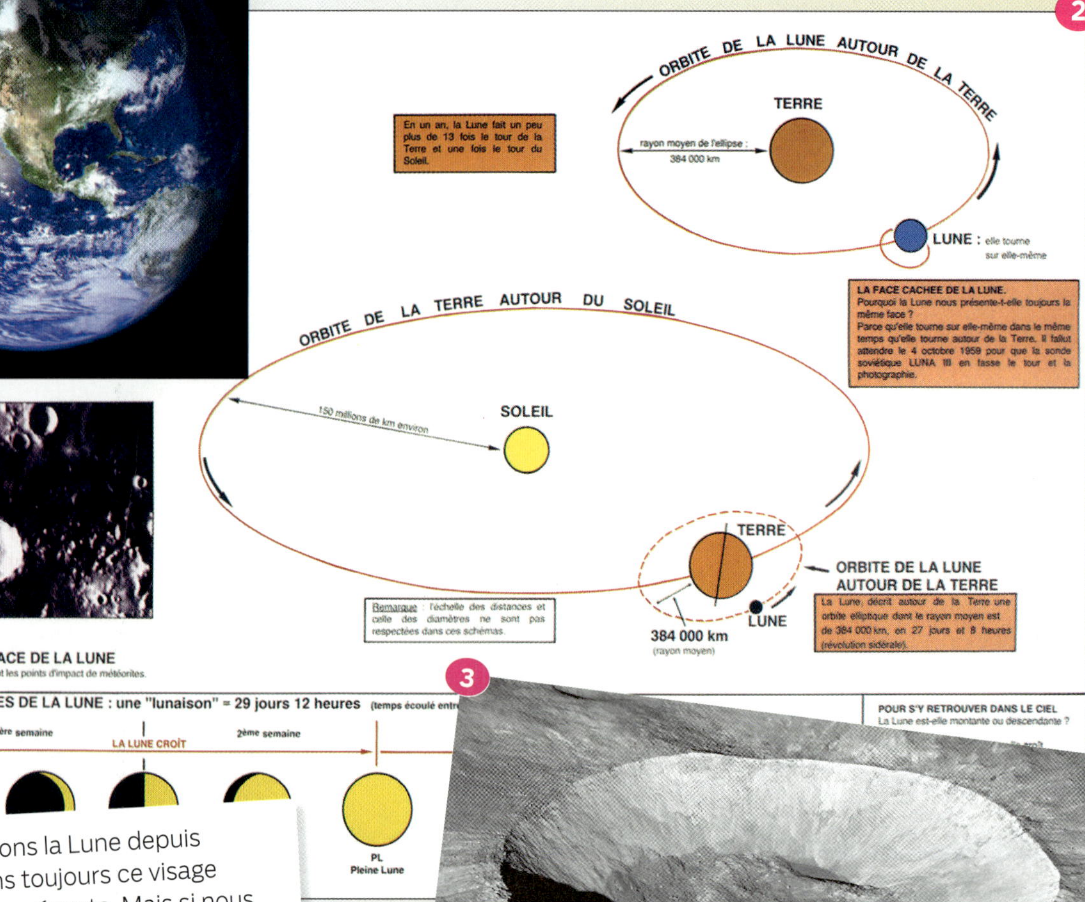

3

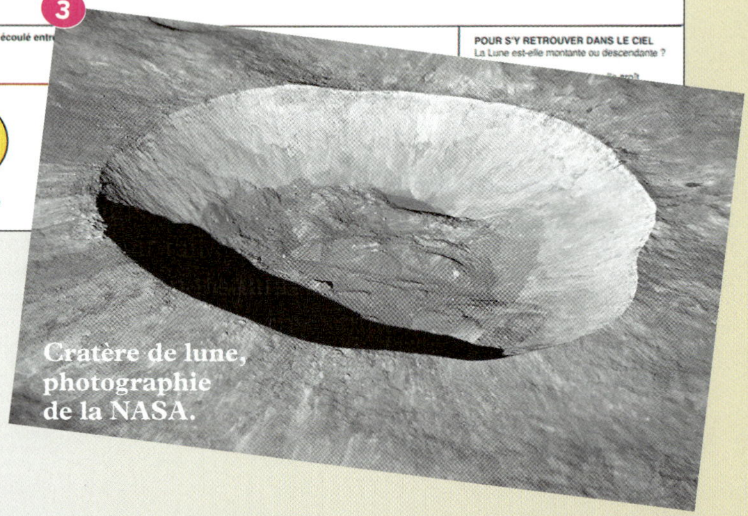

Cratère de lune, photographie de la NASA.

C

Quand nous regardons la Lune depuis la Terre, nous voyons toujours ce visage familier qu'elle nous présente. Mais si nous ne pouvons jamais voir l'autre côté de la Lune, c'est parce qu'elle effectue un tour sur elle-même et, en même temps, elle fait un tour autour de la Terre. Heureusement, les astronautes nous ont rapporté des photos de « la face cachée de la Lune » !

MÉTHODE DE COMPOSITION

1. Organisez vos idées

ÉCHANGER À TROIS

a. Observez bien les images, **lisez** les textes.
Donnez un titre à la page que vous devez composer.

b. Repérez le texte d'introduction.
Essayez d'associer les autres textes et les images : que remarquez-vous ?

c. Listez les informations qui manquent pour que la page soit complète.

2. Mettez le texte en mots

À TROIS

d. Faites une recherche sur l'image sans texte et **rédigez** un paragraphe.

e. Trouvez les titres des rubriques.
Écrivez la ou les légendes des images.
Vérifiez que votre texte contient bien des mots de vocabulaire scientifique.

3. Composez votre page

À TROIS

f. Organisez la page sur une feuille A3 ou sur une affiche en **traçant les emplacements** du titre, des sous-titres, des textes et des images.

g. Saisissez le titre de la page, les sous-titres, les textes, les légendes.
Attention à varier la taille des caractères selon la hiérarchie des titres et l'espace que ces éléments occuperont sur la page.
Vous pouvez aussi varier le style ou la couleur des caractères.

h. Téléchargez des images qui ressemblent à celles de la page 134.
Mettez-les au format voulu. **Imprimez-les** et **découpez-les**.
Légendez-les.

i. Placez tous les éléments de façon cohérente sur la feuille A3 ou sur l'affiche.
Assurez-vous qu'il n'y a pas d'erreur à l'aide du Guide de relecture.

j. Collez les éléments de la page.

GUIDE DE RELECTURE

- La page comporte un titre, un texte d'introduction, des rubriques avec, pour chacune, un titre et du texte, deux photographies et un schéma.
- Le sens de lecture permet de faire facilement le lien entre les textes et les documents.
- Le vocabulaire utilisé pour les sous-titres, les légendes et le texte ajouté est scientifique.

Je m'exprime

1 Quelle page documentaire du chapitre préfères-tu ? Pourquoi ?

2 Tous les ouvrages documentaires comportent des illustrations. Pourquoi ?

3 Quelles précautions dois-tu prendre quand tu fais une recherche en sciences ou en histoire sur Internet ?

Je réfléchis S'ouvrir sur le monde

4 Lis-tu régulièrement des ouvrages ou des revues documentaires scientifiques ? Donne leur nom puis **explique** pourquoi ils t'intéressent.

5 Quel domaine scientifique t'intéresse le plus ?

J'apprends un poème

6 **Apprends** par cœur le poème puis **dis-le** de mémoire devant la classe.

AIDE ▶ Fiche Méthode nº 1 – page 248

Le Globe

Offrons le globe aux enfants, au moins
pour une journée.
Donnons-leur afin qu'ils en jouent comme
d'un ballon multicolore,
Pour qu'ils jouent en chantant parmi les étoiles.
Offrons le globe aux enfants,
Donnons-leur comme une pomme énorme,
Comme une boule de pain toute chaude,
Qu'une journée au moins ils puissent manger
à leur faim.
Offrons le globe aux enfants,
Qu'une journée au moins le globe apprenne
la camaraderie,
Les enfants planteront de nos mains le globe
Ils y prendront des arbres immortels.

■ Nazim Hikmet (1901-1963),
in *C'est un dur métier que l'exil…*,
traduction Charles Dobzynski

Vincent Van Gogh, *La Nuit étoilée*, 1888, huile sur toile, 72,5 × 92 cm (musée d'Orsay).

L'artiste

Vincent Van Gogh (1853-1890) a longtemps vécu en France. En dix ans (de 1880 à sa mort), il a peint près de 800 toiles, des paysages, des portraits, des autoportraits. S'il n'a vendu qu'une seule toile de son vivant, il est considéré aujourd'hui comme l'un des plus grands peintres de tous les temps.

PREMIÈRES IMPRESSIONS

1 Propose un adjectif pour qualifier la nuit peinte par Vincent Van Gogh.

COMPRENDRE L'ŒUVRE

2 **a.** Sur ton cahier de brouillon, trace les lignes principales de l'œuvre. Que remarques-tu ?

b. La nuit est-elle le seul sujet de cette toile ?

3 Comment Van Gogh met-il en valeur les couleurs de la nuit ?

4 Après avoir lu le vocabulaire ci-dessous, explique précisément en quoi ce tableau est une œuvre impressionniste.

Vocabulaire

On qualifie d'**impressionnistes** des œuvres dans lesquelles l'artiste essaie de restituer ses impressions visuelles au moment où il peint. **Les impressionnistes** peignent souvent en extérieur (la peinture en tube est apparue). Le rendu de la lumière constitue leur principale préoccupation.

Activités décrochées

Activités en contexte

ÉTUDE DE LA LANGUE

- GRAMMAIRE
- ORTHOGRAPHE
- VOCABULAIRE

RÉVISION

1. Qu'est-ce qu'une phrase ?

TEST

1 **Recopie uniquement les phrases.**
Encadre le groupe sujet (GS) et souligne le groupe verbal (GV).

a. Des roches percutent la Terre continuellement.
b. Des météorites les morceaux qui atteignent le sol de la Terre.
c. Les astéroïdes brulent en pénétrant dans l'atmosphère.

2 **Complète le GS avec le GV qui convient au sens.**

a. Le magma
entre dans les volcans. | forme un gros nuage. | s'échappe des volcans.
b. Le Roi-Soleil
tourne sur lui-même. | est le nom de Louis XIV. | a renforcé la démocratie.

3 **Réduis les phrases.**

a. Depuis la Terre, nous pouvons voir la Lune dans le ciel.
b. Grâce à leurs photographies, les astronautes montrent la face cachée de la Lune.
c. Depuis le début, pour les ingénieurs à l'origine du projet, le décollage d'une fusée est un moment intense.

4 **Étends les phrases.**

a. L'ile se découvre.
b. La mer revient.
c. Un dauphin s'amuse.

Je me souviens

La phrase

Une construction Groupe sujet + Verbe ou Groupe verbal	Un lien de sens entre le GS et le GV
Les poussins — *piaillent.*	~~*Les chemins ont menti à leur père.*~~
Le veau — *tète sa mère.*	*Les enfants ont menti à leur père.*

Une phrase peut être étendue.
*Les poussins piaillent **dans le poulailler**.*

MÉMO ORTHO

Une phrase commence par une majuscule et se termine par **. ? ! ...**

Je m'améliore à l'oral

ORAL 1 **Invente une phrase à partir de la photographie.**

Transport routier dans le désert du Sahara, Tchad.

ORAL 2 **Invente une phrase à partir des mots.**

a. transports en commun – circuler
b. véhicule – se déplacer
c. voiture – embouteillage
d. marcher – promeneur

ORAL 3 **Étends les phrases.**

a. Les habitants trient les déchets.
b. La municipalité a aménagé un éco-quartier.
c. Les espaces verts sont agréables.
d. Les squares sont nombreux.

ORAL 4 **Réduis les phrases.**

a. Depuis plusieurs années, des personnes communiquent régulièrement d'un bout à l'autre du monde.
b. Pour certains spécialistes, l'utilisation d'Internet demande de la prudence dans ses usages.
c. Selon les statistiques, les internautes sont des dizaines de millions dans le monde.
d. En raison du développement des ventes de livres sur Internet, certaines librairies sont menacées de fermeture.

ORAL 5 **À DEUX. Trouve un GS puis demande à ton voisin de donner deux GV pour construire des phrases. Inversez les rôles.**

Je m'améliore à l'écrit

1 * **Recopie uniquement les phrases.**

a. Les grands magasins apparaissent au XIXe siècle.
b. À Paris sont premiers grands magasins.
c. Les grands magasins ne vendent que des chaussures.
d. Des architectes célèbres construisent les grands magasins.

2 * **Remets chaque phrase en ordre.**

a. les premières machines | construit | à la fin du XVIIIe siècle | on
b. est rendu | grâce au gaz de houille | l'éclairage des villes | possible
c. la campagne | pour travailler | les gens | quittent | en ville
d. de plus en plus loin | s'étendent | dans les grandes villes | les faubourgs

3 ** **Ajoute deux phrases pour commenter le document.**

Au XIXe siècle, la misère conduit les enfants des familles pauvres à travailler.

Illustration pour le magazine *L'Assiette au beurre*, 1902.

4 ** **À DEUX** (chacun fait la même chose)

Sur le thème du travail à l'usine au XIXe siècle, écris un GN sur une bande de papier puis plie-la pour cacher ton GN.

Donne la bande de papier à ton voisin et demande-lui de trouver un GV pour faire une phrase.

Dépliez les bandes de papier et décidez si les phrases sont acceptables ou pas.

2. Comment la phrase est-elle construite ?

Je réfléchis

1. La majorité des raies habitent les mers tropicales.
2. La raie cherche des palourdes ou des coques.
3. La raie nage gracieusement dans le plat de service.

a. Phrase 1, **encadre** le GS d'une part et le GV d'autre part. **Recopie** le groupe verbal : c'est le prédicat.
b. Phrase 2, que dit-on à propos du sujet ? **Propose** un autre prédicat.
c. Le prédicat de la phrase 3 est-il acceptable ? Pourquoi ?

1. Le bus passe toutes les dix minutes mais est parfois en retard.
2. On est souvent frôlé par les voitures. Cet arrêt de bus est trop près de la rue.
3. Depuis quelques jours, nous prenons plutôt le métro à cause des embouteillages.

a. En 1, combien y a-t-il de prédicats ? S'agit-il d'une ou de deux phrases ? **Justifie** ta réponse.
b. **Récris** la série 2 pour faire une seule phrase.
c. En 3, **recopie** uniquement le sujet de la phrase et le prédicat.

1. Où se passent les aventures de Tintin dans l'album *Tintin et le Temple du Soleil* ?
2. Tintin et le capitaine Haddock font un long voyage pour trouver le Temple du Soleil. Quelle aventure !
3. En lisant cette BD, retrouvez tous les ingrédients du récit d'aventures.

a. Pourquoi l'ordre habituel sujet-prédicat est-il modifié dans la phrase 1 ?
b. En 2, **récris** la deuxième phrase en utilisant un prédicat.
c. Quel est le prédicat dans la phrase 3 ? Pourquoi le sujet manque-t-il ?

La phrase

- Une phrase comporte en général : un sujet + un prédicat.
Le sujet dit de quoi parle la phrase.
Le prédicat (ou GV) apporte une information à propos du sujet.

- Deux questions pour identifier le sujet et le prédicat :
De quoi parle-t-on ? Qu'en dit-on ?
On parle de *La majorité des raies* (sujet) — *On dit qu'elles* *habitent les mers tropicales.* (prédicat)

- Il existe des phrases avec plusieurs sujets ou plusieurs prédicats :
Philippe (sujet 1) *se met facilement en colère* (prédicat 1) et *Ferdinand* (sujet 2) *est un peu dur d'oreille.* (prédicat 2)

Il y a aussi : des phrases sans prédicat : *Quelle aventure !*
des phrases sans sujet : *Cours !*
des phrases avec un sujet placé après le prédicat : *Où est Léa ?*

Je construis

ORAL Associe les sujets et les prédicats pour faire des phrases.

Les crocodiles – Les éléphants – Les kangourous – Le koala

a. ... se déplacent par bonds et se reposent sur leur queue.
b. ... ne mange que des feuilles.
c. ... nettoient leur peau avec des bains de boue.
d. ... vivent dans des marécages.

1 **a. * Recopie uniquement les phrases. Souligne le sujet en bleu et le prédicat en rouge.**

a. Les trilogies de *Star Wars* ont connu un immense succès.
b. Se déroule l'essentiel dans une galaxie lointaine de l'action.
c. Les chevaliers Jedi et les Seigneurs noirs des Sith s'affrontent.
d. *La Force* don de déplacer des objets par sa seule volonté.

b. * Récris les propositions que tu n'as pas retenues pour en faire des phrases.

2 **a.* Classe les phrases selon qu'elles ont un ou deux verbes conjugués.**

a. Les carottes et les navets sont des légumes racines.
b. La citrouille se récolte en hiver et elle fait de très bonnes soupes.
c. Lors de la fête d'Halloween, la citrouille devient une jolie lanterne.
d. Les pommes de terre ont des yeux mais elles ne voient rien !

b. * Souligne le ou les prédicats.

3 *** Construis une seule phrase.**

a. J'habite un lotissement. Ce lotissement comprend six maisons.
b. Le car de ramassage n'est pas passé. Il y a trop de verglas.
c. Mathias a oublié son gouter. Zoé partage le sien avec lui.

4 **** Explique la particularité de chaque phrase.**

a. – Où se trouve la roue de secours ?
b. – Dans le coffre de la voiture.
c. – Soulève la trappe pour voir.

Je consolide

5 *** Réduis les phrases : sujet + prédicat.**

a. Dans le désert, on a aperçu une oasis derrière des dunes.
b. Les caravanes avancent lentement avec leurs chameaux chargés de bagages.
c. Au lever du soleil, les voyageurs sont déjà en route depuis de longues heures.

6 **** Construis une seule phrase avec les deux.**

a. Ce jour-là il faisait beau. Le papa du petit Nicolas avait décidé d'aller à l'ile des Embruns.
b. Le petit Nicolas est parti en bateau avec son père. Son père avait pris un gros piquenique.
c. Le bateau a fait demi-tour. Le pilote, M. Lanterneau, était tombé malade.

7 **a. ** Combien le texte comporte-t-il de phrases ? ont-elles toutes un prédicat ?**

J'allais fermer boutique
quand ils sont entrés.
Deux grands garçons pâles
avec des vestes fripées.
Des jumeaux. On a beau
dire : quand deux personnes
se ressemblent à ce point,
c'est une chose bien saisissante.
C'est comme de la magie.

Jean-Claude Mourlevat, *L'Enfant Océan*

b. ** Construis deux phrases avec la première phrase du texte.

c. ** Récris la deuxième phrase en introduisant un prédicat.

d. ** Imagine et écris la question que pose la commerçante aux jumeaux.

8 **AUTO DICTÉE Observe attentivement la ponctuation des phrases et l'usage de la majuscule.**

Le professeur interrogea d'abord ma voisine, Émilie.
– Comment s'appelle un solide dont les six faces sont des parallélogrammes ? demanda-t-il.
– Un parallélépipède ! s'écria Émilie.
Tout le monde fut très surpris.

9 **Complète le texte ci-dessus au moyen de trois phrases avec un prédicat.**

▶ Le théâtre, page 86
▶ Les dialogues insérés dans un récit, pages 20, 46, 72, 98 et 112

3. Les phrases interrogatives et injonctives

L'échange

Léo, un vieux marchand ambulant, est seul et malheureux. Lorsqu'il entend parler d'une petite fille exploitée dans un cirque, il propose à Univers, le patron du cirque, de l'échanger contre une paire de bretelles.

UNIVERS. – Donnez-moi sept couleurs différentes, sept paires de bretelles et l'affaire est conclue. En échange, vous aurez la joie d'emporter cet oiseau rare qui ne chante jamais et qui ne sait que manger.

LÉO. – Elle n'a pas l'air d'avoir beaucoup mangé.

UNIVERS. – *(faisant claquer son fouet)* De quoi ? De quoi ? Que prétend dire le marchand de bretelles ?

LÉO. – Que sept paires pour un seul pantalon…

UNIVERS. – Oui mais j'ai un très gros ventre.

LÉO. – *(poursuivant)* Soit, pour ne plus être seul j'accepte bien volontiers votre proposition. […]

UNIVERS. – *(pousse alors la petite fille du manche de son fouet)* Tenez, prenez, servez-vous et n'oubliez pas : c'est vous qui faites une bonne affaire.

■ Jean-Claude Grumberg, *Le Petit Violon*, Actes Sud, 1999.

LISTES DE RÉFÉRENCE

Je réfléchis

a. Qui est *l'oiseau rare qui ne chante jamais et qui ne sait que manger* ? Selon toi, à quoi s'oppose *le gros ventre* d'Univers ?

b. Combien la première réplique d'Univers comporte-t-elle de phrases ? Pourquoi la première de ces phrases n'a-t-elle pas de sujet ? **Relève** dans la suite du texte d'autres formes verbales sans sujet. À ton avis, pourquoi est-ce Univers qui prononce ces phrases et pas Léo ?

c. **Relève** les phrases interrogatives. Quelles remarques fais-tu sur leur construction ? **Complète** la première de ces phrases. **Formule** la troisième différemment.

d. Que révèle l'emploi de ces types de phrases sur le caractère des personnages ?

Dans les dialogues

■ **Les phrases interrogatives et injonctives donnent de la vie aux échanges entre les personnages.**

Que prétend dire le marchand de bretelles ?

Tenez, prenez, servez-vous...

■ **Elles permettent également de donner des indications sur le caractère et la façon de parler des personnages.**

MÉMO ORTHO

- La phrase interrogative se termine par un point d'interrogation. **?**
- La phrase injonctive se termine par un point ou un point d'exclamation. **. !**

Je construis

1 *** Classe les phrases selon qu'elles sont interrogatives ou injonctives.**

Nasreddine Hodja voulait apprendre à jouer du luth. Il se rendit chez le maitre de musique.

a. « Combien me coutera la leçon de musique ?
b. – De quel instrument veux-tu savoir jouer ?
c. – Apprends-moi à jouer du luth.
d. – Donne-moi trois pièces d'argent le premier mois et une pièce d'argent les mois suivants.
e. – Puis-je commencer le deuxième mois ? » demanda Nasreddine Hodja.

2 **a. * Place les phrases à l'endroit qui convient.**

a. C'est encore loin ?
b. Donnez-moi la lune
c. Pourrions-nous rentrer à la maison ?
d. Viens avec moi. Je vais te la donner !

... , criait un enfant capricieux.
Son père lui répondit : ... .
Il emmena son fils dans la montagne et ils commencèrent à marcher.
Au bout d'un moment, l'enfant demanda : ... .
Mais le père ne répondit pas et continua son chemin.
Alors l'enfant dit : ... .

b. * Classe les phrases selon qu'elles sont interrogatives ou injonctives ou autre.

3 **a. * Lis le texte puis relève la phrase interrogative. Qu'indique-t-elle sur les sentiments du personnage ?**

– Oh oh poussez pas ! Pourquoi ils nous entassent comme ça dans ce camion ? Ne poussez pas c'est plein par là, c'est complet je vous dis arrêtez d'entasser les pantins s'il vous plait ! On n'est pas des sardines et des miettes de thon ! Et puis allumez la lumière ! Ouh là là ça y est, ça démarre ! Cramponnez-vous camarades ! Mais non pas à moi ! Te tiens pas à mon cou toi !

■ Jean-Claude Grumberg,
Pinok et Barbie © Actes Sud, 2004.

LISTES DE RÉFÉRENCE

b. * Relève au moins deux phrases injonctives. Pourquoi sont-elles si nombreuses ?

c. * Reformule la phrase.
Mais non pas à moi !

Je consolide

4 **a. ** Remets les phrases en ordre.**

Leuk-le-lièvre veut voir la mer. Il demande son chemin à B'Bélar-l'hirondelle.

a. – Alors, déplace-toi de nuit et observe la lune et les étoiles.
b. – Eh bien, suis le vent chaud du désert.
c. – Sache d'abord t'orienter et suis le soleil.
d. – Comment ferai-je quand il n'y aura pas de soleil ?
e. – Et si le vent ne souffle pas ?

■ D'après Leopold Sédar Senghor,
La belle histoire de Leuk-le-lièvre.

b. ** Explique pourquoi c'est Leuk qui pose les questions.

5 **** Écris les phrases manquantes selon les indications entre parenthèses.**

Géraud et Crépin étaient de vieux amis. Un jour où ils se promenaient dans la forêt, au détour d'un chemin, Géraud trouva une bourse pleine de pièces d'or.

– (phrase injonctive), dit Crépin.
– Jamais de la vie ! répliqua Géraud.
Plus loin, des brigands s'attaquèrent à eux.
– (phrase injonctive), supplia Géraud.
– Jamais de la vie ! répliqua Crépin.

6 **a. ** Lis le texte puis classe les phrases interrogatives et injonctives.**

b. ** Quelle est la différence de construction entre les deux phrases interrogatives ?
Récris chacune de façon différente.

LÉA. – Léo, je ne retrouve pas mon mobile... Tu sais où est mon mobile ?
LÉO. – Fais-le sonner. Tu sauras où il est.
LÉA. – Mais... je ne peux pas m'appeler puisque je n'ai plus mon mobile !
LÉO. – Veux-tu que je t'appelle ?
LÉA. – Oui, appelle-moi, s'il te plait.

7 **Prolonge le dialogue ci-dessus en conservant la même relation entre les personnages.**

4. À quoi sert un complément de phrase ?

Je réfléchis

1. Le 14 juillet, les gens vont à la mer. On a du mal à poser sa serviette sur certaines plages.
2. À côté des vagues, des enfants ont construit un château de sable.
3. Les volleyeurs ont installé leur filet … .
… le tournoi a commencé.

RÉVISION

a. Série 1, quels groupes nominaux peux-tu supprimer ?
Que remarques-tu sur leur place ?

b. **Utilise** une autre procédure que la suppression pour mettre en évidence le GN complément de la phrase 2.

c. **Ajoute** un GN complément aux phrases de la série 3.

1. Sofiane a interrompu son entrainement à cause d'une douleur à la cheville.
2. Chaque année, ce marathonien remporte la course. Les spectateurs regardent les coureurs depuis les tribunes.

a. Phrase 1, **remplace** le GN surligné en jaune par un pronom.
De quel complément s'agit-il ?
Essaie d'appliquer cette procédure avec le GN surligné en vert ?
De quel complément s'agit-il ?

b. Phrase 2, **classe** les GN compléments. **Explique** ton classement.

1. À la piscine, le grand plongeoir a été transformé. Les athlètes s'entrainent après la fermeture.
2. Le maitre-nageur guide les enfants avec sa perche. Certains mettent des lunettes à cause du chlore.
3. Les patineurs font des figures.

a. Phrases 1 et 2, quelle information chaque complément de phrase apporte-t-il ?

b. **Complète** la phrase 3 avec quatre compléments de phrase différents.
Précise le type d'information apportée.

Le complément de phrase

■ Le GN complément de phrase est facultatif : il peut être supprimé ou déplacé.

__Autour de la piste__, des balles de paille protègent les spectateurs.
→ Des balles de paille protègent les spectateurs __autour de la piste__.

Il ne peut pas être remplacé par un pronom, contrairement au complément de verbe.

■ Le GN complément de phrase apporte des précisions :
- de temps → *Une nouvelle course commence __toutes les heures__.*
- de lieu → *__Au paddock__, le jockey à la casaque blanche s'impatiente.*
- de moyen → *On protège les chevaux __avec des couvertures__.*
- de cause → *__En raison d'un incident__, une course a été annulée.*

⚠ Une phrase peut contenir plusieurs compléments.
__Ce matin__, les gendarmes ont installé un radar __à droite de la route__.

Je construis

ORAL 1 Ajoute un GN complément de phrase.

a. On a construit de nombreux châteaux forts.
b. Les châteaux-forts sont construits en hauteur.
c. On empêche l'entrée des ennemis.

ORAL 2 Ajoute un GN complément de phrase selon l'indication entre parenthèses.

a. … les villages sont très isolés. (lieu)
b. Le facteur passe dans cette rue … . (temps)
c. L'électricité est coupée … . (cause)
d. On arrive à s'éclairer quand même … . (moyen)

1 * **Supprime les GN compléments de phrase.**

a. Des enfants ont planté un arbre devant le musée.
b. Au milieu du parc, un grand chêne s'est effondré à cause de la foudre.
c. Le paysan fait tomber les noix avec sa gaule.
d. Dans ces fourrés, en automne, on peut trouver des noisettes.

2 ** **Ajoute des GN compléments de phrase.**

a. les deux enfants s'étaient assis
b. ils avaient posé leur panier
c. ils sortirent leur canne à pêche
d. la rivière coulait

3 * **Classe les GN soulignés selon qu'ils sont compléments de verbe ou de phrase.**

Près de Marseille, la côte présente de nombreuses calanques. Au pied de fabuleuses falaises, la mer révèle ses plus belles couleurs tout au long de l'année. En été, les gardes surveillent les environs à cause des risques de feu. On peut aussi découvrir les calanques grâce aux excursions en bateau.

4 * **Relève les GN compléments de phrase. Quelle précision apportent-ils ?**

a. Depuis les années 1980, le climat change dans le monde entier.
b. Grâce aux relevés des stations météo, on a pu constater un net réchauffement.
c. La hausse des températures est importante à cause des gaz à effet de serre.

Je consolide

5 * **Relève les GN compléments de phrase. Quelle précision apportent-ils ?**

Au bout du couloir, la chambre de Mme Closer était ouverte. Au milieu, trônait un immense lit en bois. En raison du froid, Mme Closer avait empilé plusieurs couvertures qui formaient une palette multicolore. De chaque côté du lit, des bibliothèques recouvraient les murs. Plusieurs années auparavant, le fils de Mme Closer avait décoré le mur de droite avec ses dessins d'enfant.

6 ** **Classe les GN compléments (utilise les trois tests).**

Courgette arrive dans un foyer pour enfants. Dans cet établissement, il rencontre d'autres pensionnaires. Tous sont là à cause d'un passé très difficile. Un jour, arrive Camille. Elle charme ses camarades grâce à son sourire. À la fin, les enfants retrouvent la joie de vivre.

Affiche du film *Ma vie de courgette*, réalisé par Claude Barras, 2016.

7 ** **Complète les phrases avec les GN compléments de phrase.**

a. grâce à mes jumelles – à l'écart du rivage – au lever du soleil – sur la rivière

Je partis et pagayai activement.
Bientôt, j'aperçus un premier village.

b. avec l'aide de quelques branches – quelques minutes après – à cause d'un gros tronc d'arbre

Ma barque échoua et je dus me hisser sur la berge.

8 DICTÉE PRÉPARÉE **Fais des phrases.**

compléments de phrase. en contrebas – jusqu'à la cascade – le long du bord
GNS. une épaisse muraille d'arbres – les eaux de la rivière – un courant furieux
GV. coulaient paisiblement – s'élevait – entrainait tout sur son passage

9 **Ajoute trois GN compléments de phrase.**

Je n'osais pas me montrer et j'attendais un miracle : un bateau allait surgir…

▶ Le récit, pages 20, 46, 72, 98 et 112

5. L'emploi des compléments de phrase

Une nuit éprouvante

Jeremy cheval appartient à la troupe des chevaux apaloosas *(voir page 50)*. Un jour, les Indiens Nez-Percés surgissent pour les capturer. Les chevaux se partagent en deux groupes, l'un dirigé par Cavale Blanche, l'autre par Chaman.

À la tombée du jour, les Nez-Percés avaient arrêté leur poursuite et Cavale Blanche avait mis son groupe à l'abri d'une sapinière. Du groupe de Chaman, on ne savait rien. Pie Rouge, Pommelle et les autres avaient-ils réussi à s'échapper ? Avaient-ils été tous capturés ? Incapables de trouver le sommeil, les apaloosas piaffèrent d'impatience toute la nuit. La course les avait éprouvés.

Sous le couvert des arbres, frigorifiés, ils virent avec anxiété le matin se lever sur la prairie. Quand le soleil aurait dispersé la brume, ils pourraient mesurer l'ampleur du désastre. L'attaque indienne avait été si imprévue. Y avait-il seulement des rescapés ?

Un petit vent était venu avec le jour. Sous son action et celle du soleil, les bancs de brume s'effilochèrent. On distingua de vagues silhouettes. Nez-Percés ? Apaloosas ?

■ Pierre-Marie Beaude, *Jeremy cheval*

LISTES DE RÉFÉRENCE

Je réfléchis

a. Lequels des GN soulignés n'est pas un complément de phrase ? **Justifie** ta réponse.

b. Quelles précisions apportent les GN compléments de phrase ?
Sont-ils indispensables au sens de l'histoire ?
Appuie ta réponse sur un exemple.

c. **Trouve** le seul complément de phrase exprimant le lieu.
Est-il important pour le sens de l'histoire ?

d. Par quels mots peux-tu remplacer *Sous* à la ligne 9 : *dans – grâce à – en raison de – pour* ?
Quel est le sens du GN introduit par *Sous* ?

Dans un récit

Le narrateur utilise des compléments de phrase qui permettent :

- d'organiser les lieux les uns par rapport aux autres (**compléments de lieu**).
- de se représenter la succession des actions (**compléments de temps**).

Au bout d'une semaine, *le bateau fit escale à Santarem,* ***près d'un marché***.
complément de temps — complément de lieu

- de se représenter plus précisément une action (**complément de moyen**).

Le capitaine s'adressa à l'équipage ***avec un portevoix***.
complément de moyen

- de comprendre les pensées des personnages (**complément de cause**).

En raison de sa colère, *le commandant refusa de sortir de sa cabine.*
complément de cause

MÉMO MÉTHODO

Quand tu écris, ajoute des compléments de phrase pour enrichir ton texte.

Je construis

1 **a. * Relève les trois compléments de phrase qui organisent les lieux les uns par rapport aux autres.**

À la sortie du bois, Soro entendit un grognement, un léger cri qu'il ne connaissait pas. À l'entrée de la grotte, il aperçut une petite boule recroquevillée sur elle-même. Il s'approcha : la boule ne bougea pas. Mais au fond de la grotte, une forme plus menaçante surgit.

b. ** Remplace l'un de ces compléments par une expression synonyme.

2 **a. * Relève les deux GN compléments de phrase qui organisent la succession des actions.**

Au début du concert, le jeune pianiste semblait lointain. Il jouait mais on ne distinguait rien sur son visage qui permît de deviner ses sentiments. Il se métamorphosa après l'arrivée de la cantatrice. C'était maintenant un artiste passionné qui vivait sa musique.

b. ** Remplace l'un des compléments par une expression synonyme.

3 *** Classe les compléments de phrase selon qu'ils expriment le temps ou le lieu.**

Hercule a reçu l'ordre de capturer une biche sacrée.

Pendant de longs jours, Hercule parcourut les forêts. Un matin, il se réveilla en sursaut : au milieu d'un cercle de lumière, il vit la biche qui s'abreuvait à un ruisseau. Deux grands bois d'or resplendissaient sur sa tête. La biche regarda Hercule mais, à son approche, elle bondit et s'enfuit.

4 **** Relève les compléments de phrase et précise leur sens.**

La biche entraina Hercule loin, très loin. Alors, à cause d'une trop grande fatigue, Hercule s'allongea et s'endormit… À son réveil, la biche était là, non loin de lui. Aussitôt, elle recommença à courir et Hercule reprit sa poursuite. Enfin, grâce à son habileté à l'arc, Hercule arrêta sa course et captura la biche.

Je consolide

5 **** Récris le texte en changeant la place des compléments de phrase.**

Pendant la Seconde Guerre mondiale, après s'être entretenu avec un officier allemand, le maire d'un village situé à la frontière espagnole a réuni les habitants.

« Dans quelques jours, une compagnie va venir s'installer, ici, au village. (Le maire essaya de couvrir le brouhaha.) À partir de ce soir, il y aura des patrouilles tout le long de la frontière, vingt-quatre heures sur vingt-quatre… des centaines de soldats. »

■ Michael Morpurgo, *Anya* , trad. Anne Krief © Éditions Gallimard Jeunesse, 2000 © 1990, Michael Morpurgo. www.editions-gallimard.fr

6 **** Complète le texte avec les compléments de phrase.**

pendant des heures – sur chaque pan de mur – à cause de leur désordre – au bout d'un moment

Un crocodile adorait le papier peint de sa chambre. En effet, ..., les roses étaient parfaitement alignées. Le crocodile contemplait son papier peint ... ., inquiète, sa femme l'invita à la rejoindre dans le jardin. Mais le crocodile détesta les massifs de fleurs ... . Alors il regagna sa chambre et n'en sortit plus.

7 **Imagine la suite du texte page 148. Tu utiliseras au moins deux compléments de phrase que tu souligneras.**

▶ Le récit, pages 20, 46, 72, 98 et 112

6. L'emploi des connecteurs

Maia blessée

En Amazonie, Finn a dû laisser son amie Maia pour faire un voyage sur le fleuve. Quand il revient, il la trouve allongée près des restes calcinés de sa maison.

Mais elle n'était pas morte. Elle respirait très légèrement, les yeux fermés, encore vêtue de sa chemise de nuit. Le sang s'écoulait d'une blessure à la cuisse. Mais il ne vit pas de traces de brulures sur sa peau. Elle avait dû s'évanouir à cause de l'hémorragie.

Puis quand il prononça son nom, elle ouvrit les yeux. Elle posa la main sur son bras.

« Nous pouvons partir, maintenant ? » murmura-t-elle.

Et il répondit : « Oui. »

Maia vit une voute de verdure au-dessus d'elle, traversée par les rayons blancs du soleil à son zénith. […]

Elle ne voulait pas se réveiller, elle ne voulait pas non plus perdre toutes ces sensations. Elle voulait vivre à l'infini ce qui lui arrivait.

LISTES DE RÉFÉRENCE

■ Eva Ibbotson, *Reine du fleuve* © Macmillan Ibbotson © Albin Michel, 2001.

Je réfléchis

a. Dans le premier paragraphe, **relève** le mot qui, à deux reprises, exprime une idée d'opposition. **Reformule** le paragraphe pour préciser entre quoi et quoi ce mot crée une opposition.

b. Au début du deuxième paragraphe, qu'indique le mot *Puis* ? Par quel autre connecteur peut-on le remplacer ? Quel autre mot du texte est un équivalent de *puis* ?

c. *Elle ne voulait pas se réveiller. Elle voulait vivre à l'infini ce qui lui arrivait.* Quel connecteur pourrait-on employer pour renforcer le lien de sens entre les deux phrases ? **Récris** la phrase avec ce connecteur.

Dans un récit

Les connecteurs renforcent les liens de sens entre les paragraphes et entre les phrases.

Les connecteurs les plus fréquents sont :
- ***et*** qui indique l'ajout,
- ***mais*** qui exprime l'opposition,
- ***puis***, ***et***, ***alors*** qui accompagnent la succession des évènements, ***enfin*** qui la termine,
- ***car***, ***en effet*** qui expriment la cause et ***donc*** la conséquence.

*Finn se sentait coupable **car** il avait laissé Maia seule : il fit **donc** demi-tour.*

MÉMO MÉTHODO

Quand tu écris, vérifie les liens de sens pour choisir les bons connecteurs.

Je construis

1 * **Relève les cinq connecteurs.**

Oups se comportait mal car son Doudou lui donnait des ordres et Oups se croyait obligé de lui obéir. Puis Oups décida de se révolter. Il s'opposa donc au Doudou méchant. Enfin, il comprit la cause de la méchanceté de son Doudou et le délivra de sa violence.

2 **a.** * **Relève les connecteurs.**

Bob et Jeanne ont accueilli chez eux un petit garçon qui prétend être un rat… Le lendemain matin, Jeanne le découvre sur un monceau de draps en charpie.

Elle était sur le point de se mettre à hurler, car elle crut tout d'abord que quelque chose était entré par la fenêtre et avait agressé l'enfant, mais il dormait si paisiblement au beau milieu de ce capharnaüm qu'elle ne put se résoudre à le réveiller.

■ Philip Pullman, *J'étais un rat !*, trad. Anne Krief

www.gallimard-jeunesse.fr

LISTES DE RÉFÉRENCE

b. * **Précise le sens de chaque connecteur.**

3 * **Choisis le connecteur qui convient.**

a. Le satellite se mit en orbite ***car / et*** les passagers se relâchèrent.
b. On attendait l'arrivée de la capsule Orgon 3, ***en effet / donc*** chacun scrutait le ciel.
c. Le pilote s'attendait à une attaque ***mais / car*** il ignorait quand.
d. Le satellite se dirigea vers la planète rose ***donc / puis*** fit brutalement demi-tour.

4 **a.** * **Ajoute les connecteurs selon le sens du texte.**

mais – puis – car

Julien était en train d'étendre son linge sur un arbre lorsqu'il fit un bond en arrière (cause) sur la branche, une monstrueuse bête jaune l'observait. Elle était à peine plus grande qu'une main (opposition) sa tête était celle d'un dragon. « Là ! » cria Julien en le désignant du doigt. (nouvel événement) un enfant noir, beaucoup plus jeune que lui, s'approcha.

■ D'après Évelyne Brisou-Pellen, *Deux graines de cacao*

LISTES DE RÉFÉRENCE

b. ** **Remplace chaque connecteur par un autre qui convienne au sens du texte.**

Je consolide

5 **a.** * **Ajoute les connecteurs selon le sens du texte.**

et – mais – puis – alors

Alors que nous étions réfugiés dans la grotte, nous vîmes surgir à l'entrée un géant immense dont l'œil unique nous scrutait méchamment. … il entra dans sa grotte …, d'un geste brusque, il s'empara de deux de mes compagnons pour les dévorer. Je compris … que nous risquions tous le même sort. …, pendant la nuit, je trouvai le moyen de l'empêcher de nuire.

b. * **Précise le sens de chaque connecteur.**

6 * **Renforce le lien entre les phrases au moyen de connecteurs.**

a. Olivia menait jusque-là une existence très banale. Tout changea le jour où elle partit en Angleterre.
b. Là-bas, elle retrouva ses cousines. Elles avaient déménagé en Angleterre deux ans auparavant.
c. Olivia était douée pour les langues. Elle apprit rapidement l'anglais.
d. Olivia se mit au sport. Elle devint une excellente joueuse de tennis.

7 **Poursuis l'histoire. Utilise au moins trois connecteurs que tu souligneras.**

Ambroise et Maxime avaient été dirigés vers le monde souterrain car la vie dans leur village était devenue irrespirable.

RÉVISION

7. Comment identifier le verbe ?

Temps simples et passé composé

TEST

1 **Récris chaque phrase à la forme négative avec *ne ... pas*.**
Quel mot as-tu encadré ? Quelle est sa classe grammaticale ?

a. Marcel riait souvent en regardant les films de Charlie Chaplin.
b. Emy écrit à sa grand-mère pour son anniversaire.
c. Lucien écoutait la radio sur un tout petit poste.
d. Laetitia et Laura partiront de bonne heure au marché.

2 a. **Récris les phrases en commençant par *Hier matin*.**

a. À cet instant, nous entendons un terrible coup de tonnerre.
b. Tout à coup, son visage devient tout pâle et elle s'évanouit.
c. Lila a beaucoup de mal à se réveiller pour aller à la piscine.

b. **Quel est le temps des phrases initiales ?**
Quel est celui des phrases récrites ?

3 a. **Identifie les verbes à un temps simple. Donne leur temps.**
b. **Recopie les verbes au passé composé.**

a. Maëva et Shana sont allées à la piscine puis elles ont bu un chocolat.
b. Simon ne voulait pas accompagner son frère et sa sœur.
c. Tu passeras à la maison ce soir et tu prendras le parapluie que tu as oublié.
d. J'ai préparé un délicieux diner.
e. Comme nous avons assisté à la réunion de fin d'année, nous devons en rédiger un compte-rendu.

MÉMO MÉTHODO

Pour identifier le verbe, tu l'encadres par *ne ... pas*.
Au passé composé, c'est l'auxiliaire qui est encadré par la négation :
*Je **ne suis pas** sorti.*
*Je **n'ai pas** joué.*

Je me souviens

La forme des verbes permet d'identifier le temps

Temps simples				Passé composé		
Imparfait	Passé simple	Présent	Futur	Auxiliaire *être* ou *avoir* au présent	+	Participe passé du verbe
Elle jouait	*Elle joua*	*Elle joue*	*Elle jouera*	*Ils sont partis*		*Elle a joué*

Je m'améliore à l'oral

ORAL 1 À DEUX **Décrivez la scène au présent ou à l'imparfait au moyen de 4 phrases : les deux premiers sujets seront au singulier, les deux suivants au pluriel.**

Georges Seurat, *Un dimanche après-midi à l'île de la Grande Jatte*, 1884-1886.

ORAL 2 **Jeu de relais**

Compose une phrase en utilisant l'un des verbes de la liste. Passe ensuite le relais à un camarade qui changera de temps.

courir – se reposer – lire – flâner – jouer – prendre – tenir

ORAL 3 **Lis les phrases à voix haute. Le verbe est-il écrit à un temps simple ou au passé composé ?**

a. Georges Seurat est un célèbre peintre du XIXe siècle.
b. Il aimait peindre les paysages sur des toiles de grande taille.
c. *Un dimanche après-midi à l'île de la Grande Jatte* a marqué le début du pointillisme.
d. Ses paysages marins ont étonné le public.
e. L'artiste meurt en 1891.

ORAL 4 À QUATRE **Jeu de dés**

Le premier joueur choisit un verbe dans la liste puis lance le dé. S'il obtient un chiffre impair, il met le verbe à un temps simple à la personne de son choix. S'il obtient un chiffre impair, il le met au passé composé à la personne de son choix.

donner – bondir – recevoir – croire – aller

Je m'améliore à l'écrit

1 * **Identifie les verbes conjugués. Utilise la formule *ne ... pas*.**

a. La scénariste a écrit cette histoire rapidement.
b. Dans cette scène, le cascadeur m'impressionne vraiment.
c. Le maquilleur mettra des heures pour transformer le visage de l'acteur.

2 a. * **Complète les phrases avec la forme verbale qui convient.**

a. Charles Spencer Chaplin *(est né – sont nés)* en 1889 dans un quartier pauvre de Londres.
b. Son père et sa mère *(était – étaient)* tous deux des chanteurs de variété.
c. En 1914, Charles Chaplin *(inventa – inventaient)* le personnage de Charlot.
d. Couvert d'honneurs, Chaplin *(a disparu – disparaissaient)* en 1977.

b. * **Précise le temps et l'infinitif des verbes.**

3 * **Mets le verbe au temps demandé. Attention à l'accord avec le sujet.**

a. Au début du XXe siècle, le cinéma muet (*fasciner* – passé composé) les spectateurs.
b. En 1914, la guerre (*éclater* – présent).
c. Les spectateurs (*se réfugier* – imparfait) souvent au cinéma.
d. Ils (*découvrir* – passé simple) Charlot.
e. Charlot (*devenir* – futur) une icône.

4 **Explique pourquoi les spectateurs rient en regardant Charlot. Utilise le passé composé et les verbes de la liste.**

jongler – chuter – perdre l'équilibre – réussir – renverser

Le Cirque, Charlie Chaplin, 1928.

8. Quelle peut être la classe grammaticale du sujet ?

Je réfléchis

1. Un matin, la Belle se réveille dans le palais de la Bête. Les lumières de la salle de danse brillent.
2. Malheureusement, la Bête a disparu. Ses vêtements sont posés sur un fauteuil.

RÉVISION

a. Dans les deux séries, **souligne** en rouge les verbes conjugués.

b. Quelles questions peux-tu poser ou quelle formule peux-tu utiliser pour trouver les groupes sujets ? **Souligne-les** en bleu. Quelle est leur classe grammaticale ?

1. Lola et Olga sont tombées dans un fossé. Je les aiderai à sortir de là mais tu m'apporteras d'abord une corde.
2. Vous me demandez de faire vite. Nous vous demandons de rester patients.

a. Série 1, dans la première phrase, **explique** la terminaison du participe passé. Dans l'autre phrase, quel est le sujet de chaque verbe ? À quelle classe grammaticale appartiennent-ils ?

b. Série 2, **explique** la terminaison des verbes.

1. Avec ses camarades, Ahmed prépare un spectacle de théâtre. … répètent plusieurs fois par semaine.
2. Les scènes sont parfois difficiles à jouer. … d'Ahmed comportent des répliques longues. … demandent de la mémoire.

a. Dans les premières phrases de chaque série, **souligne** les verbes en rouge et les sujets en bleu. À quelle classe grammaticale appartient chaque sujet ?

b. **Complète** les autres phrases par un pronom sujet. **Appuie-toi** sur la terminaison des verbes. Quel GN reprend chaque pronom ?

c. **Trace** la chaine d'accord avec le verbe.

Le sujet du verbe

■ **Pour identifier le sujet :**
- Tu poses la question ***Qui est-ce qui … ?*** ou ***Qu'est-ce qui … ?***
- Tu utilises la formule ***C'est … qui*** ou ***Ce sont … qui***

MÉMO

GNS = groupe nominal sujet

■ **Le sujet peut être**
- **un nom propre**
  Lola ***est tombée*** *dans un fossé.*
- **un groupe nominal** (GN)
  Les déguisements ***sont posés*** *sur le lit.*
- **un pronom personnel** ou **un pronom de reprise**
  Vous *nous* ***demandez*** *d'apprendre des répliques.*
  pronom personnel
  Celles *du début* ***sont*** *plus faciles.*
  pronom de reprise (reprend *des répliques*)

Je construis

ORAL 1 Donne le sujet de chaque verbe.

a. Mon père prépare une pizza.
b. Les ingrédients sont déjà découpés.
c. La pâte repose dans un saladier.
d. Le four est allumé depuis un moment.

ORAL 2 Pour chaque verbe, propose un GN puis un pronom sujet.

a. ... parviennent à sortir du nid.
b. ... finit sa toile.
c. ... attrapent la pelote de laine.
d. ... gobe un moucheron.

1 **a. * Souligne le verbe en rouge et le sujet en bleu.**

a. Les travaux vont commencer.
b. La grue est montée depuis hier.
c. Elle est éclairée pour Noël.
d. Le grutier restera au sommet toute la matinée.

b. * Choisis une phrase et explique comment tu as identifié le verbe et le sujet.

2 *** Trouve le pronom personnel sujet qui convient.**

a. ... ferons une croisière en bateau.
b. ... irez à Chambord.
c. ... partirai avec mon oncle. ... partirez avec Sophie.
d. ... rejoindrons Igor à mi-chemin.
e. ... prendras les bagages.

3 **a. * Remplace le sujet par un pronom de reprise pour éviter les répétitions.**

a. Pinocchio désobéit à son père, Pinocchio suivit les saltimbanques.
b. Hansel et Gretel se perdirent dans la forêt. Hansel et Gretel trouvèrent une maison en pain.
c. Le chapeau de Charlot est drôle, le chapeau de Zorro est un sombrero.
d. Mon chapeau est une capeline ; ton chapeau est un bob.

b. * Souligne les verbes en rouge et les sujets en bleu.

Je consolide

4 *** Remplace le pronom sujet par un GN de ton choix.**

a. Il danse merveilleusement.
b. Ils le regardent avec admiration.
c. Il se lève et salue le public.
d. Ils ferment le rideau.

5 *** Recopie les groupes sujet + verbe. Indique la classe grammaticale du sujet : nom propre, GN ou pronom de reprise.**

a. Blanche-Neige resta longtemps dans son cercueil. Elle avait l'air de dormir.
b. Un prince passa par là. Il demanda aux nains la permission d'emporter la jeune fille.
c. Ses serviteurs portèrent le cercueil sur leurs épaules mais ils trébuchèrent.
d. La pomme coincée dans la gorge de Blanche-Neige sortit et celle-ci se réveilla.

6 **** Recopie les groupes GNS + GV ou pronom sujet + GV. Trace les chaines d'accord sujet-verbe.**

Au temps jadis, les géants habitaient dans les montagnes. Ils avaient des troupeaux d'élans domestiques. Mais un jour une autre peuplade arriva. Les géants ne voulurent pas cohabiter avec eux. Ils préférèrent se donner la mort. Les pauvres élans, abandonnés à eux-mêmes, retournèrent à l'état sauvage.

7 DICTÉE PRÉPARÉE **Apprends par cœur le texte de l'exercice 6 et écris-le de mémoire. Attention aux accords sujet-verbe !**

8 **Invente une histoire en utilisant les GN comme sujets.**

un oiseau – les miettes de pain – une dame et son chat

Emploie des pronoms de reprise pour éviter les répétitions.

9. Quelle peut être la place du sujet ?

Je réfléchis

1. La voiture de mes parents sortait rarement de son garage.
2. Les autocars de la commune s'occupent du ramassage des élèves.
3. Les trains à grande vitesse circulent sur les grands axes.

RÉVISION

a. **Souligne** en rouge les verbes conjugués.
b. **Souligne** en bleu les GNS de ces verbes. **Explique** comment tu as procédé.
c. Dans chaque phrase, **justifie** l'accord sujet-verbe.
Où est placé le sujet par rapport au verbe ?
d. **Mets** le nom noyau des GNS au singulier ou au pluriel selon le cas et **récris** les phrases.

1. C'est en Amérique que vivent les Indiens navajos.
2. Savez-vous situer l'Arizona sur la carte des États-Unis ? demanda le professeur.
3. Là où poussaient …, aucun homme ne pouvait passer.

a. **Donne** le sujet des verbes soulignés. Où est-il placé ?
b. **Récris** la phrase 2 en remplaçant *le professeur* par *les élèves*.
c. **Complète** la phrase 3 avec un sujet de ton choix.
Justifie l'orthographe de ce sujet.

1. La cigale et la fourmi ne se ressemblent pas.
2. Les moustiques et les tiques des prairies d'Europe sucent le sang des animaux.
3. Les tarentules et la mygale possèdent un venin mortel.

a. **Justifie** l'accord du verbe dans les phrases 1 et 2.
b. **Récris** la phrase 3 en remplaçant *Les tarentules* par *La tarentule*.
Explique l'accord sujet-verbe.

La place du sujet

■ **Le sujet est le plus souvent placé juste avant le verbe.**

La voiture ***sortait*** *rarement du garage.*

Il est parfois éloigné du verbe.

La voiture *de mes parents* ***sortait*** *rarement du garage.*

Le verbe s'accorde avec le nom noyau du GNS

■ **Le sujet peut être placé derrière le verbe (on dit qu'il est inversé) :**

En Amérique, ***vivent*** *les Indiens navajos.*

■ **Il peut y avoir plusieurs sujets coordonnés.**

La cigale *et* ***la fourmi*** *ne se* ***ressemblent*** *pas.*

Le verbe est au pluriel

Je construis

ORAL 1 Écoute les phrases lues par ton professeur et donne le sujet.

ORAL 2 Propose un sujet.

a. ... du navire grimpa en haut du mât.
b. ... de la *Marie-Lou* ont combattu les pirates.
c. Tout le monde à terre ! s'écrièrent ... .
d. ... et ... effectueront des manœuvres compliquées.

1 * **Souligne les GN sujets.**

a. Les érables du jardin botanique embellissent les abords du lac.
b. Le système racinaire des peupliers relie plusieurs arbres entre eux.
c. Les feux de forêt ne détruisent pas les racines.
d. Les feuilles de l'érable prennent une jolie couleur en automne.

2 ** **Mets le nom noyau des GNS au singulier ou au pluriel selon le cas et récris les phrases de l'exercice 1.**

3 * **Choisis le sujet qui convient.**

a. Oh ! le bel arc-en-ciel, s'écrient *le passant / les passants*.
b. Où filent *ce merveilleux nuage / ces merveilleux nuages* ? interrogent *l'enfant / les enfants*.
c. Sur Jupiter *se produit / se produisent* des averses de diamants liquides.
d. Les comètes qu'*observe / observent* ce scientifique ont un comportement étrange.

4 * **Remplace le pronom sujet par des GN coordonnés.**

a. Ils sont partis à temps.
b. Elles regrettent leur départ.
c. Ceux-là s'en souviendront longtemps.
d. Certains n'ont pas compris.

Je consolide

5 **a.** * **Classe les phrases selon que le sujet est un GN étendu ou des GN coordonnés.**

a. Le jeu des sept familles amuse les petits.
b. Mon voisin et son frère adorent chanter.
c. La cape et le chapeau lui donnent l'air d'un magicien.
d. Les cadeaux de ma grand-mère sont souvent surprenants.

b. * **Trace les chaines d'accord.**

6 * **Choisis le sujet qui convient.**

a. Quand arrivait *les vendanges / le temps des vendanges*, c'était la fête.
b. On ne voit pas où s'arrêtent *la file / les files* des passagers.
c. Avez-vous bien emporté vos papiers d'identité ? demandait *le guide / les guides* de haute montagne.

7 ** **Ajoute un sujet coordonné et écris le verbe au temps demandé.**

a. La mouche (*produire* – imparfait) un bourdonnement insupportable.
b. Le papillon (*utiliser* – présent) des antennes pour capter les odeurs.
c. La cigale (*s'opposer* – passé simple) dans une fable célèbre.
d. L'abeille (*se distinguer* – présent) nettement par leur forme et leur comportement.

8 ** **Construis deux phrases. Dans l'une, le GNS comportera un complément de nom ; dans l'autre, des GN coordonnés.**

9 DICTÉE PRÉPARÉE **Justifie l'orthographe des mots soulignés.**

a. Tes poèmes et ma chanson parlent de la même chose.
b. Ce ballet et cette pièce de théâtre sont dirigés par le même metteur en scène.

10 **Utilise les GN et les verbes pour écrire trois phrases.**

a. la visite de ces expositions – les sports de glisse – le cinéma et la lecture
b. attirer – intéresser – passionner

10. Comment identifier un complément de verbe ?

Je réfléchis

1. Mme Lefort s'énerve : il pleut et elle a oublié son parapluie.
2. Le chat ne sort pas ce matin car à son réveil il a senti la pluie.
3. Les vacanciers ont ouvert … .

RÉVISION

a. Phrase 1, **souligne** les verbes en rouge et les sujets en bleu. Quel verbe est complété par un GN ? **Explique** comment tu as identifié ce GN complément.

b. Phrase 2, quel est le GN complément de verbe ?

c. **Complète** la phrase 3 avec un GN complément de verbe.

1. Peter s'adresse à sa petite sœur avec gentillesse.
2. Kate s'intéresse aux jeux de son frère depuis cette année.
3. Peter change de jeu toutes les cinq minutes.

a. Phrase 1, **souligne** le GN complément de verbe.

b. Dans les phrases 2 et 3, quel GN est un complément de verbe, lequel est un complément de phrase ? **Explique** comment tu les as distingués.

c. **Entoure** les mots qui introduisent les compléments de verbe.

1. Au parc, mon amie s'accroche à une branche pour se balancer.
2. Saskia accroche son chapeau pour qu'il sèche.
3. Au judo, Rachid a offert une superbe victoire à son club.

a. Dans les phrases 1 et 2, **relève** les GN compléments du verbe *accrocher*. Que remarques-tu ?

b. Phrase 3, **souligne** les deux compléments de verbe.

c. Dans les phrases 1 à 3, **remplace** les GN compléments de verbe par des pronoms.

Le complément de verbe

■ **Le complément de verbe a un lien de sens avec le verbe. Il ne peut être ni supprimé, ni déplacé, contrairement au complément de phrase.**

On peut dire :

*Le chat **a senti** (verbe) **la pluie** (c. de verbe) à son réveil (c. de phrase).* *À son réveil (c. de phrase), le chat **a senti** (verbe) **la pluie** (c. de verbe).*

■ **Parfois le GN complément de verbe est introduit par *à* ou *de*.**

*Peter pense **à ses jeux**. Kate se méfie **de cette camarade**.*

■ **Tous les GN compléments de verbe peuvent être remplacés par un pronom.**

*L'ailier droit évalue **ses chances**. → L'ailier droit **les** évalue.*

*L'ailier droit profite **de la situation**. → L'ailier droit **en** profite.*

MÉMO

groupe verbal = verbe + complément de verbe

Je construis

ORAL 1 Complète par des compléments de verbe.

a. Au zoo, les enfants caressent … .
b. Un chimpanzé observe … avec attention.
c. Les koalas s'agrippent … .
d. La panthère obéit … .

ORAL 2 Propose trois phrases avec le verbe *revenir* :

– sans complément,
– avec un complément introduit par ***à***,
– avec un complément introduit par ***de***.

1 * **Souligne en vert les compléments de verbe, en noir les compléments de phrase.**

Sur sa planète, le Petit Prince protège sa rose avec amour. Chaque jour, il arrache les pieds de jeunes baobabs. Avant de partir, le Petit Prince a ramoné ses volcans en activité. Après son départ, il a visité plusieurs planètes.

2 * **Ajoute un complément de verbe introduit par *à* ou *de*. Souligne le complément de phrase.**

a. À l'arrivée, le navigateur s'adresse … .
b. Sur le quai, des admirateurs profitent … pour demander un autographe.
c. Devant un parterre de journalistes, le plus jeune coureur sort … en souriant.
d. Certains se souviennent … avec nostalgie.

3 * **Souligne en vert le complément de verbe puis remplace le verbe par un synonyme (utilise le dictionnaire).**

a. Les publicités poussent à la consommation. Un passager pousse son voisin.
b. Le présentateur parle du concert. Le musicien parle à la salle.
c. Le joueur passe la balle sans regarder. Le gardien de but passe à une autre stratégie.

4 ** **Remplace les compléments de verbe par des pronoms : *elle* – *l'* – *lui*.**

a. Le malade attend le médecin.
b. Depuis quelques jours, beaucoup d'élèves ont attrapé la rougeole.
c. En raison de sa varicelle, tout le monde s'occupe de ma sœur.
d. Le traitement convient bien au malade.

Je consolide

5 **a.** * **Classe les phrases selon la construction du complément de verbe.**

a. Au XVIe siècle, Copernic situe les planètes autour du Soleil.
b. En même temps, il explique la rotation de la Terre.
c. Au XVIIe siècle, Galilée s'intéresse lui aussi aux astres.
d. Il se sert d'une lunette astronomique pour les observer.
e. Ses observations prouvent les théories de Copernic.

b. * **Souligne les compléments de verbe.**

6 **a.** * **Souligne les GV : verbes en rouge et compléments de verbe en vert.**

Je revis ce savant fou un peu plus tard. Cependant, j'hésitais et je me méfiais de son comportement. Il me reçut dans son laboratoire. Il avait balayé les toiles d'araignées et épousseté les livres. Il s'adressa à moi, les mains tendues, et je regardais les papiers couverts de calculs et de figures géométriques qui recouvraient sa table de travail.

■ D'après *Le Passé merveilleux* d'Octave Béliard, DR.

b. * **Indique la classe grammaticale des compléments de verbe.**

7 ** **Compose deux phrases pour chaque GN. Dans la première, le GN sera sujet ; dans la deuxième, il sera complément de verbe.**

les automobiles – la tribune – la voiture – les mécaniciens

8 À DEUX DICTÉE PRÉPARÉE **Choisis la 1re ou la 2e phrase et explique à ton camarade l'orthographe des mots soulignés.**

M. Crown avait inscrit son nom sur la liste des voyageurs de l'espace et il attendait son tour. Enfin, un lundi soir, il reçut un message qui lui indiquait qu'il y avait une place dans la fusée pour le lendemain matin.

9 **Rédige la suite de l'exercice 8. Utilise les verbes :** répondre à – observer – parler de.

11. Comment identifier l'attribut du sujet ?

Je réfléchis

1. Ce fruit est délicieux.
   Cette pomme est excellente.
2. Ces fruits sont appétissants.
   Cette pêche est appétissante.
3. Parfois, les fruits abimés sont encore comestibles.

RÉVISION

a. Phrase 1, peux-tu supprimer ou déplacer les adjectifs placés derrière les verbes ? Qu'en déduis-tu sur leur fonction ?

b. Phrase 2, avec quel groupe de mots chaque adjectif a-t-il un lien de sens ? **Justifie** l'orthographe des adjectifs.

c. Phrase 3, les adjectifs *abimés* et *comestibles* appartiennent-ils à un GN ou à un GV ? Quelle est leur fonction ?

1. Le goéland est immense.
   Le goéland est un oiseau immense.
2. La mouette est un oiseau de mer mais elle vit aussi dans les terres.
3. L'oiseau de mer est un très bon nageur.
   Les oiseaux de mer sont de très bons nageurs.

a. Série 1, **donne** la fonction de l'adjectif *immense* dans chaque phrase. **Explique** comment tu as procédé pour différencier les deux fonctions.

b. Phrase 2, peux-tu supprimer ou déplacer le GN *un oiseau de mer* ? A-t-il un lien de sens avec le sujet ? Quel verbe le relie au sujet ? Qu'en déduis-tu sur sa fonction ?

c. Série 3, pourrait-on inverser les attributs du sujet ? Pourquoi ?

1. Les grottes calcaires restent très mystérieuses.
2. Les grottes calcaires demeurent très mystérieuses.
3. En rejoignant une stalagmite, la stalactite devient un pilier utile à la grotte.

a. Phrases 1 et 2, **souligne** les verbes en rouge, les sujets en bleu et les adjectifs en vert. **Essaie** de remplacer les verbes par le verbe *être*. Que peux-tu conclure à propos des adjectifs ?

b. Phrase 3, quel GN est attribut du sujet ?

L'attribut du sujet

■ **L'attribut du sujet fait partie du GV** (il appartient au prédicat). **Il caractérise le sujet.**
Il n'est ni déplaçable, ni supprimable.

Ce fruit *est* ***immangeable***.
GNS — adjectif attribut

La tomate *est* ***un fruit***.
GNS — GN attribut

■ On trouve l'attribut du sujet après le verbe ***être*** mais aussi après
rester, paraitre, demeurer, devenir, sembler.

MÉMO ORTHO

Lorsque l'attribut du sujet est :
– **un adjectif, il porte les marques de genre et de nombre du sujet.** (VOIR ▶ page 208)
*Cet abricot est mûr. Cette poire est mûr**e**.*
*Ces raisins sont mûr**s**. Ces bananes sont mûr**es**.*
– **un GN, il est du même nombre que le sujet.**
L'amande est un fruit sec.
*Les amandes sont **des** fruit**s** sec**s**.*

Je construis

ORAL 1 Complète avec un attribut du sujet.

a. Les déguisements d'Halloween sont ... .
b. Grâce à un maquillage très prononcé, son visage est devenu ... .
c. Les enfants semblent ... mais ce n'est qu'un jeu.
d. La citrouille reste ... préféré de ceux qui célèbrent Halloween.

ORAL 2 Identifie l'adjectif et indique s'il fait partie d'un GN ou d'un GV. Justifie ta réponse.

a. Les coureurs américains arrivent en tête.
b. Les autres équipes semblent mal entrainées.
c. Un athlète parait mécontent.
d. Un coureur anglais l'a bousculé.

1 * Trouve un classement grammatical pour les adjectifs.

a. Les jeux vidéo sont chers.
b. Mon jeu préféré est un jeu de mémoire.
c. Selon moi, les jeux de stratégie sont passionnants.
d. Je préfère les jeux interactifs aux jeux en solo.

2 * Complète avec un adjectif attribut du sujet. Trace les chaines d'accord.

a. Avant le concert, la violoniste est ... .
b. Pendant le concert, les musiciens restent ... .
c. La salle semble d'abord ... mais elle devient de plus en plus ... .
d. Certains morceaux sont si ... qu'on a envie de danser.

3 * Complète avec un attribut du sujet.

a. Depuis le CE2, Jolan est (GN).
b. Cette année, Sophia est devenue (GN).
c. Savez-vous pourquoi les élèves de cette classe sont (adjectif) ?
d. Pendant les travaux, mon école était (GN).

4 * Remplace le verbe *être* par un autre de ton choix.

a. Le ciel est calme mais les vagues sont de plus en plus fortes.
b. Le cyclone est proche, alors les chiens sont inquiets.
c. Le vent est fort et plie les troncs des arbres.
d. Les habitants sont calfeutrés chez eux.

Je consolide

5 * Complète avec un adjectif ou un GN attribut du sujet.

Jaad vit au Moyen Âge et il est en danger.

a. Jaad restait souvent ... et se demandait comment s'enfuir.
b. Les oiseaux étaient ... et Jaad rêvait en les observant.
c. Voler paraissait ... pour des oiseaux mais comment faire quand on était ... ?
d. Pourtant, Jaad était ... qu'il y avait un moyen.

6 ** Classe les GN soulignés selon qu'il s'agit d'un attribut du sujet ou d'un complément de verbe.

Lorsque le père de la Belle s'avança dans le parc du château, il vit des buissons chargés de fleurs. Ces fleurs étaient des roses magnifiques et le père de la Belle se souvint qu'elle lui en avait demandé une. Il cueillit la plus belle fleur du jardin mais aussitôt il entendit un bruit et vit la Bête. La Bête était un monstre horrible.

■ D'après *La Belle et la Bête*, Jeanne-Marie Leprince de Beaumont, 1757.

LISTES DE RÉFÉRENCE

7 DICTÉE PRÉPARÉE Accorde les attributs du sujet.

Le fils du vizir est *(malade)*. Ses yeux paraissent *(enflé)* et sa respiration est *(haletant)*. Les médecins du pays sont très *(habile)* mais ils restent *(impuissant)* face à sa maladie. Le vizir invita le peintre Sakoumat dont les œuvres étaient *(célèbre)*. Il pensait que les images et les couleurs seraient *(capable)* de guérir son fils.

■ D'après l'histoire de *La Verluisette*, Roberto Piumini.

LISTES DE RÉFÉRENCE

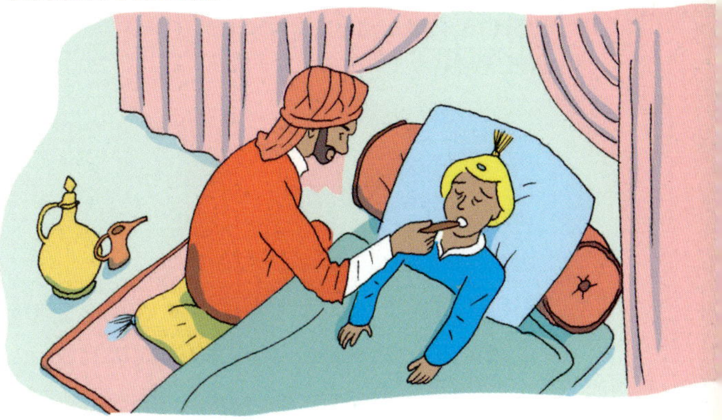

8 Lis le texte de l'exercice 7 et poursuis-le avec deux phrases qui comporteront chacune un attribut du sujet.

▶ La fable, page 8

12. Les valeurs du présent

Le Loup et la Cigogne

Les loups mangent gloutonnement.
Donc, lors d'un banquet, un loup
Mangea, dit-on, tellement vite
Qu'il pensa en perdre la vie :
Un os s'enfonça profondément dans son gosier.
Par bonheur pour ce loup, qui ne pouvait crier,
Près de là passe une cigogne.
Il lui fait signe, elle accourt.
Elle retira l'os ; puis pour un si bon service
Elle demanda son salaire.
« Votre salaire ? dit le loup,
Vous riez, mon amie.
Quoi ! Cela ne vous suffit pas
D'avoir retiré votre cou de mon gosier ?
Allez, vous êtes une ingrate :
Ne tombez jamais sous ma patte. »

■ D'après Jean de La Fontaine, *Fables* (1668).

LISTES DE RÉFÉRENCE

Illustration de la fable *Le Loup et la Cigogne*, Grandville, 1860.

Je réfléchis

a. **Écoute** la fable puis **résume** l'histoire (vers 2 à 10). Que demande la cigogne au loup ? Que lui répond-il ?

b. Quel est le temps du verbe au vers 1 ? **Justifie** son emploi. **Imagine** la morale. Quel temps as-tu employé ?

c. **Relève** les verbes dans les paroles du loup (vers 11 à 16). Quel est le temps employé ?

d. Vers 2 à 10, **classe** les autres verbes selon leur temps.
Quel est le temps majoritairement employé ?

e. **Récris** les vers 7 et 8 en utilisant ce temps. **Compare** les deux versions : quel est l'effet produit par l'emploi du présent ?

Dans la fable

L'auteur emploie le présent :

– pour la morale ou pour une vérité générale ;
*Rien ne **sert** de courir, il **faut** partir à point.*

– pour les paroles des personnages ;
*« Que vous **êtes** joli ! que vous me **semblez** beau ! »*

– à la place du passé simple pour rendre la fable plus vivante.
*Il lui **fait** signe. Elle **accourt**.*

MÉMO MÉTHODO

Quand tu écris une histoire au passé, mets certaines phrases au présent pour la rendre plus vivante.

Je construis

1 * **Donne la valeur des deux verbes au présent.**

Le Pêcheur

Un pêcheur croyait faire une énorme capture :
Ses rets (filets) étaient vraiment chargés outre mesure.
Il tire de ses rets, quoi donc ? – Un gros caillou.
À croire l'apparence on est souvent bien fou.

■ Charles-Louis Mollevaut (1776-1844).

2 **a.** ** **Trouve un exemple de chacune des trois valeurs du présent.**

La Diligence

Clic ! Clac ! Clic ! Holà ! Gare ! Gare !
La foule se rangeait
Et chacun s'écriait :
« Peste ! quel tintamarre !
Quelle poussière ! Ah ! C'est un grand seigneur !…
C'est un prince du sang ! C'est un ambassadeur ! »
La voiture s'arrête ; on accourt, on s'avance.
C'était… la diligence
Et… personne dedans.
Du bruit, du vide, amis, voilà, je pense,
Le portrait de beaucoup de gens.

■ Jean-Aimé Gaudy-Le Fort (1773-1850).

b. * **Récris le vers 7 à un autre temps (dis le texte à voix haute pour t'aider).**

3 **a.** ** **Choisis, dans cette fable au passé, une phrase qui pourrait être écrite au présent.**

Le Roseau et l'Olivier

Le roseau et l'olivier se disputaient à propos de leur endurance, de leur force, de leur fermeté. L'olivier reprochait au roseau son impuissance et sa facilité à céder à tous les vents. Le roseau garda le silence et ne répondit mot. Or le vent ne tarda pas à souffler avec violence. Le roseau, secoué et courbé par les vents, s'en tira facilement ; mais l'olivier, résistant aux vents, fut cassé par leur violence.

■ Ésope (621-564 av. J.-C.), *Fables*. LISTES DE RÉFÉRENCE

b. ** **Écris la morale de la fable.**

Je consolide

4 ** **Écoute la fable puis écris la morale.**

Le Lion et le Rat

Entre les pattes d'un lion
Un rat sortit de terre assez à l'étourdie.
Le roi des animaux, en cette occasion,
Montra ce qu'il était et lui donna la vie.
Ce bienfait ne fut pas perdu.
Quelqu'un aurait-il jamais cru
Qu'un lion d'un rat eût affaire ?
Cependant il advint qu'au sortir des forêts
Ce lion fut pris dans des rets,
Dont ses rugissements ne le purent défaire.
Sire rat accourut, et fit tant par ses dents
Qu'une maille rongée emporta tout l'ouvrage.

■ Jean de La Fontaine, *Fables* (1668). LISTES DE RÉFÉRENCE

5 **a.** * **Lis la fable d'Ésope.**

La Fourmi et la Colombe LISTES DE RÉFÉRENCE

Une fourmi assoiffée était descendue dans une source. Entrainée par le courant, elle allait se noyer. Une colombe, l'ayant aperçue, arracha une brindille à un arbre et la jeta dans la source : la fourmi y grimpa et fut sauvée.

Peu après, un oiseleur s'avança avec des pièges enduits de colle pour attraper la colombe. La fourmi, le voyant faire, le mordit au pied. Saisi de douleur, l'oiseleur jeta ses pièges et fit aussitôt s'envoler la colombe.

Imitons la fourmi, sachons payer de retour nos bienfaiteurs.

b. ** **Dans quel passage les verbes pourraient-ils être au présent ? Récris ce passage puis compare les deux versions.**

6 **Écris la fable illustrée en utilisant les trois valeurs du présent.**

Illustration pour *Le Lièvre et la Tortue*, vers 1910.

▶ Le journal intime CM1, page 72
▶ De lettre en lettre, page 34

13. Les temps dans les textes en *je*

Lettre du renard à la poule

Le renard écrit à la poule pour tenter une réconciliation.

Madame la poule,

Sans doute, votre premier réflexe sera de piétiner cette lettre rageusement ou de la picorer avec hargne afin de la déchirer. Pourtant, je vous en conjure, n'en faites rien, maitrisez votre colère et contrôlez vos battements d'ailes ! Je ne suis évidemment pas sans savoir que les relations entre les gens de votre espèce et de la mienne ont été depuis des siècles émaillées par de nombreux « incidents » mais je pense que tout cela appartient désormais au passé et qu'il est temps de tourner la page. […]

Je sais qu'il ne sera pas facile de vous convaincre de la sincérité de mes intentions mais si j'ai décidé de m'adresser à vous plutôt qu'à votre mari le coq, c'est parce qu'une mère, et particulièrement une mère poule, est sensible à l'environnement dans lequel grandissent ses petits.

■ Philippe Lechermeier, *Lettres à plumes et à poils*
© Éditions Thierry Magnier, 2011.

LISTES DE RÉFÉRENCE

Je réfléchis

a. Dans le premier paragraphe, **relève** les verbes dont le sujet est ***je***.
À quel temps sont-ils ? Pourquoi ?
Trouve un verbe au même temps dans le deuxième paragraphe.

b. Dans le deuxième paragraphe, à quel temps est l'autre verbe dont le sujet est ***je*** ?
Pourquoi est-il à ce temps ?
Trouve un verbe au même temps dans le premier paragraphe.

c. Recopie les deux parties de phrases au futur. À quel moment correspondent-elles par rapport à l'écriture de la lettre ?

d. Classe les verbes que tu as relevés en **a**, **b**, **c** sur un axe du temps.

Dans la lettre ou le journal intime

Le présent correspond au moment de l'écriture.

Les verbes situés avant ce moment sont **au passé composé**, ceux situés après sont **au futur**.

Je t' ***ai envoyé*** *une lettre* ***hier*** *mais je ne t'* ***ai*** *pas tout* ***dit****.*

Je t' ***envoie*** *une nouvelle lettre* ***aujourd'hui****, j'espère que tu la* ***recevras****.*

MÉMO MÉTHODO

En haut de ta page de journal ou de ta lettre, note au crayon les temps que tu peux utiliser.

Je construis

1 ✱ **Classe les verbes par rapport au moment de l'écriture. Justifie ton classement.**

Je viens te souhaiter, au seuil de la nouvelle année, une bonne santé, beaucoup de bonheur avec ta famille et tes amis.
D'après le coup de téléphone que j'ai reçu de tes parents, je vois que c'est une année qui a bien commencé ! Je veux parler du beau cadeau qu'ils t'ont fait. Un appareil photo ! J'espère que tu m'enverras quelques-uns des portraits que tu as faits de ta famille le jour de Noël.

■ Jo Hoestlandt, *Mémé, t'as du courrier !*
© Éditions Nathan, 2013.

LISTES DE RÉFÉRENCE

2 ✱ **Choisis la forme verbale qui convient.**

Fengfeng est arrivé depuis peu à Paris avec sa famille. Sa grand-mère, restée en Chine, lui a écrit.

Fengfeng, comme tu es grand sur la photo que ta mère *(m'enverra / m'a envoyée / m'envoie)* ! Je *(n'ai plus pu / ne pourrai plus / ne peux plus)* te porter sur le dos, pour passer la rivière ou grimper en haut des collines. Je me *(demanderai / demande)* si le caleçon rouge que je te tricote *(n'a pas été / ne sera pas)* trop petit.

■ Anne Thiollier, *Miettes de lettres*,
« Fiction Jeunesse » © Éditions du Seuil, 2010.

3 **a.** ✱ **Justifie le temps des verbes soulignés.**

Voilà. Moi je continue à t'écrire parce qu'on a juré.
Mais je suis en colère.
Ou triste.
Ou je ne sais pas, à cause de : pas de lettre. Je suis obligée d'enlever de temps en temps ta bague. Elle me serre trop.
Je la mettrai au petit doigt.

■ Géva Caban, *Je t'écris, j'écris…*
© Éditions Gallimard Jeunesse.
www.gallimard-jeunesse.fr

LISTES DE RÉFÉRENCE

b. ✱✱ **Reformule la phrase, ligne 4 en ajoutant un deuxième verbe conjugué.**

Je consolide

4 ✱ **Mets les verbes au temps qui convient. Dis le texte à voix haute pour t'aider.**

Mademoiselle la limace,
J'*(espérer)* que vous *(excuser)* cette intrusion dans votre vie privée mais il y a quelques jours, je *(tomber)* sur votre photographie en feuilletant un catalogue de graines pour le jardin. Depuis ma vie *(être)* toute bouleversée.

■ Philippe Lechermeier,
Lettres à plumes et à poils
© Éditions Thierry Magnier, 2011.

LISTES DE RÉFÉRENCE

5 ✱✱ **Complète le texte. Dis-le à voix haute pour t'aider.**

Bientôt, ce … Noël. Vous … les cadeaux que vous … . Pourtant, votre chambre … déjà pleine de jeux et de jouets. Alors, songez que pour certains enfants, le Père Noël ne … pas cette année et qu'ils … tristes. Donc, j'espère que vous … le Père Noël à offrir des cadeaux à tous les enfants en donnant ceux que vous … l'an dernier ou d'autres qui … en bon état mais avec lesquels vous ne … plus.

6 **Poursuis le texte en utilisant les trois temps du texte en *je*.**

8 septembre
Il y a une nouvelle élève dans notre classe. Elle s'appelle Sylvie. Mme Delibes lui a dit de s'asseoir à côté de moi.
17 septembre
Sylvie m'a donné une gomme. Je lui ai donné mon stylo à plume.
8 octobre
Sylvie est malade.

■ Bernard Friot, *Histoires pressées*
© Éditions Milan, 1988.

▶ Romans et récits, pages 20, 46, 72, 98 et 112

14. Les temps du récit au passé

La première nuit

Jaad s'est évadé du royaume du seigneur Tynar. Toute la nuit, il a surfé sur les vents au-dessus d'une Grande Faille au moyen d'un disque de bois, une samare.

[Au matin,] Jaad descendit un peu dans le courant d'air. Il prit de la vitesse et remonta d'un seul coup le long de la muraille, presque à la frotter. Par cette manœuvre audacieuse, il sortit de la Grande Faille et, grâce à son élan, parcourut encore quelques mètres au ras du sol, pour poser sa samare en douceur, dans une petite clairière.

Jaad s'écroula aussitôt dans l'herbe, complètement exténué. Il ne savait plus depuis combien de temps il volait dans les airs, plongé dans l'obscurité la plus noire, au milieu des rugissements du Vent fou. [...]

Ce voyage précipité et forcé dans la nuit l'avait fait énormément progresser en quelques heures, sur son embarcation flottante. Privé de la vue, il avait dû faire confiance au reste de ses sens, sentir les courants sous ses pieds, rectifier instantanément la position de son corps pour être toujours dans le flux optimal du vent.

■ Alain Grousset, *Les Passe-Vents* © Éditions Gallimard Jeunesse. www.gallimard-jeunesse.fr

LISTES DE RÉFÉRENCE

Je réfléchis

a. Dans le premier paragraphe, **relève** les verbes conjugués. Quel type d'indications donnent-ils ? Quel est le temps employé ?

b. Dans le deuxième paragraphe :
- **Donne** le temps des verbes.
- Quelle phrase pourrait-on enlever sans changer le sens de l'histoire ?
- Quelle conclusion en tires-tu sur l'emploi des deux temps que tu as identifiés ?

c. En t'appuyant sur les indicateurs de temps du premier et du troisième paragraphe, **situe** les faits les uns par rapport aux autres. Quelle est la valeur du temps employé dans le troisième paragraphe ?

Dans le récit au passé

■ **On utilise le passé simple pour les évènements indispensables à l'histoire.**

*Jaad **s'élança** sur sa samare et **parcourut** une dizaine de mètres.*

■ **On utilise l'imparfait pour les éléments qui étoffent l'histoire :** les descriptions, les portraits et les pensées des personnages, les commentaires du narrateur...

*Le bord de la Grande Faille **était** très proche* (description) *et Jaad **savait** qu'il risquait de la toucher* (pensée de Jaad).

■ Les faits qui sont situés **avant** ceux au passé simple sont au **plus-que-parfait**.

*Quelques jours auparavant, il **avait vu** une branche être projetée contre la paroi.*

MÉMO MÉTHODO

Quand tu écris une histoire, vérifie l'orthographe des verbes avec les tableaux pages 244 à 247.

Je construis

1 **a. * En t'appuyant sur les temps des verbes, réduis le texte aux évènements indispensables à l'histoire.**

Bubber est un rongeur qui doit faire un long voyage. Avant de partir, il se rend sur sa colline préférée.

Bubber se mit en route et grimpa la colline, son sac à la main. Il adorait cet endroit parce qu'il était peu fréquenté mais aussi parce qu'il y avait un ami : le Corbeau.
Bubber arriva au sommet et s'installa. Peu après, le Corbeau le rejoignit. C'était un oiseau très bavard et très curieux qui posait beaucoup de questions.

■ D'après l'histoire de *Moi, un lemming* d'Alan Arkin © Flammarion, 2012.

b. * Quelle est la valeur des phrases à l'imparfait ?

c. ** Ajoute une phrase de ton choix. Justifie le temps que tu as employé.

2 **a. * Ajoute une phrase pour décrire la queue de Renaud-renard, une autre pour expliquer ce qu'il ressent.**

Le comte Renaud de Morlange a été changé en renard pour le punir de ses mauvaises actions.

Renaud s'arrêta et constata que son regard ne montait pas plus haut qu'un massif de fougères. Bizarrement, il sentait quelque chose de lourd dans son dos. Alors, il tourna la tête et vit une queue. (+ phrase 1).
Renaud poussa un hurlement, une sorte d'aboiement qui n'avait plus rien d'humain. (+ phrase 2).

■ D'après l'histoire du *Renard de Morlange* d'Alain Surget.

b. * À quel temps sont les verbes des phrases que tu as ajoutées ?

3 **** À DEUX Composez un texte à partir de ces éléments.**

- Jack **regarda** par le hublot
- Soudain, les moteurs **se mirent** à vrombir.
- Jack et son père **montèrent** dans la cabine.
- et **vit** • Jack **sentit** la fusée
- Le départ **était** prévu à 18 h 30.
- qui **se soulevait** doucement.
- que le ciel **était** clair.
- Son père lui **avait promis** ce voyage des mois auparavant et voilà qu'il se réalisait !

Je consolide

4 **a. ** En t'appuyant sur le sens et sur le temps des verbes, réduis le texte aux évènements indispensables à l'histoire.**

Bob et Jeanne ont recueilli un petit garçon qui prétend avoir été un rat et qu'ils ont appelé Roger.

Ils lui firent un lit dans la chambre d'amis et Jeanne lui prit ses vêtements pour les laver. Ils donnèrent à Roger une vieille chemise de nuit qui avait appartenu à Bob, dans laquelle il avait l'air minuscule, mais il se pelotonna dans le lit gentiment, cherchant désespérément à enrouler autour de lui une longue queue imaginaire, puis s'endormit comme une masse.

■ Philip Pullman, *J'étais un rat !* trad. Anne Krief © Éditions Gallimard Jeunesse.
www.editions-gallimard.fr LISTES DE RÉFÉRENCE

b. ** Recopie l'information située avant l'arrivée de Roger chez Bob et Jeanne. Donne le temps.

5 **a. ** Écris chaque verbe au temps qui convient. Pour t'aider, dis le texte à voix haute et utilise les tableaux de conjugaison, pages 244 à 247.**

Oliver Twist, orphelin et pauvre, n'a cessé de subir la méchanceté des autres. Un jour, il décide de s'enfuir à Londres.

Il y *(avoir)* plus de cent kilomètres à parcourir. Oliver *(se mettre)* en route, espérant trouver des moyens de ne pas tout faire à pied. Il *(marcher)* tout le jour mais, en milieu d'après-midi, il *(devoir)* s'arrêter parce qu'il *(mourir)* de faim. Oliver avait emporté un penny. Il le *(changer)* contre un morceau de pain. Au bout de vingt kilomètres, il *(s'arrêter)*. Ses pieds le *(faire)* terriblement souffrir et il *(se sentir)* très fatigué.

■ D'après l'histoire d'*Oliver Twist* de Charles Dickens.

b. ** Explique la différence de temps dans les deux dernières phrases.

c. ** Justifie le temps dans la phrase *Oliver avait emporté un penny*.

6 **Continue cette histoire en utilisant les trois principaux temps du récit au passé. Souligne les verbes.**

Zorba le chat promit à la mouette qui était venue mourir sur son balcon de couver son dernier œuf et de protéger le poussin.

RÉVISION

15. Qu'est-ce qu'un groupe nominal ?

TEST

1 a. **Dans chaque phrase, relève les groupes nominaux.**

a. Les animaux s'adaptent aux températures.

b. Les animaux du pôle Nord s'adaptent aux températures glaciales.

b. **Quelle est la classe grammaticale de *glaciales* ? et la fonction de *du pôle Nord* ?**

c. **À quoi servent-ils ?**

2 **Classe les GN selon qu'ils sont minimaux ou étendus.**

des chiens de traineau – votre documentaire – un froid polaire – trois esquimaux – des flocons de neige – les brise-glaces – deux énormes icebergs

3 a. **Relève les groupes nominaux étendus et entoure les noms noyaux.**

a. Pour se protéger du vent froid, le lemming creuse des petites galeries.

b. Le réchauffement de la planète nuit aux ours blancs.

c. La banquise se fracture en gros blocs de glace et menace les équipes de chercheurs.

b. **Souligne le ou les mots qui enrichissent les noms noyaux. Indique si ce sont des adjectifs ou des compléments de nom.**

4 **Relève les GN. Entoure les noms noyaux.**

L'ouïe des pumas est très développée.

Ces animaux sont attentifs aux bruits de la forêt.

Les coussinets sous leurs pattes les renseignent sur la température du sol.

MÉMO ORTHO

Dans un GN, le déterminant et l'adjectif s'accordent toujours avec le nom noyau.

(VOIR ▶ page 188)

*Le puma distingue **les** saveurs amères.*

dét. – nom – adjectif : féminin pluriel

Je me souviens

Le groupe nominal (GN)

Le GN minimal = un déterminant + un nom
un *renne*

Le GN étendu = un déterminant + un nom + un adjectif ou un complément de nom
un *animal* *robuste*
le *renne* *d'Alaska*

= un déterminant + un adjectif + un nom
un *grand* *renne*

Je m'améliore à l'oral

Troupeau de girafes, Kenya.

ORAL 1 Complète la phrase en enrichissant les GN de deux manières différentes.

a. Les girafes se nourrissent de feuilles.
b. Ces animaux sont confrontés à un risque.
c. La chasse explique en partie cette menace.

ORAL 2 Transforme les GN étendus en GN minimaux. Que penses-tu de la phrase ainsi obtenue ?

La girafe est un animal de la savane africaine. Elle possède un corps mince et élancé, de fines pattes immenses et un pelage à dominante rousse.

ORAL 3 Enrichis chaque GN avec un adjectif ou un complément de nom.

a. Les rayures [complément de nom] permettent de les identifier.
b. Les antilopes se déplacent avec une élégance [adjectif].
c. Le tigre est le plus grand félin [complément de nom].
d. Les éléphants [complément de nom] possèdent des défenses [adjectif].
e. La silhouette [complément de nom] ne l'empêche pas de charger ses adversaires.

ORAL 4 a. Dans l'énigme, repère tous les GN étendus.

Je mange des petites feuilles d'acacia. Mon cou gigantesque est composé de sept vertèbres. Ma grande langue noire mesure vingt centimètres. Qui suis-je ?

b. Choisis à ton tour un animal et crée une petite devinette en utilisant des GN étendus.

Je m'améliore à l'écrit

1 ** **Dans chaque phrase, repère les GN étendus et souligne le nom noyau.**

a. Le ministère de l'Agriculture fait appel à des laboratoires renommés.
b. Ceux-ci réalisent des analyses d'échantillons alimentaires.
c. Ils évaluent la qualité de l'eau à usage domestique.
d. Ils diagnostiquent les risques de contamination microbienne.

2 ** **Réduis les GN étendus. Que penses-tu des phrases obtenues ?**

a. La sécurité des aliments est importante pour les nourrissons.
b. L'alimentation des enfants en bas âge nécessite une attention particulière.
c. Leur constitution physique est fragile.
d. Les contaminations microbiologiques peuvent causer des problèmes de santé.

3 ** **Dans chaque GN, relève le ou les mots qui enrichissent le nom. Indique si ce sont des adjectifs ou des compléments de nom.**

a. Les compétences des biologistes sont précieuses.
b. Les chercheurs sont des spécialistes des sciences du vivant.
c. Ils publient les résultats de leurs recherches dans des revues scientifiques.
d. Les généticiens s'intéressent à la transmission des caractères héréditaires.

4 ** **Enrichis chaque GN minimal avec un adjectif ou un complément de nom.**

a. Une chercheuse a découvert une molécule.
b. Les organismes sont constitués de cellules.

16. Qu'est-ce qu'un déterminant ?

Je réfléchis

1. Mes amis participent à la fête de notre quartier. Une invitée a apporté un grand chapeau de soleil.
2. Tente a été montée dans jardin.
3. Ces les piles d'assiettes risquent de tomber.

RÉVISION

a. Série 1, **relève** les GN puis **souligne** les noms noyaux. Quels mots peux-tu supprimer ? **Entoure** ceux qui sont obligatoires. Où sont-ils placés ?

b. Pourquoi les phrases 2 et 3 sont-elles incorrectes ? **Récris-les**.

1. Un coureur et des spectateurs ont été blessés.
2. Son coach et ses entraineurs suivent mon coureur préféré dans une voiture.
3. … route est couverte d'inscriptions car … spectateurs ont voulu encourager … coureur préféré en écrivant … nom sur … chaussée.

a. Dans les phrases 1 et 2, **relève** les GN, **souligne** les noms, **entoure** les déterminants.

b. **Classe** les déterminants selon que l'on sait ou pas qui est représenté par le GN.

c. **Complète** la phrase 3 avec des déterminants définis.

1. Les cyclistes ralentissent aux points de ravitaillement. La roue du vélo est voilée.
2. Le vainqueur de l'étape recevra un gros bouquet de fleurs.
3. Après de longs discours, le coureur peut enfin se reposer.

a. Série 1, **remplace** *points de ravitaillement* par *sortie de la ville* puis *vélo* par *bicyclette* : que remarques-tu ?

b. Phrase 2, **remplace** *étape* par *course*. Quel changement dois-tu faire ? Pourquoi ?

c. Phrase 3, **remplace** *longs* par *superficiels* : que remarques-tu ?

d. **Récapitule** tes observations.

Les déterminants

■ **Placés avant le nom, les déterminants sont la plupart du temps obligatoires pour constituer un GN.**

	Déterminants définis			Déterminants indéfinis
singulier	*la, le, l'*	*ma, mon, sa, son, notre, votre, leur*	*cette, ce, cet*	*une, un*
pluriel	*les*	*mes, tes, ses, nos, vos, leurs*	*ces*	*des, de*

• **Parfois, le déterminant défini est contracté avec le mot qui précède.**
de le = *du* (*la brouette de le jardinier* → ***du** jardinier*), *à le* = *au* (*à le printemps* → ***au** printemps*)
à les = *aux* (*le bassin à les nénuphars* → ***aux** nénuphars*)

• **Le déterminant défini** est **élidé** quand le nom commence par une voyelle : *le, la* = *l'* (*l'auberge*).

• **Souvent, le déterminant indéfini *des* devient *de*** lorsque le nom est précédé d'un adjectif.
des escargots brillants → ***de** gros escargots*

MÉMO ORTHO

Dans un GN, le déterminant s'accorde en genre et en nombre avec le nom.

Je construis

ORAL 1 Propose un GN pour chaque déterminant.

le – mes – ton – des – une – cette

ORAL 2 a. Ces phrases sont-elles correctes ?

a. Le marchand de jouets se trouve loin du centre.
b. Théo a repéré joli théâtre de marionnettes.
c. Les boites de jeux s'empilent dans la entrée.
d. Mes maquettes sont difficiles à construire.

b. Reformule les phrases incorrectes.

1 *** Relève les GN, souligne le nom noyau et entoure le déterminant.**

a. La tour Eiffel est connue dans le monde.
b. Ces touristes japonais veulent voir les monuments de Paris.
c. Une balade en bateau-mouche permet de découvrir les ponts.
d. Leurs structures sont très différentes.

2 *** Classe les déterminants définis et indéfinis.**
Attention aux déterminants contractés !

Au cinéma, nous sommes allés voir un film de science-fiction. Le personnage principal était une femme. Elle voyageait dans l'espace avec des explorateurs de la galaxie du Moulinet. Ils furent happés par une planète gouvernée par un androïde très cruel. Je n'ai pas vu la fin de ce film car mon frère a eu trop peur !

3 *** Corrige les phrases.**

a. La cousine de le marié a préparé la invitation.
b. Le maire de le village s'adresse à le marié avec gentillesse.
c. La tenue de les invités fait penser à les vieux films anglais.
d. Certains sont surpris de les chants entonnés à table.

Je consolide

4 **a. * Relève les déterminants.**

dans – cet – le – sur – nos – leurs – des – car – une – sa – c'est

b. ** Choisis deux déterminants et écris un GN pour chacun.

5 **** Relève les déterminants.**
Attention à ne pas les confondre avec des pronoms.

Quand la reine découvre la supercherie, elle en veut terriblement aux sept nains qui ont recueilli Blanche-Neige et elle les maudit. Elle essaie de faire mourir la jeune fille et la tente avec une pomme empoisonnée. Blanche-Neige meurt mais un beau prince la rend à la vie.

6 **** Complète avec des déterminants.**

... chat grand, noir et gros poussa ... soupir de satisfaction. Pendant deux mois, il allait être ... seigneur et maitre de ... appartement. ... ami de ... famille viendrait tous ... jours lui ouvrir ... boite de nourriture et changer ... litière.

■ Luis Sepúlveda, *Histoire d'une mouette et du chat qui lui apprit à voler* © Co-édition Métailié Le Seuil, 1996, « Suites », 2012.

LISTES DE RÉFÉRENCE

7 **DICTÉE PRÉPARÉE a. Relève les GN dans lesquels *leur / leurs* est un déterminant.**

b. Observe les graphies du mot *leur*.

Emma et Achille font du judo. Leur professeur leur enseigne les techniques du judo. Lorsqu'ils les voient combattre, leurs camarades admirent leur souplesse.

8 **a. Relève les déterminants qui peuvent convenir au nom.**

a. bateau : un – sa – mon – leur – ses
b. oiseau : cet – l' – une – la – ta
c. voiles : ces – des – la – leur – sa
d. mâts : les – ce – leurs – cet – un

b. Écris un texte en utilisant les noms et, pour chacun, l'un des déterminants de la liste.

▶ Le récit, pages 20, 46, 72, 98 et 112

17. L'emploi des substituts nominaux

Un jeune garçon

Un jeune garçon sortit de l'auberge, un seau à la main. Malgré le mauvais temps, il ne portait que des vêtements très légers : une chemise à col ouvert, un gilet de costume trop petit pour lui, un pantalon qui flottait autour des chevilles. Il n'avait ni chaussettes ni chaussures. Ses pieds nus pataugeant dans la boue, il alla au puits tirer de l'eau.

Le garçon était âgé de douze ou treize ans. Nul ne savait ni ne se souciait de sa date de naissance exacte. […] Ses doigts étaient d'une longueur et d'une délicatesse étonnante. Le garçon s'appelait Thomas Fauconnier. Du moins c'était le nom que l'on graverait sur sa tombe, lorsque la faim ou la peste l'aurait emporté. Pour le moment on l'appelait tout simplement Tom.

■ Anthony Horowitz, *Le Diable et son valet* © Hachette Livre, 2001. LISTES DE RÉFÉRENCE

Je réfléchis

a. À partir de l'illustration et des informations du texte, **imagine** l'époque où vit Tom, qui il est, son rôle dans l'auberge.

b. **Relève** le GN qui désigne Tom pour la première fois. **Entoure** le déterminant. **Relève** le GN suivant qui le désigne et **entoure** le déterminant. **Explique** la différence entre les deux déterminants.

c. Quelle est la différence entre les deux noms propres qui désignent le garçon ? Selon toi, comment sera-t-il désigné dans la suite du roman ?

d. **Écris** à la suite les différents substituts nominaux employés pour désigner Tom.

Dans un récit

■ **Pour présenter un personnage, le narrateur utilise souvent des substituts nominaux de plus en plus précis :**
– quand le personnage n'est pas connu du lecteur, déterminant indéfini *(un, une)* + nom commun
– quand le personnage a déjà été cité,
- déterminant défini *(le, la, ce, cet, cette)* + nom commun
- nom d'état civil,
- prénom ou surnom.

■ **Cette présentation peut aussi être utilisée pour un lieu :** *un paysage, une habitation...*

MÉMO MÉTHODO

Pour éviter des répétitions, utilise des pronoms variés, des substituts et des synonymes.

Je construis

1 **a. * Relève les GN qui désignent le magicien.**

La reine ouvrit une porte. Derrière une table se tenait un homme qui portait une longue robe noire et une calotte noire sur la tête. Cet homme était un magicien qu'Élisabeth I aimait consulter. Le magicien regarda la reine et lui sourit.

■ D'après l'histoire du *Diable et son valet* d'Anthony Horowitz.

LISTES DE RÉFÉRENCE

b. * Explique le changement de déterminant dans les substituts nominaux.

2 **a. * Relève les GN qui désignent la pièce.**

Vivien découvrit une vaste pièce éclairée par des flambeaux. La pièce était peu meublée : on n'y trouvait qu'une table, une chaise et un fauteuil confortable dans lequel était assis un imposant personnage. Le docteur Blizzard occupait ce bureau depuis peu.

b. * Explique le changement de déterminant dans les substituts nominaux.

3 **a. * Complète le texte avec les substituts nominaux.**

un kanvral – un animal – une étrange créature – un cheval

Au loin, le marcheur aperçut ... . C'était ... . Cet animal ressemblait à ... mais il n'avait qu'un œil et ses pattes de devant étaient plus courtes que celles de derrière. Le marcheur reconnut ... , espèce fréquente sur cette planète.

b. * Ajoute une phrase en utilisant un autre substitut nominal pour désigner l'animal.

4 **** À DEUX Complète le texte avec les substituts nominaux.**

Circé – cette femme – la magicienne – une femme d'une grande beauté – une déesse

Ulysse entendit d'abord une voix d'une harmonie parfaite. Enfin, il découvrit ... . était ... , descendante du dieu Océan et fille du dieu Soleil. ... à la voix incomparable s'appelait ... .

Je consolide

5 **a. ** Lis la fable.**

Un carpeau qui n'était encore que très petit
Fut pris par un pêcheur au bord d'une rivière.
« Tout fait nombre, dit l'homme, en voyant son [butin ;
Voilà le début d'un festin ;
Mettons-le dans notre gibecière. »
Le pauvre carpillon lui dit à sa manière :
« Que ferez-vous de moi ? Je ne saurais fournir
Au plus qu'une demi-bouchée. [...] »

■ D'après Jean de La Fontaine, *Le Petit Poisson et le Pêcheur*.

b. ** Relève les deux GN qui désignent le poisson (vers 1 à 6). **Explique le changement de déterminant.**

c. ** Comment La Fontaine a-t-il construit les deux noms ? Quel sentiment veut-il créer chez le lecteur ?

6 **** Lis le texte puis complète-le avec des substituts nominaux variés.**

Keawe aperçut un homme qui l'épiait à travers un carreau. Si transparente était la vitre que Keawe distinguait ... tout comme on voit un poisson nager dans les eaux claires d'un atoll. ... n'était plus tout jeune ; il avait la tête chauve, la barbe noire, et son visage exprimait un grand chagrin. De temps à autre, ... donnait l'impression de soupirer profondément.

■ D'après *Le Diable dans la bouteille* de Robert Louis Stevenson.

7 **Écris un début d'histoire. Dévoile progressivement l'identité du personnage comme dans le texte de la page 172.**

Cyborg 009, La Légende des super-galactiques, film d'animation japonais, 1980.

18. Quel est le rôle d'un complément de nom ?

Je réfléchis

1. Au marché, les légumes sont frais. Chez le boucher, la viande est conservée dans une vitrine.
2. Les légumes du marché sont frais. La viande du boucher va être emballée.
3. Sur la place … , les cageots … s'empilent à côté des caisses … .

RÉVISION

a. Série 1, quelle est la fonction des groupes soulignés ? Comment as-tu procédé pour l'identifier ?

b. Série 2, quels groupes de mots peux-tu supprimer ? Peux-tu les déplacer ? De quel mot chacun est-il le complément ?

c. Phrase 3, **enrichis** chaque GN avec un complément.

1. Les jeunes enfants adorent la pâte à modeler et les sachets de gommettes.
2. Les dessins d'enfants sont collés dans un cahier sans lignes.
3. Le coin des poupées est plus fréquenté que l'espace sous la mezzanine.

a. Dans les trois phrases, **relève** les GN qui ont un complément. Peuvent-ils tous être supprimés ? **Justifie** ta réponse.

b. **Entoure** les mots qui relient les noms à leur complément. Lequel est présent sous trois formes différentes ?

1. Les dentistes sont très gentils avec les enfants. Les dentistes de ce cabinet sont très gentils avec les enfants.
2. Le vaccin est recommandé. Le vaccin contre la coqueluche est recommandé.

a. Quelle est la différence entre les deux phrases de chaque série ?

b. **Reformule-les** pour mettre en valeur les différences de sens.

Le complément de nom

■ **Dans un GN, le complément de nom rend plus précis le sens du nom noyau.**

Les médecins (tous les médecins, en général) *sont réunis depuis hier.*

Les médecins ***de campagne*** (seulement les médecins de campagne) *sont réunis depuis hier.*

■ **Le complément de nom fait partie du GN étendu.**

Il ne peut pas être déplacé mais, la plupart du temps, il peut être supprimé.

Le marchand ***de paniers*** *s'est installé dans l'allée* ***du fond***.

■ **Le complément de nom est le plus souvent relié au nom par la préposition *de*.**

Il existe d'autres prépositions : *à*, *sans*, *en*, *sous*, *pour*, *avec*…

un casier ***à*** *livres – une voiture* ***sans*** *piles – une compétition* ***en*** *salle*

MÉMO ORTHO

de + le → du
de + les → des
de + un → d'un
de + une → d'une
à + le → au
à + les → aux

Je construis

ORAL 1 Ajoute un complément de nom à chaque nom noyau.

a. Les jeux sont dans le tiroir.
b. Le roi manque dans le paquet.
c. Le témoin a rencontré l'assassin.
d. Les échecs supposent des qualités.

ORAL 2 Supprime les compléments de nom.

a. Le jeu de l'oie comporte 63 cases en spirale.
b. Il s'agit d'un simple jeu de hasard.
c. Un musée du jeu de l'oie vient d'ouvrir.

1 * **Supprime les compléments de nom.**

a. La voiture de Monsieur Paul est rangée derrière la haie de conifères.
b. Un accident de la route s'est produit sur l'autoroute du Soleil.
c. Les gelées du matin ont rendu la route de Villers très glissante.
d. Les camions de ce transporteur utilisent du carburant au gaz liquide.

2 **a.** * **Relève les compléments de nom.**

a. Le soleil au zénith illumine la toile de Vincent Van Gogh.
b. *La Jeune Fille à la perle* est un tableau célèbre.
c. L'œuvre du peintre René Magritte est vraiment déroutante.
d. La fontaine de Trevi se trouve à Rome.

b. Classe-les selon la préposition.

3 * **Ajoute la préposition qui convient.**

de – avec – en – à – pour – du

a. Les bijoux ... or sont dans une boite ... tiroirs.
b. Des morceaux ... peau de léopard ornaient le costume ... roi.
c. Au Japon, une longue robe ... une large ceinture s'appelle un kimono.
d. Les vêtements ... l'Afrique sont légers.

4 ** **Ajoute des compléments de nom pour rendre les GN plus précis.**

a. Les plantes ... ont besoin de peu d'eau.
b. Le jardin botanique ... présente des parterres ... .
c. Dans les serres ... , le visiteur peut écouter les bruits ... .
d. Un jeu ... permet de découvrir l'arbre ... .

Je consolide

5 * **Relève les cinq GN avec compléments de nom.**

Lorsque j'étais à Lilliput, le teint de ces êtres minuscules me semblait très beau, et comme j'en parlais un jour avec un savant de ce pays, qui était un ami de longue date, il me dit que les contours de mon visage lui semblaient plus beaux quand il me regardait depuis le sol que quand je le prenais dans le creux de ma main.

■ D'après *Les Voyages de Gulliver* (1726)
Jonathan Swift.

6 ** **Remplace l'adjectif par un complément de nom.**

a. J'aimerais manger ce gâteau citronné !
b. Les pièces métalliques ne se mangent pas !
c. Le cornet à la crème est une spécialité régionale.
d. Les treize desserts appartiennent à la tradition provençale.

7 ** **Classe les groupes soulignés selon qu'ils complètent la phrase, le verbe ou le nom.**

<u>Dans les légendes de Laponie</u>, on raconte qu'un jour, alors qu'une femme gardait <u>des rennes</u>, elle vit un chien et se dit qu'il pouvait l'aider. Elle lui donna d'abord un morceau <u>de viande</u> mais le chien ne s'approcha pas. Elle lui donna <u>un os de renne</u>. Le chien le prit. Elle lui demanda s'il voulait devenir gardien <u>de son troupeau</u> et le chien accepta. Ce fut le premier chien de troupeau <u>de Laponie</u>.

8 **AUTODICTÉE. Observe attentivement l'emploi des homophones *a / à*.**

Le renne, qui **a** aussi le nom de caribou, **a** été domestiqué il y **a** très longtemps. Le caribou vit en Alaska jusqu'**à** Terre-Neuve. Les longs déplacements **à** travers la toundra ne lui font pas peur. Les images **à** la gloire du Père Noël le montrent sur un traineau tiré par des rennes.

9 **À partir de la légende de l'exercice 7, imagine le dialogue entre la femme et le chien. Utilise au moins deux compléments de nom que tu souligneras.**

19. Comment emploie-t-on les pronoms ?

Je réfléchis

1. Le garçon s'arrête puis il éclate de rire.
Les petites filles s'arrêtent puis elles éclatent de rire.
2. Quand son chien est triste, il ne mange plus.
Son maitre essaie de le consoler.
3. Le chat renverse son bol de lait.

RÉVISION

a. **Relève** les pronoms dans les séries 1 et 2. **Explique** ce qui les fait varier.

b. En 2, quelle est la fonction de chacun des pronoms : sujet ou complément ?

c. **Récris** la phrase 3 en remplaçant les GN par des pronoms.

1. Le film diffusé ce soir est plus amusant que celui diffusé hier.
2. *La Reine des neiges* est le film préféré de ma sœur.
Le mien est *Harry Potter à l'école des sorciers*.

a. **Relève** les deux pronoms.
Comment as-tu fait pour les identifier ?

b. **Récris** la phrase 1 en remplaçant *Le film* par *La série* puis par *Les séries*.

– Je ne vois pas Karla, dit Mme Rehaut à Sacha.
Peux-tu me dire ce que fait Karla ?
– Je n'ai pas vu Karla depuis un moment.
Je crois que Karla range sa chambre, répond Sacha.

a. **Classe** les pronoms selon qu'ils désignent Mme Rehaut ou Sacha.

b. Ce dialogue est-il bien écrit ? Pourquoi ?
Récris le dialogue.

Les pronoms

■ **Les pronoms personnels désignent :**

celui ou ceux qui parlent	celui ou ceux à qui on parle	celui ou ceux dont on parle
je – me – moi – nous	*tu – te – toi – vous*	*il – elle – le – la – ils – elles – les*

■ **Les pronoms de reprise renvoient à des objets ou des personnes déjà cités.**

Ce film est plus amusant que celui d'hier.
Le pronom renvoie au nom *film*

■ **Les pronoms varient :**

– **selon le genre et le nombre du nom**

La neige tombe.
GN fém. sing.

Elle forme un manteau blanc.
p. fém. sing. GN masc. sing.

Celui-ci recouvre le sol.
p. masc. sing.

– **selon leur fonction dans la phrase**

Le vent souffle → Il est froid. Les passants le sentent.
p. sujet p. complément

Je construis

ORAL 1 Remplace les GN soulignés par des pronoms de reprise.

a. Le voyage en train dure une heure.
b. La locomotive est parfois en panne.
c. Des annonces régulières informent les passagers.
d. Un voyageur s'adresse à son voisin.

ORAL 2 Remplace chaque pronom par un GN.

a. Le malade voudrait vraiment **les** voir.
b. **Elle** fonctionne très bien.
c. Il s'intéresse à **lui** depuis longtemps.
d. Ce film d'animation **leur** plait.

1 **a. * Remplace le GN par celui entre parenthèses. Fais les transformations.**

a. Le cheval *(La jument)* galope dans le pré. Il est heureux de sa liberté.
b. Le cavalier prend sa casaque *(ses bottes)*. Il l'enfile avec soin.
c. Le guichet est ouvert au parieur *(aux parieurs)*. L'employé lui donne son ticket.
d. Cet hippodrome est facile pour les pur-sang *(ce pur-sang)*. L'entraineur les fait courir chaque année.

b. * Donne la fonction de chaque pronom de reprise (sujet ou complément).

2 *** Relève les pronoms. Pour chacun, indique le nom ou le GN à qui il renvoie.**

a. Les livres de la BCD sont bien rangés, ceux de ma chambre sont empilés.
b. Jodie envie la trousse de sa voisine. La sienne est toute tachée.
c. Nos carnets de lecture restent en classe. Les élèves de l'autre classe emportent les leurs.
d. Le bébé adore ses peluches, celle-là en particulier.

3 **a. * Classe les pronoms selon le personnage qu'ils désignent.**

Béatrice demanda :
– Pourquoi Cat est-elle triste ? Cat est vraiment contrariée aujourd'hui, tu ne trouves pas ?
– Je ne sais pas, répondit Solène. Cat a plutôt l'air de mauvaise humeur. Ce comportement arrive de temps en temps à Cat.

b. ** Récris le dialogue en supprimant les répétitions.

Je consolide

4 **** Classe les pronoms selon qu'ils renvoient à un GN déjà cité ou qu'ils sont en lien avec la situation de communication.**

a. Je me demande si vous saurez répondre à mes questions.
b. Le professeur s'éloigna : il était préoccupé et personne ne lui avait adressé la parole.
c. Le gamin restait muet. Le commandant s'approcha de lui et il se mit à lui parler doucement.
d. Nous ignorons comment connaitre la vérité mais vous, vous saurez comment faire.

5 **** Classe les pronoms selon qu'ils sont sujets ou compléments.**

a. L'enfant quitta sa première cachette et se réfugia derrière la cabane. Il était certain que personne ne le retrouverait. Il commença à dessiner sur son cahier. Celui-ci était déjà bien rempli.
b. Sur le marché, l'enfant rejoignit sa vieille amie. Il la connaissait depuis longtemps et avait l'habitude de se confier à elle. La vieille dame aimait les enfants et leur offrait des fruits.

6 **** Complète les phrases avec des pronoms.**

a. Votre voiture a d'excellents pneus. ... de la ... ne sont pas en bon état.
b. Les radars sont nombreux sur cette route. ...-ci est bien dissimulé.
c. Mon père conduit toujours très prudemment. Le ... aussi.
d. Les pompiers sont arrivés rapidement sur les lieux, c'étaient ... de la caserne la plus proche.

7 **ORTHOGRAPHE Observe les accords dans les expressions. Tu les retrouveras dans la dictée.**

– leurs vitres sont immenses
– leur cheminée est classée
– on leur distribue un badge

8 **Écris une phrase en utilisant les pronoms *il* et *les siens* puis une autre avec les pronoms *elles* et *celles* ou *celles-ci*.**

▶ Tous les récits et documentaires

20. Les pronoms de reprise

La séparation

Pendant la Seconde Guerre mondiale, Dounia est réfugiée chez son oncle Georges qui héberge des résistants.

Dounia s'assoit à la longue table devant la cheminée. Un jeune homme lui sert une assiette de soupe chaude. Puis un jambon trop salé et un fruit. Il la conduit dans une petite pièce où un lit semble l'attendre. Elle se déshabille. Se glisse dans les draps rêches. Relève le couvrepied et s'endort immédiatement. Lorsqu'elle se réveille, un silence inquiétant comme palpable l'entoure. Seuls les oiseaux appellent, sifflent, semblent se répondre. Se moquent-ils ? Elle se lève, soulève le rideau. La forêt enserre la maison. Des arbres aux feuilles luisantes de pluie semblent vouloir pénétrer dans la chambre. Dounia parcourt la maison vide. Elle sort. Au fond du jardin, près d'une tour en ruine, la fillette aperçoit Georges et un jeune homme qui tient un pigeon à la main. Elle les observe. Avance. S'arrête. Sur du papier à cigarettes Georges écrit. Il plie la petite feuille. L'entoure de papier noir, glisse un fil puis attache le minuscule message à la patte du pigeon.

■ Rolande Causse, *Rouge Braise*

Je réfléchis

a. Combien de fois le prénom Dounia est-il utilisé dans le texte ? Quel autre GN le narrateur utilise-t-il pour la désigner ?

b. Au fil du texte, **relève** les autres mots que le narrateur utilise pour désigner Dounia. À quelle classe grammaticale appartiennent-ils ?

c. À quels personnages renvoient les pronoms : *lui* (l. 2) – *il* et *la* (l. 3) – *l'* (l. 4 et 7) – *ils* (l. 8) – *les* (l. 13) – *Il* (l. 14) ?

d. **Ajoute** les pronoms qui manquent.
Se glisse dans les draps rêches. (l. 4 et 5) ; *Avance* (l. 13) ; *L'entoure de papier noir* (l. 14).

Dans un récit

■ **Pour éviter les répétitions et alléger le texte, le narrateur utilise des pronoms de reprise pour désigner les personnages.**
***Dounia** regarda **son oncle**. **Son oncle** adressa un sourire à Dounia.*
→ ***Dounia** regarda **son oncle**. **Il lui** adressa un sourire.*

■ À condition que le sens de la phrase reste clair, **le pronom sujet est parfois absent.**
[Elle] Se glisse dans les draps rêches. Avance. S'arrête.

MÉMO MÉTHODO

Dans un texte, utilise des pronoms variés, des substituts nominaux et des synonymes.

Je construis

1 * **Pour chaque pronom *il*, donne le GN qu'il reprend.**

Bubber est un petit mammifère rongeur.

[Bubber s'assit.] Au bout d'un temps, **il** commença à percevoir un bruit de pioche. **Il** provenait d'une excavation profonde, située sur l'un des côtés de la dalle sur laquelle **il** se trouvait. **Il** se leva pour voir ce que c'était.

■ Alan Arkin, *Moi, un lemming* © Éditions Flammarion, 2012.

LISTES DE RÉFÉRENCE

2 * **Dans la dernière phrase du texte, précise qui est repris par *celui-ci*, *le*, *il*.**

Le fils du Roi d'Irlande enfila les Souliers de Célérité[1] et pénétra dans le bois ; maintenant il allait aussi vite que l'aigle. Il trouva le faon à la Mare aux Corbeaux. Quand celui-ci le vit, il se glissa de fourré en fourré.

■ Padraïc Colum, *Le Fils du Roi d'Irlande*, trad. Pierre Lienhard © Éditions Gallimard. www.gallimard.fr

1. Des chaussures magiques qui permettent de se déplacer vite.

3 * **Récris le texte en remplaçant les GN soulignés par des pronoms. Dis le texte oralement pour t'aider.**

Quand la grand-mère de Sonia reçut sa première lettre, la grand-mère de Sonia fut très surprise. En effet, Sonia n'avait pas écrit à sa grand-mère depuis très longtemps. Mais Sonia n'avait pas oublié sa grand-mère et elle avait pensé très fort à sa grand-mère en voyant la mer.

4 * **Complète avec des pronoms de reprise.**

Eddy atterrit sur la planète Oreste. … était presque entièrement couverte de glace. Lorsqu'Eddy sortit de sa capsule, … vit une sorte de forêt sous une serre. … se dirigea vers … et ne vit que du bleu. Soudain, … distingua de drôles de créatures, également bleues. … aussi … regardaient.

5 ** **Complète avec le pronom qui convient.**

lui - la - elle - il - celui-ci - lui

La petite fille commença à parler à l'oiseau. … se mit à sautiller et à chanter comme s'… … répondait. La petite fille … tendit un morceau de biscuit. L'oiseau s'approcha d'… et … regarda avant de becqueter le gâteau.

Je consolide

6 ** **Complète avec des pronoms de reprise.**

Chère Léa,

Hier, nous sommes allées à la plage, … qui est près de la falaise, pas … où tu vas, toi. J'avais posé ma serviette sous un pin. Rose a posé … juste à côté de moi. On a beaucoup ri. Je trouve mes cheveux trop bouclés mais je t'assure que … le sont encore plus. … aussi met des heures à … sécher !

7 **a.** ** **Dans la deuxième phrase, précise quel GN est repris par chacun des trois pronoms.**

b. ** **Récris la dernière phrase en remplaçant *Il*, *lui* et *en* par des GN.**

Une vieille servante apparait. Elle ôte le châle humide d'Armance et l'enveloppe dans une cape en lainage vaporeux et chaud, puis elle disparait sans bruit pour exécuter les ordres. […] M. Blanchon la guide dans un salon où un feu crépite dans la cheminée. Les doubles rideaux sont tirés. Quatre volumineux fauteuils entourent une petite table ronde. Il lui en désigne un.

■ Anne-Marie Desplat-Duc, *La Soie au bout des doigts* © Le Livre de Poche Jeunesse, 2002.

LISTES DE RÉFÉRENCE

8 **Poursuis le texte. Souligne les pronoms que tu as utilisés.**

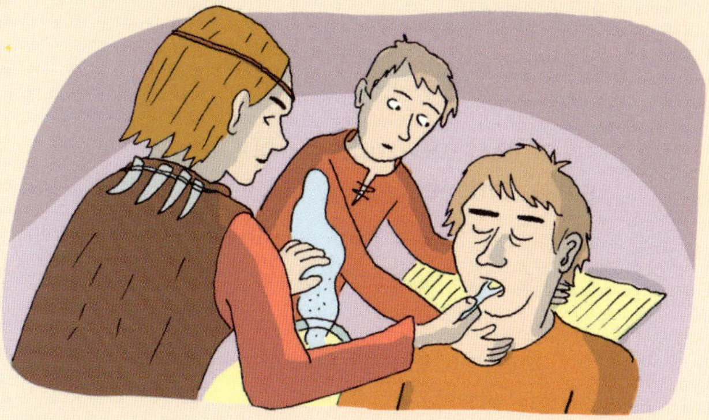

Chaab a été blessé par un mammouth. Le sorcier Awah s'occupe de lui.

Le sorcier ouvrit le petit récipient en os, fit couler au creux de sa main une poudre jaune qu'il jeta dans l'eau. […] Tandis qu'Ayud soulevait la tête de son père – elle lui parut lourde comme un roc – Awah descellait les lèvres et versait dans la bouche du patient un peu de liquide brulant.

■ Michel Peyramaure, *La Vallée des mammouths* © Éditions Robert Laffont.

RÉVISION

1. Comment écrit-on le son [s] ?

TEST

1 **Relève les mots dans lesquels tu entends le son [s].**
Le sac de la vieille dame pesait lourd à son bras. Elle s'arrêtait parfois pour souffler un peu. Soudain, on annonça l'arrivée de son autobus. La dame se précipita et lâcha l'anse de son sac. Des poissons roulèrent sur le trottoir. Ce fut la consternation ! En voyant cette scène, les passants se précipitèrent pour aider la dame et apaiser son émotion.

2 **Entoure chaque graphie du son [s] puis classe les mots.**

3 **Relève et classe les mots dans lesquels la lettre *s* écrit un autre son ou ne s'entend pas.**

Je me souviens

Les graphies du son [s]

s	ss	c	sc	ç	t
la plus fréquente	entre deux voyelles	devant *e, i, y*	devant *e, i, y*	devant *a, o, u*	dans les suffixes *-tiel, -tion, -tieux, -tial, -tien*
saladier, penser, iris	*passé*	*cil, cycle, licence*	*scintiller, scène*	*poinçon, tu lançais*	*confidentiel, évolution, ambitieux, martial, martien*

⚠ La lettre *s* fait le son [z] entre deux voyelles : *apaise*.

MÉMO ORTHO
La lettre *s* est aussi la marque du pluriel des déterminants, noms, adjectifs, pronoms, participes passés.
des avenues larges / ils sont éblouis.

Je m'améliore

ORAL **Lis les mots à voix haute si tu entends [s].**
un singe – des lions – une cigogne – un lis – épais – du poison – la nation – une rose

1 * **Classe les mots dans lesquels tu entends [s].**
Beaucoup d'enfants n'aiment pas la soupe et ils repoussent leur assiette. Les parents sont parfois ennuyés. Rosine promet une surprise à sa fille si elle se montre conciliante.

2 a. ** **Écris le nom en *-tion* correspondant.**
arrêter – imaginer – migrer – convoquer

b. ** **Écris l'adjectif en *-tiel* correspondant.**
une résidence – un artifice – la présidence – une confidence

3 ** **Complète avec la graphie qui convient. Utilise le dictionnaire.**

a. La fi...ure dans le ...ous-...ol provient de l'inonda...ion de l'hiver pré...édent.
b. De ...érieuses dégrada...ions apparai...ent ...ur les bâti...es les plus an...iennes du village.
c. Le ...éi...me d'une très grande inten...ité a provoqué des ...ecou...es fortes.
d. Une épai...e couche de pou...ière recouvre le ...ite dans un ...ilence impre...ionnant.

4 **Écris une phrase pour chaque mot.**

a. * l'océan – un site de surf – glisser – vitesse
b. ** jacinthe – épaisse – création – silencieux

RÉVISION

2. Quelles sont les valeurs de la lettre *t* ?

TEST

1 **Relève les mots contenant la lettre *t* et classe-les en deux catégories.**
Au théâtre, les acteurs évoluent sur la scène et les spectateurs les voient réellement.

2 **a. Relève les mots dont la syllabe finale est *-tion(s)*. Comment prononces-tu cette syllabe dans chaque mot ? Précise la classe grammaticale de chaque mot et explique sa construction.**
Quand nous portions notre costume de majorette, nous nous sentions heureuses. C'était l'excitation !

b. Donne au moins deux mots qui ont le même suffixe que *majorette*.

Je me souviens

La lettre *t*

écrit le plus souvent le son [t]	écrit souvent le son [s]	ne s'entend pas
tarte, tablier, trésor ⚠ On écrit : – ***tt*** dans les suffixes *-ette*, *-otte* *maisonnette, cocotte* – ***th*** dans certains mots d'origine grecque ou latine *cathédrale, gothique*	dans les suffixes ***-tion, -tiel, -tieux…*** *révolution, existentiel, prétentieux* ⚠ À la 1re personne du pluriel de l'imparfait *-tions* s'entend [tjɔ̃]. *nous chantions*	en fin de mot *point, réellement*

MÉMO ORTHO
-nt est la marque de pluriel des verbes : *ils rient.*

Je m'améliore

ORAL Lis les phrases à voix haute.
a. Le joueur montre son enthousiasme.
b. L'entraineur nous prépare à la compétition.
c. Ma vieille raquette est en bois.
d. Nous écoutions le verdict du jury avec émotion.

1 *** Trouve le mot qui s'écrit avec *th*. Vérifie dans le dictionnaire.**
a. Récipient pour infuser des feuilles parfumées.
b. Instrument pour mesurer les températures.
c. Mouvement régulier, cadencé d'une musique.

2 **a. * Écris le verbe à la 1re personne du pluriel de l'imparfait.**
apporter – capter – décrypter – constater – pister

b. * Lis les formes obtenues à voix haute.

3 **a. ** Écris le diminutif (en *-ette*) des noms.**
une fille – un camion – une statue – une cloche

b. ** Écris le féminin (en *-ette*) des adjectifs.
propret – guilleret – gentillet – jeunet

c. ** Écris le nom (en *-otte*) correspondant au verbe. Ajoute le déterminant
bouillir – rouler – bouger – parle

RÉVISION

3. Quelles sont les valeurs de la lettre *c* ?

TEST

1 **Relève les mots dans lesquels tu vois la lettre *c*. Entoure la syllabe qui contient *c* et trouve un classement. Un mot doit se trouver dans deux colonnes : lequel ?**

Tous les cinq points, le client peut recevoir un petit cadeau.
S'il est d'accord, son compte repart de zéro. Mais il peut essayer d'avoir cent points pour décrocher une grosse récompense !

2 **Classe les mots dans lesquels tu vois *c*. Choisis l'un des verbes et conjugue-le à toutes les personnes du présent et de l'imparfait : que remarques-tu ?**

Le charriot avançait péniblement sur la chaussée mouillée.
De temps à autre, les chevaux lançaient un hennissement de détresse.

Je me souviens

La lettre c

écrit le son [k]	écrit le son [s]
devant *a*, *o*, *u*, *r*, *l* : *cas – courageux – cuillère – croquer – déclencher* en fin de mot : *un bec*	devant *e*, *é*, *i*, *y* : *centre – cèdre – cidre – cygne*

⚠ – Les noms dérivés des verbes en *-quer* s'écrivent avec un *c* : *éduquer* → *éducation*.
– Dans les verbes qui se terminent par *-cer*, on ajoute une cédille à la lettre *c* pour écrire le son [s] devant *-ais*, *-ait*, *-aient* et *-ons* : *il plaçait – nous plaçons.*
– La graphie *ch* sert à écrire le son [ʃ] : *chat.*
– Dans certains mots d'origine grecque, *ch* écrit le son [k] : *orchestre.*

MÉMO ORTHO

s, *sc* et *t* servent aussi à écrire le son [s].
– *penser*
– *scintiller*
– *un Martien*

VOIR ▶ page 180

Je m'améliore

ORAL **Lis les mots à voix haute.**

a. un chrysanthème – une technique – une ecchymose – un chœur – du chlore
b. accaparer – accéder – acquitter – accessoire – un accordéon – un accident

1 * **Complète avec *c* ou *qu*.**

a. Pour embar...er, nous prendrons une embar...ation légère.
b. Votre indi...ation ne m'a pas indi... grand-chose.
c. Ils s'étaient embus...és près du ponton mais leur embus...ade a échoué.

2 * **Donne le nom correspondant au verbe et comportant une cédille.**

un *(apercevoir)* – un / une *(remplacer)* – un *(recevoir)* – un *(glacer)* – une *(balancer)*

3 * **Écris les verbes à la 1re personne du pluriel du présent puis à la 3e personne du singulier de l'imparfait.**

annoncer – devancer – prononcer – foncer – grincer

4 ** **Complète les noms.**

une dé...ep...ion – une ...irconstan...e – une ...emelle – un ab...ès – une ...ène

5 ** **Écris une phrase pour chaque mot.**

des fiançailles – une gerçure – un maçon – grimaçant – façonner

R É V I S I O N

4. Comment distinguer les homonymes ?

TEST

1 a. **Relève les séries d'homonymes et, pour chacun d'eux, donne un synonyme ou une reformulation.**
Le comte commença à lire le conte. Il parlait d'un cygne blanc qui s'était approché tout près d'un château, ce qui était le signe d'une naissance future. Au retour de la chasse à courre, la cour fut tout émue et le cours tranquille des jours en fut bouleversé.
b. **Trouve un autre homonyme de *conte*.**

2 Que peux-tu dire des mots soulignés ? Donne leur classe grammaticale.
Si certains négligent leurs devoirs, le prince se montre moins négligent. Il est fier et l'on peut se fier à sa parole.

Je me souviens

Les homonymes

Les homonymes se prononcent de la même façon mais ont des sens différents.

- Ils s'écrivent pareil :
  – en ayant le même genre
  une raie (une ligne) – *une raie* (le poisson)
  – en ayant un genre différent
  un voile (de mariée) – *une voile* (de bateau)
  ⚠ Au pluriel, pas de différence de genre :
  les voiles – les voiles

- Ils ne s'écrivent pas pareil :
  la voix (pour parler)
  la voie (le chemin)

MÉMO ORTHO
Le sens de la phrase ou le contexte permet de comprendre le sens des homonymes.

⚠ Certains mots s'écrivent de la même façon mais ne se prononcent pas pareil : *Il est content. / Ils content une histoire.*

Je m'améliore

ORAL 1 Donne le sens des homonymes.
a. Le flan était délicieux. Le chien s'est couché sur le flanc.
b. Le poids de la farine est le même que celui du beurre. Tu écosses des petits pois.
c. Le professeur joue du cor. Sa musique donne des frissons dans tout le corps.

ORAL 2 Mets les phrases au singulier.
a. Ses fils ont arraché les fils du décodeur.
b. Les cuisiniers excellent à réussir ces excellents plats.

1 ∗ **Cherche le genre du nom à partir du contexte et fais les accords.**
a. Les voiles du navire sont enroulé... .
Les voiles des femmes en deuil sont noir... .
b. Les mousses sont occup... à nettoyer les mousses accumul... sur la coque.

2 ∗ **Complète avec le nom qui convient.**
a. encre – ancre. L'... du bateau s'est détachée. J'aime écrire à l'... noire.
b. balai – ballet. La danseuse joue dans un ... prestigieux. La sorcière se déplace sur un ... .
c. pousse – pouce. Un coup de ... ferait avancer le dossier. Une jeune ... est apparue au pied du camélia.

RÉVISION

5. Comment marquer le pluriel des noms et des adjectifs ?

TEST

1 **Une de ces affirmations est juste : laquelle ?**
a. La marque de pluriel des noms la plus fréquente est ***-s***.
b. La marque de pluriel des adjectifs la plus fréquente est ***-x***.

2 **Recopie la ou les formes correctes.**
a. jalou / jalous / jaloux
b. un oiseau / des oiseaux / des oiseaus
c. un feux / un feu / des feux
d. un pneus / des pneux / des pneus
e. un noyau / des noyaux / des noyaus

3 **Deux mots ont une marque de pluriel : lesquels ?**
a. souris – puits – gâteaux – gaz – douloureux – rieurs – jaloux

4 **Mets les noms au singulier et chasse l'intrus.**
a. des animaux – des bureaux – des seaux – des bateaux
b. des moineaux – des joyaux – des chevaux – des vaisseaux

5 **Mets les noms au pluriel et chasse l'intrus.**
a. un bijou – un caillou – un trou – un genou
b. un chou – un clou – un coucou – un verrou

Je me souviens

Les marques de pluriel

s

■ Pour la plupart des noms et des adjectifs
une feuille
→ *des feuille**s***
un petit chaton blanc
→ *des petit**s** chaton**s** blanc**s***
un homard bleu
→ *des homard**s** bleu**s***

x

■ Pour les noms et les adjectifs en ***-eau***
*des nouveau**x** bateau**x***
■ Pour les noms en ***-au*** et ***-eu***
*des tuyau**x**, des feu**x**, des jeu**x***
sauf : *des pneu**s**, des landau**s**, des bleu**s***
■ Pour 7 noms en ***-ou***
– *des bijou**x***
– *des caillou**x***
– *des chou**x***
– *des genou**x***
– *des hibou**x***
– *des joujou**x***
– *des pou**x***

MÉMO ORTHO

Les noms et les adjectifs se terminant par ***-s***, ***-z*** ou ***-x*** au singulier ne changent pas au pluriel.
une souris → *des souris*
un gaz → *des gaz*
joyeux → *joyeux*

Je m'améliore

1 *** Complète avec *genou*, *château*, *bleu*, *souris*. Entoure les marques de pluriel.**

a. De nombreux ... jalonnent la vallée de la Loire.
b. Les ... servent de nourriture aux serpents.
c. Après la patinoire, j'ai des ... partout, et surtout aux ... !

2 **a. * À DEUX À partir de la photo, propose un GN au pluriel à ton voisin et demande-lui d'ajouter un adjectif.**

Cascade du Pissieu, Parc naturel régional du massif des Bauges, Savoie.

b. * Écrivez vos GN et échangez-les avec des camarades pour vérifier les accords.

3 *** Complète les GN avec un adjectif et entoure les marques du pluriel.**

a. des sentiments
b. mes vêtements
c. les nuages
d. ces cadeaux

4 *** Mets les GN au pluriel et associe chacun à la lettre qui lui correspond.**

la poignée – le plateau – le frein – le pneu – la pédale – le rayon

5 **** Quels mots peuvent être au singulier ou au pluriel ?**

joyeux – peureux – fous – jaunes – secs – épais – bleus
souris – trous – nez – oiseaux – cassis – pois

6 **** Mets au pluriel les GN soulignés.**

a. L'énergie nucléaire provient d'un noyau atomique.
b. Le pétrole est transporté par un oléoduc et par un bateau.
c. Les économies d'énergie sont un choix politique.
d. L'éolienne est parfois construite en mer.

7 **** Accorde les GN. Entoure les marques de pluriel dans chacun d'eux.**

a. Il existe plusieurs *(famille de matériau)*.
b. On utilise les *(bois naturel)* pour fabriquer des *(élément résistant)*.
c. Pour les *(objet volant)*, on utilise des *(constituant léger)*.
d. En Picardie, les maisons sont souvent en *(brique rouge)*.

8 **** Mets les GN sujets au pluriel. Fais les accords nécessaires.**

a. Le mammifère marin vit dans les océans.
b. L'iguane bleu mesure jusqu'à 1,5 mètre.
c. Le rougegorge familier a l'œil rond et noir et un petit bec fin.
d. Le corps mou du poulpe est recouvert d'un épais tissu.

9 AUTODICTÉE

Sur la place, de nombreux enfants jouent au ballon. Ils crient parfois un peu trop fort. Des voisins ferment leurs fenêtres. Quand les camionnettes s'arrêtent devant la mairie, les enfants se dispersent. Alors, Monsieur Jego et sa femme installent leur étalage de légumes.

10 **Choisis une série. Mets les GN au pluriel et ajoute un adjectif. Construis une phrase pour chaque GN.**

a. un hibou – un milieu de vie – un œil
b. un bijou – lumineux – un feu

6. Quels noms et adjectifs ont un pluriel en *-aux* ?

Je réfléchis

1. Les chevaux sont très dociles.
2. La saison des carnavals commence en février.
3. Les gouvernails servent à diriger les bateaux.
4. Les coraux de l'océan sont menacés.

a. **Classe** les GN pluriels selon la marque du nombre.
b. **Mets-les** au singulier puis **classe-les** selon leur syllabe finale : que remarques-tu ?

1. La couronne est un emblème royal.
2. La couronne et le sceptre sont des emblèmes royaux.

a. Phrases 1 et 2, quelle est la marque de pluriel de l'adjectif ?
b. **Propose** d'autres adjectifs en *-al* / *-aux*.

Le pluriel en *-aux*

■ **Pour les noms et adjectifs en *-al***

un métal → *des métaux*
un emblème royal → *des emblèmes royaux*

– **sauf 7 noms :** *des bals – des cals – des carnavals – des chacals – des festivals – des récitals – des régals*

– **sauf 6 adjectifs :** *bancals – fatals – navals – natals – australs – banals*

■ **Pour certains noms en *-ail***

un corail → *des coraux*
un travail → *des travaux*
un soupirail → *des soupiraux*
un vitrail → *des vitraux*
de l'émail → *des émaux*
un bail → *des baux*

Je construis

ORAL **Mets les GN soulignés au pluriel.**

a. Ce journal est imprimé la nuit.
b. Le portail va s'ouvrir.
c. Le littoral de la Bretagne est très varié.
d. Le signal clignote.
e. Cet animal est féroce.
f. Le travail est terminé.
g. Le festival affiche complet.

1 * **Écris les adjectifs au pluriel.**

a. Manger et dormir sont des besoins *(vital)*.
b. Les produits *(local)* sont plus écologiques.
c. Les chantiers *(naval)* sont en activité.
d. Ces films *(banal)* m'ennuient.
e. Tous les épisodes de la série sont *(génial)*.

2 ** **Choisis un GN de l'exercice et un adjectif de l'exercice 1. Invente deux phrases que tu dicteras à ton voisin.** ORAL

3 **À partir de l'image, invente une phrase qui comportera un nom ou un adjectif en *-aux*.**

7. Comment écrire les adjectifs en *-eil*, *-el*, *-et* au féminin ?

▶ La formation des adjectifs féminins, *Mes outils*, page 241

Je réfléchis

1. Je n'ai jamais vu un paysage pareil.
Je n'ai jamais vu une beauté pareille.
2. Un documentaire informe sur un fait réel.
Un documentaire informe sur une situation réelle.
3. Il a joué dans un film muet.
Il a joué dans une scène muette.

a. **Classe** les adjectifs selon la marque du genre.

b. **Prononce-les** à voix haute.
Que remarques-tu ?

c. Pour chaque série, **propose** un autre adjectif qui forme son féminin de la même manière.

Le féminin des adjectifs en *-eil*, *-el*, *-et*

-eil → -eille		-(i)el → -(i)elle		-et → -ette	
pareil	*pareille*	*réel*	*réelle*	*coquet*	*coquette*

MÉMO ORTHO

Attention au féminin de *complet, concret, désuet, discret, inquiet, secret*

complet → *complète, concret* → *concrète, désuet* → *désuète...*

Je construis

1 * **Mets l'adjectif au féminin.**

a. Ma voisine a acheté de la peinture *(violet)*.
b. La surface du mur doit être *(net)*.
c. Elle s'applique tant qu'elle en est *(muet)*.
d. Elle a offert un cadeau à sa sœur *(cadet)*.

2 * **Écris le féminin de l'adjectif.**

masculin	féminin
un sorcier caractériel	une sorcière ...
un garçon blondinet	une fille ...
du marbre artificiel	de la neige ...
un studio coquet	une maison ...
un gout actuel	une tendance ...

3 * **Complète la terminaison de l'adjectif.**

a. Paul séjourne en pension compl... .
b. La décoration des chambres est désu... .
c. La terrasse est coqu... .

4 ** **Remplace chaque GN par celui entre parenthèses. Fais les accords nécessaires.**

a. Cet homme *(Cette femme)* exceptionnel a reçu le prix Nobel.
b. Je séjourne dans un logement *(une chambre)* individuel.
c. Il a fallu couper le vieil arbre *(la haie)*.
d. Elle croqua dans du raisin *(une pomme)* vermeil.

5 DICTÉE PRÉPARÉE **Relève les adjectifs au féminin et retiens leur orthographe.**

La réalité virtuelle plonge le joueur dans une situation artificielle à l'apparence concrète. Une pareille invention n'est pas habituelle pour tous. Les personnes inquiètes préfèrent les activités manuelles.

8. Comment accorder le déterminant et l'adjectif dans le GN ?

Je réfléchis

1. Un arbre verdoyant pousse sur une colline.
Une vigne verdoyante pousse sur un coteau.

2. La vigne produit des raisins sucrés.
Certaines espèces ont une pulpe sucrée.

RÉVISION

a. Série 1, **encadre** le nom noyau de chaque GN puis **relie** les mots qui s'accordent avec lui. **Explique** les différences.

b. **Mets** les GN au pluriel. **Trace** les chaines d'accord.

c. Série 2, **explique** la terminaison des adjectifs. S'entend-elle à l'oral ?

1. Le marchand se perdit dans la forêt tortueuse et sombre. Le marchand se perdit dans les chemins tortueux et sombres.

2. La pluie froide lui fouettait le visage.
La pluie et le vent froids lui fouettaient le visage.

a. En 1, **explique** les accords des déterminants et des adjectifs soulignés.

b. En 2, dans la 1re phrase, **ajoute** un autre adjectif au GN. Dans la 2e phrase, **remplace** *vent* par *rafales de vent* et **explique** le changement.

1. L'homme venait de perdre des sommes d'argent considérables.

2. Il resta calme car il avait déjà connu des moments de solitude importants.

a. **Relève** les deux GN étendus. **Encadre** le nom noyau.

b. Dans chaque GN, **trace** les chaines d'accord. Avec quel mot le déterminant et l'adjectif s'accordent-ils ?

Les accords dans le groupe nominal

■ **Le déterminant et l'adjectif s'accordent en genre et en nombre avec le nom noyau.**

la	*vigne*	*verdoyante*	*les*	*arbres*	*verdoyants*
dét. fém. sing.	nom fém. sing.	adjectif fém. sing.	dét. pl.	nom masc. pl.	adjectif masc. pl.

■ **Au pluriel, le déterminant indique seulement le nombre du nom.**
Pour retrouver le genre, il faut mettre le nom au singulier.
des pétales → un pétale

■ Quand le GN :
– **comporte plusieurs adjectifs**, chacun s'accorde avec le nom ;
– **comporte plusieurs noms**, le ou les adjectifs sont au pluriel ;
Si les noms sont **de genres différents, l'adjectif se met au masculin pluriel**.
*La **pluie** et le **vent** froids*
– **comporte un complément de nom**, l'adjectif s'accorde avec le nom noyau.
*des **sacs** de farine lourds*

MÉMO ORTHO

Le déterminant *des* peut devenir *de*.
Attention à bien accorder l'adjectif au pluriel !
Il a acheté ***de*** *magnifiques roses.*

Je construis

ORAL 1 Remplace chaque nom souligné par celui entre parenthèses.

a. Le train roule à un rythme *(vitesse)* irrégulier.
b. Salma dégourdit son pied *(jambe)* douloureux.
c. Son voisin soulève son sac *(valise)* vert et lourd.

ORAL 2 Remplace les noms soulignés par celui entre parenthèses.

a. Les inspecteurs ont trouvé des indices *(preuves)* déterminants.
b. Les scientifiques ont utilisé des outils *(méthodes)* récents.
c. Des traces peuvent être détectées sur des vêtements *(étoffes)* même vieux.
d. Des témoins ont fourni des clichés *(pistes)* intéressants.

1 * **Indique le genre et le nombre des GN soulignés. Trace les chaines d'accord.**

a. Un matin estival, le père de Louis est parti.
b. Il a rejoint l'armée française sur le front est.
c. Louis a ressenti une grande inquiétude.
d. Sa mère a pleuré à chaudes larmes.
e. Ses lettres hebdomadaires étaient attendues avec impatience.

2 **a.** * **Accorde les adjectifs.**

a. Louis écrit à son père une *(long)* et *(triste)* lettre.
b. Il lui a rapporté une histoire *(incroyable)* mais *(vrai)*.
c. À Noël, les soldats ont organisé un repas et une fête *(émouvant)* et *(gai)*.
d. Sa marraine lui a envoyé un bonnet et une écharpe *(épais)* et *(chaud)*.

b. * **Récris les phrases en mettant au pluriel les GN des phrases a. et b.**

3 * **Accorde les adjectifs.**

a. Certains romans d'aventures *(intéressant)* se passent en Amazonie.
b. Une lettre par avion *(lourd)* et *(volumineux)* est arrivée au studio.
c. Ce film met en scène des services de contre-espionnage très *(efficace)*.
d. Des noms de code à moitié *(effacé)* ont été reconstitués.

Je consolide

4 ** **Relève les GN étendus en indiquant leur genre et leur nombre. Trace les chaines d'accord.**

a. L'architecture industrielle apparait au XVIIIe siècle.
b. Des innovations ingénieuses se retrouvent dans les Expositions universelles.
c. De puissantes industries améliorent les productions agricoles.
d. L'artisanat saisonnier se développe en hiver.

5 ** **Accorde les adjectifs et trace les chaines d'accord.**

a. Les fourmis ont un comportement et une apparence *(différent)*.
b. Ce sont des insectes *(social)* et *(adapté)* à leur fonction.
c. La fourmi soldat a des mandibules *(imposant)*.
d. Ces insectes *(organisé)* et *(surprenant)* continuent à fasciner.

6 ** **Propose deux phrases :**

– l'une comportant un GN **avec plusieurs adjectifs** ;
– l'autre un GN **avec deux noms de genres différents + un adjectif**.

7 DICTÉE **Justifie l'accord des mots soulignés.**

Les nombreuses espèces de fourmis ont des habitudes de vie différentes. Les fourmis d'Amérique mangent parfois des lézards ou des volailles entiers. Certaines tiges creuses sont l'habitat des fourmis.

8 **Décris précisément la fourmi. Emploie des GN comportant deux adjectifs.**

Une fourmi portant une larve.

RÉVISION

9. Quelles sont les marques du présent ?

TEST

1 a. **Classe les verbes au présent selon leur personne. Entoure les marques de personne.**

a. Le requin-baleine nage dans les mers tropicales. Il surgit et bondit sur sa proie.

b. Les adultes atteignent parfois 14 mètres. Leur mâchoire comporte 3 000 dents mais elles ne servent à rien ! Ces poissons avalent leur nourriture tel un aspirateur.

b. **Donne l'infinitif des verbes. Que peux-tu en conclure à propos des marques de personne ?**

2 a. **Dans un tableau, classe les verbes au présent selon leur personne.**

a. Tu joues au tennis chaque mercredi. J'aime bien t'accompagner.

b. Nous allons à la montagne tous les ans. Vous finissez souvent par nous rejoindre.

b. **Ajoute ces formes verbales dans ton tableau :**
vous dormez – j'avance – tu prends – nous grandissons – vous vous levez – tu lis – je prépare – nous recevons.
Quelles conclusions en tire-tu pour tous les verbes ?

3 **Complète les phrases avec le pronom sujet qui convient.**

a. … sortons souvent en promenade. À chaque fois, … entends des oiseaux chanter. … prends toujours l'appareil photo.

b. … adores le violon. … préfère la guitare. Quel instrument appréciez-… ?

c. … doivent assister à un concert ce soir. … ne sais pas si … peux les accompagner.

MÉMO

Le verbe peut avoir plusieurs bases.
*je **roug**is → nous **rougiss**ons, tu **met**s → vous **mett**ez*
*tu **reç**ois → vous **recev**ez, je **vai**s → nous **all**ons*

Je me souviens

Les marques de personne

■ Au présent pour les verbes en *-er*

je	tu	il, elle	nous	vous	ils, elles
e	es	e	ons	ez	ent
Je trouve	*Tu trouves*	*Il trouve*	*Nous trouvons*	*Vous trouvez*	*Ils trouvent*

■ Au présent pour les verbes en *-ir*, *-oir*, *-re*

je	tu	il, elle	nous	vous	ils, elles
s	s	t	ons	ez	ent
Je finis *Je vois*	*Tu finis* *Tu vois*	*Il finit* *Il voit*	*Nous finissons* *Nous voyons*	*Vous finissez* *Vous voyez*	*Ils finissent* *Ils voient*

⚠ *je peu**x**, tu peu**x**, je veu**x**, tu veu**x**, il pren**d***   *nous **sommes**, vous **êtes**, vous **dites**, vous **faites***

Je m'améliore à l'oral

ORAL 1 **Décris au présent ce que font les personnages.**

En classe, le travail des petits, Henri-Jules Geoffroy, 1889.

ORAL 2 **a. Lis les phrases à voix haute. Que remarques-tu ?**

a. L'élève du dernier rang écrit sur son ardoise. J'écris sur mon cahier.
b. Un élève écoute les explications du maitre. Plusieurs élèves n'écoutent pas.
c. Un élève pose son cahier sur son pupitre. Tu poses ton classeur dans ton cartable.

b. À quoi doit-on faire attention à l'écrit ?

ORAL 3 COLLECTIF **Règle du jeu**

Le premier joueur choisit un verbe et demande à un camarade de le dire au présent à la personne de son choix. Ce dernier répond et procède de même. On peut changer de verbe à tout moment.

rêver – avoir – rougir – partir – arriver – apercevoir – devoir – connaitre

ORAL 4 À QUATRE **Règle du jeu**

À tour de rôle, on choisit un verbe puis on lance un dé.
Si on obtient le chiffre 1, on dit le verbe à la 1re personne du présent puis on l'épèle.
Si on obtient 2, on le dit à la 2e personne puis on l'épèle, etc.
L'arbitre vérifie les réponses.
Celui qui a fait le moins d'erreurs dans un temps donné gagne.

être – dire – pouvoir – sentir – donner – vouloir – dormir – écrire

Je m'améliore à l'écrit

1 * **Complète les phrases avec la forme verbale qui convient.**

a. Un jardin solidaire *(permet / permettent)* aux habitants des villes d'avoir des légumes et des fruits.
b. Chaque citadin *(participe / participent)* à l'entretien du jardin.
c. On *(cultive / cultives)* les légumes sans pesticide.
d. Les habitants *(se réunit / se réunissent)* pour répartir les fruits et les légumes.

2 ** **Complète les phrases avec les formes verbales.**

va – cultivent – sais – se trouve – crois – occupez – fait – as – prépare

a. Derrière notre école ... un immense jardin.
b. Chaque classe ... pousser une variété de légumes ou de fruits.
c. Les CE2 ... des courgettes. Les CM1, vous vous ... des tomates.
d. Je ... des semis de persil. Tu ... que la récolte ... être bonne. Je ne ... pas si tu ... raison.

3 DICTÉE PRÉPARÉE **Mets le verbe au présent. Identifie bien le sujet.**

a. Les animaux *(avoir)* besoin de nourriture.
b. Cette nourriture leur *(fournir)* l'énergie nécessaire pour grandir.
c. Presque tous *(se nourrir)* de végétaux ou d'animaux.
d. Des animaux *(courir)*, d'autres *(savoir)* voler, certains *(vivre)* dans l'obscurité.
e. De nombreuses espèces *(être)* fragiles. Nous *(devoir)* les protéger.

4 **Décris ce que font les habitants de ce quartier avec trois phrases au présent. Utilise les verbes de la liste.**

- boire
- manger
- se connaitre
- offrir
- prendre le temps
- jardiner

Jardin partagé, Paris 20e.

10. Quelles sont les marques de l'imparfait et du futur ?

Je réfléchis

1. Vous vous retrouviez après l'école : je jouais encore à la marelle et tu t'entrainais au foot.
2. Autrefois, Jamel passait son été en Espagne où ses cousines l'attendaient.
3. Nous discutions longuement. Je finissais par rire car tu étais de bonne humeur.

a. **Classe** les verbes selon leur personne puis **entoure** leur terminaison. À quel temps sont-ils écrits ? **Ajoute** un autre verbe dans chaque colonne.
b. **Écris** l'infinitif des verbes. Que constates-tu ?
c. **Écris** chaque verbe à la 1re personne du pluriel du présent. Comment le temps que tu as identifié est-il construit ?

1. Dans un mois, il choisira une nouvelle revue et elles la liront avec empressement.
2. L'année prochaine, j'entrerai en sixième ; toi, tu te rendras au collège en bus.
3. Ce soir, nous chanterons en deuxième partie du concert. Resterez-vous pour nous écouter ?

a. **Relève** les verbes avec leur pronom et **entoure** leur terminaison. À quel temps sont-ils écrits ?
b. **Conjugue** un des verbes.
c. **Écris** l'infinitif de chaque verbe puis **souligne** le radical. Que constates-tu ?

Les marques de temps et de personne

■ À l'imparfait pour tous les verbes

je	tu	il, elle	nous	vous	ils, elles
ais	ais	ait	ions	iez	aient
Je finissais *Je disais*	*Tu finissais* *Tu disais*	*Il finissait* *Il disait*	*Nous finissions* *Nous disions*	*Vous finissiez* *Vous disiez*	*Ils finissaient* *Ils disaient*

Le radical est le même que celui de la 1re personne du pluriel au présent.

■ Au futur pour les verbes en *-er*

je	tu	il, elle	nous	vous	ils, elles
erai	eras	era	erons	erez	eront
Je trouverai	*Tu trouveras*	*Il trouvera*	*Nous trouverons*	*Vous trouverez*	*Ils trouveront*

■ Au futur pour les verbes en *-ir*, *-oir*, *-re*

je	tu	il, elle	nous	vous	ils, elles
rai	ras	ra	rons	rez	ront
Je finirai	*Tu finiras*	*Il finira*	*Nous finirons*	*Vous finirez*	*Ils finiront*

AIDE ▶ Les tableaux de conjugaison pour les verbes : *aller, pouvoir, avoir, venir, faire, être*, pages 244 à 247.

Je construis

ORAL 1 Écoute les formes verbales.

chantait – écrivais – s'amusaient

À quel temps sont-elles écrites ? Lis-les. Que t'apporte l'écrit ?

ORAL 2 Lis les formes verbales à voix haute. Que remarques-tu ?

chanteront / chanterons – trouvera / trouveras

À quel temps sont-elles ? Quelle information te donne l'écrit ?

1 * **Complète les phrases avec le pronom qui convient. Il peut y avoir plusieurs solutions.**

a. Chaque matin, ... devaient prendre le bus de bonne heure.
b. Chez grand-mère, pour le gouter, ... mangeais des tartines de confiture mais ... ne mangeais rien.
c. Chaque été, ... aimait se rendre à la mer.
d. Le soir, ... jouait aux dames.

2 * **Mets les verbes à l'imparfait. Attention à bien identifier le sujet.**

a. Les sportifs *(attendre)* le signal du départ.
b. Certains coureurs *(sembler)* nerveux.
c. Tu les *(regarder)* avec attention.
d. J'*(être)* aussi impatiente qu'eux.
e. Notre athlète préféré *(rester)* concentré.

3 **a.** * **Mets les verbes au futur. Attention à bien identifier le sujet.**

a. La pilote de ligne *(atterrir)* sans encombre.
b. Vous *(attendre)* sagement notre arrivée.
c. Je *(passer)* voir mes amis demain.
d. Tu n'en *(croire)* pas tes oreilles quand tu *(apprendre)* la nouvelle.

b. ** **Invente une phrase pour les deux personnes qui manquent.**

4 * **Mets les verbes au futur. Dis les phrases à voix haute avant de les écrire et consulte les tableaux pages 244 à 247.**

a. Je *(pouvoir)* venir te voir après l'école.
b. Vous *(faire)* attention en traversant la rue.
c. Elles *(être)* les premières arrivées.
d. Nous *(aller)* à la fête foraine demain.
e. Est-ce que tu *(venir)* avec nous ?

Je consolide

5 * **Complète les phrases avec un pronom.**

a. Ce week-end, ... assisteront à une réunion d'information. Samedi prochain, ta sœur et ... assisterons à un concert en plein air.
b. En arrivant à l'heure, ... pourra encore déjeuner en terrasse. L'année prochaine, ... pourras continuer tes cours de musique.

6 ** **Complète le texte avec les GNS.**

l'ogre – ils – le petit garçon – le Petit Poucet – ses frères et lui – il

... savait qu'... devait trouver une solution. ... ne voulaient pas rester dans la forêt. ... avaient trop faim. Quelle solution ... pouvait-il trouver ? Ils ignoraient que ... les attendait dans sa maison.

7 ** **Mets les verbes au futur. Attention au changement de base pour certaines formes.**

a. Je *(s'entrainer)* tous les jours et je *(être)* prête pour le tournoi.
b. Elle *(finir)* son travail puis elle *(pouvoir)* se promener.
c. Tu *(avoir)* bientôt des vacances et tu *(recevoir)* tes amis.

8 DICTÉE PRÉPARÉE **Repère les verbes au futur et explique leur terminaison.**

Bientôt, une nouvelle fusée prendra son envol. Elle contiendra du matériel pour assembler une station spatiale. Sept astronautes s'y installeront. Cette station possèdera une zone de sommeil, une douche et une cuisine. Les chercheurs restés au sol suivront son fonctionnement heure par heure.

9 **Récris le texte de la dictée en commençant par *Le mois dernier*. Mets les verbes à l'imparfait.**

11. Quelles sont les marques communes au présent, à l'imparfait et au futur ?

Je réfléchis

1. Tu m'accompagnes à la bibliothèque ?
Tu choisiras les livres avec moi.
Tu pourras emprunter des mangas si tu veux.
2. Tu préparais un gâteau ?
Tu voulais me faire plaisir ? Tu es formidable !
3. Tu prends ton vélo pour aller te promener ?
Tu as vraiment de la chance !

a. **Classe** les neuf verbes conjugués selon leur temps.
À quelle personne sont-ils écrits ?
Donne l'infinitif des verbes.
b. **Entoure** la marque de personne. Que remarques-tu ?
c. Pages 244 à 247, observe la conjugaison de *pouvoir, vouloir, être* et *avoir* à ces trois temps. Que peux-tu dire de la marque de personne avec *tu* ?

1. Nous voulons visiter la Bretagne : nous y avons des amis. Nous sommes impatients d'y aller.
Et vous ? Où souhaitez-vous partir ?
2. L'été dernier, nous randonnions dans les Pyrénées, nous étions courageux. Vous, vous parcouriez le parc national de La Réunion.
3. Cet hiver, nous resterons à la maison. Nous serons heureux de vous accueillir. Vous êtes les bienvenus.

a. **Classe** les formes verbales selon leur temps. **Écris** leur infinitif.
b. **Entoure** la marque de personne. Que remarques-tu ?
c. **Invente** une phrase pour réemployer les deux exceptions identifiées en b.

1. Hier, ils dinaient tôt car ils voulaient sortir se promener après le repas.
2. Aujourd'hui, elles déjeunent tard car elles font du sport avant de rentrer.
3. Demain, les enfants pourront jouer ensemble. Ils attendront l'arrivée de leurs parents.

a. **Classe** les formes verbales selon leur temps. **Écris** leur infinitif.
b. **Récris** la phrase 1 en remplaçant *Hier* par *Cette semaine*.
Complète ton classement.
c. **Entoure** les marques de personne de toutes les formes verbales relevées. Que constates-tu ?

Les marques communes de personne au présent, à l'imparfait et au futur

tu	nous	vous	ils, elles
s	**ons**	**ez**	**nt**
Tu finis *Tu finissais* *Tu finiras*	*Nous finissons* *Nous finissions* *Nous finirons*	*Vous finissez* *Vous finissiez* *Vous finirez*	*Ils finissent* *Ils finissaient* *Ils finiront*

⚠ **au présent**
Tu peux, tu veux
Nous sommes,
Vous êtes, vous dites, vous faites

AIDE ▶ Tableaux de conjugaison, pages 244 à 247

Je construis

ORAL 1 a. Lis les formes verbales à voix haute. Quelles informations as-tu à l'écrit et pas à l'oral ?

donnes / donnent – regardes / regardent – cherche / cherchent

b. Ajoute le pronom qui convient à chaque forme.

ORAL 2 Propose un sujet correspondant à la marque de personne.

a. ... resteras à la maison aujourd'hui.
b. ... songeaient à quitter l'Angleterre.
c. ... demande à rester en Europe.

1 * **Écris chaque verbe à la 2e personne du singulier au temps demandé.**

savoir (imparfait) – *vouloir* (présent)
entendre (futur) – *devoir* (présent)
venir (imparfait) – *tourner* (présent)
mettre (futur) – *pouvoir* (présent)
être (futur) – *rire* (imparfait)

2 * **Écris les verbes à la personne demandée.**

a. Au présent : Tu *(être)* un champion de tennis et tu *(devoir)* t'entrainer tous les jours.
b. À l'imparfait : Tu *(suivre)* la piste du cambrioleur et tu *(retenir)* ton souffle.
c. Au futur : Tu *(apercevoir)* des oiseaux rares quand tu *(parvenir)* en haut de la montagne.

3 * **Écris les verbes à la 1re personne du pluriel au temps demandé.**

avoir (présent) – *devoir* (futur)
être (présent) – *agir* (imparfait)
ouvrir (futur) – *sentir* (imparfait)
suivre (présent) – *pouvoir* (imparfait)
vivre (futur)

4 * **Récris les verbes de l'exercice 3 à la 2e personne du pluriel au temps demandé.**

5 * **Classe les formes verbales selon leur personne.**

passons – croyaient – peuvent – finissent – quitteront – sont – rougissaient – verront – jouaient – diront – ont – dormions

Je consolide

6 ** **Écris une phrase pour chaque personne.**

(*revenir* – présent) : tu – je – ils
(*dormir* – imparfait) : vous – il – nous

7 ** **Pour chaque verbe, invente une phrase. Utilise des temps différents.**

a. À la 2e personne du singulier :
ranger – devoir – partir
b. À la 1re personne du pluriel :
être – aller – pouvoir
c. À la 3e personne du pluriel :
venir – vouloir – avoir

8 ** À DEUX **Complétez chacun deux phrases avec les GN sujets. Chacun justifie son choix auprès de son camarade.**

toi et moi – mon frère et toi – tes parents et moi – les cousines d'Élisa et toi.

a. ... fêterons ton anniversaire avec joie.
b. ... serez heureuses de vous rencontrer.
c. ... sommes amies depuis longtemps.
d. ... voyagerez dans le même compartiment.

9 DICTÉE PRÉPARÉE **Mets le verbe au temps demandé. Attention aux accords.**

Bien avant l'arrivée des Espagnols, le Mexique et le Guatemala (*être* – imparfait) peuplés de nombreuses tribus. Ces peuples (*construire* – imparfait) d'immenses cités. Ils (*adorer* – imparfait) le jaguar, animal sacré. Aujourd'hui, nous (*pouvoir* – présent) visiter les vestiges de ces civilisations passées.

10 **Écris une carte postale du Pérou ou d'ailleurs à ton meilleur ami. Utilise *tu, nous, vous, ils* ou *elles* au présent, à l'imparfait et au futur.**

Site archéologique inca du Machu Picchu, Pérou.

12. Quelles sont les particularités des verbes en *-re*, *-tre*, *-dre*, *-indre* au présent ?

Je réfléchis

1. Elle introduit le spectacle et je souris à la salle. Je lis un poème et tu conclus.

2. Je bats les œufs mais il omet le sucre. Toi, tu connais bien la recette.

a. Série 1, **donne** l'infinitif des verbes. Quel est leur point commun ?

b. **Choisis** l'un des verbes et **conjugue-le** à l'oral puis à l'écrit au présent.
Entoure les marques de personne.
Que remarques-tu à propos du radical ?

c. Série 2, **donne** l'infinitif des verbes.
Conjugue-les à l'oral puis à l'écrit au présent.
Entoure les marques de personne.
Que remarques-tu à propos du radical ?

1. J'attends l'autobus avec toi puis nous descendons devant la bibliothèque. Tu rends ton livre.

2. La star répond aux questions. Au fond, les journalistes n'entendent pas ses réponses.

a. Série 1, **donne** l'infinitif des verbes. Quel est leur point commun ?

b. Série 2, **relève** les verbes et **entoure** leur radical.
Que remarques-tu à la 3e personne du singulier ?

c. **Conjugue** entièrement l'un des verbes.

1. L'artiste peint dehors. Les peintres ne craignent pas les intempéries.

2. Je repeins le plafond en rouge pendant que tu teins les rideaux en vert.

3. Nous vous dépeignons la situation dont vous craignez les conséquences.

a. **Donne** l'infinitif des verbes : que remarques-tu ?

b. **Choisis** deux verbes et **conjugue-les** entièrement.
Que remarques-tu à propos des marques de personne ? à propos du radical ?

Les verbes en *-re*, *-tre*, *-dre*, *-indre* au présent

■ Les marques de personne

je	tu	il, elle	nous	vous	ils, elles
s	**s**	**t** ou ∅ (rien)	**ons**	**ez**	**ent**
Je souris	*Tu souris*	*Il sourit*	*Nous sourions*	*Vous souriez*	*Ils sourient*
Je prends	*Tu prends*	*Il prend*	*Nous prenons*	*Vous prenez*	*Ils prennent*

■ Au présent, les verbes en *-re*, *-tre*, *-dre*, *-indre* ont souvent deux bases.

*je **met**s, nous **mett**ons – tu **crain**s, vous **craign**ez*

*je **prend**s, nous **pren**ons – il **retien**t, elles **retienn**ent*

Aide-toi de l'oral pour écrire les verbes.

⚠ *vous dites, vous faites*

Je construis

ORAL 1 Lis les phrases à voix haute. Que remarques-tu ?

Je suis malade.
Le détective privé suit la voiture.

ORAL 2 Dis les verbes aux premières personnes du singulier et du pluriel.

coudre – joindre – teindre – vendre – apprendre – craindre – comprendre

1 * **Choisis un verbe et conjugue-le au présent aux trois personnes du singulier.**

a. interdire – disparaitre – plaire
b. vivre – décrire – lire

2 * **Choisis un verbe et conjugue-le au présent aux trois personnes du pluriel.**

a. mettre – sourire – survivre
b. nuire – attendre – tondre

3 * **Complète les phrases avec la forme qui convient.**

a. Sophia *(vends / vend)* sa maison.
b. Tu *(recouds / recoud)* la manche de ta chemise.
c. Lenny *(mords / mord)* dans sa tartine avec appétit.
d. Je ne *(prétends / prétend)* pas tout savoir !

4 **a.** * **Complète les phrases avec les formes verbales. Entoure leur radical.**

rejoint – éteins – se plaignent – restreignez – atteint

a. Le coureur cycliste ... une vitesse de 50 km/heure quand il ... son équipe.
b. Tu ... la lumière avant de dormir.
c. Les habitants de cet hôtel ... du bruit.
d. À cause du froid, vous ... vos sorties.

b. * **Donne l'infinitif de chaque forme verbale.**

5 ** **Trouve l'intrus. Pour t'aider, conjugue les verbes à la 1re personne du pluriel au présent.**

entendre – confondre – atteindre – correspondre – suspendre – mordre

Je consolide

6 * **Écris le verbe au présent.**

a. Je *(mettre)* la table.
b. Nous *(admettre)* nos erreurs.
c. Les bandits *(commettre)* un vol.
d. Ce téléphone *(émettre)* une sonnerie désagréable.
e. Tu me *(promettre)* une surprise pour mon anniversaire ?

7 * **Dans chaque paire de phrases, repère les mots qui s'écrivent de la même manière et donne la classe grammaticale de chacun. Justifie les terminaisons.**

a. Le chevalier combat le dragon. Le combat de boxe est retransmis en direct.
b. Tu combats contre un adversaire renommé. Nous avons assisté à des combats d'aïkido.

8 ** **Classe les verbes conjugués selon leur infinitif. Choisis un verbe et conjugue-le entièrement.**

Chère Mamie,
Je t'écris depuis la station de ski. Mes vacances me plaisent beaucoup ! J'apprends à faire de la luge. Chaque jour, je rejoins mes copines de bonne heure. Nous ne mettons pas longtemps à enfiler nos combinaisons car nous craignons d'être en retard.
La monitrice nous conduit au sommet de la montagne. Elle nous interdit d'aller en dehors des pistes balisées. Nous descendons à toute vitesse.

9 ** À DEUX **Complétez la phrase avec la forme qui convient. Justifiez votre choix.**

a. *(plaide / plait / plaint)* Ce chapeau lui ... .
b. *(tente / tends / tend)* Mon petit frère me ... les bras.
c. *(tonte / tond / tondent)* L'éleveur ... la toison des moutons.

10 **Pour chaque verbe, compose une phrase au présent à la 1re personne du pluriel.**

entendre – étendre – étreindre – éteindre

13. Quelles sont les marques du passé simple ? 3e pers. du singulier et du pluriel

Je réfléchis

1. Une voiture freina brutalement.
Les passants se retournèrent.
2. Le suspect en profita pour s'éclipser.
Deux détectives se lancèrent à sa poursuite.
3. Jules vit les détectives revenir seuls.
Ils répondirent aux questions de la foule.

a. **Donne** l'infinitif des formes verbales puis **classe-les** selon la personne. **Entoure** les marques de conjugaison.

b. Pages 244 à 247 : **observe** les formes des verbes *aller*, *faire*, *dire* et *prendre* au passé simple et aux mêmes personnes. **Classe-les** selon la personne. Que remarques-tu ?

1. Les dinosaures vécurent des millions d'années mais cet animal disparut à cause d'une baisse de la température.
2. Homo habilis vécut en Afrique.
Le siècle dernier, des scientifiques purent retrouver sa trace.

a. **Classe** les verbes conjugués selon leur personne. **Entoure** les marques de conjugaison. **Donne** l'infinitif des verbes.

b. Pages 244 et 245, **observe** les formes des verbes *être* et *avoir* au passé simple et aux mêmes personnes : **ajoute-les** à ton classement.

1. Lorsque vinrent les beaux jours, le roi Lion tint conseil pour juger Renart.
2. Le roi parvint à le faire condamner et il le retint dans sa prison.

a. **Classe** les verbes soulignés selon leur personne.

b. **Donne** leur infinitif : que constates-tu ?

Les marques de temps et de personne au passé simple

■ Pour les verbes en *-er*

il, elle	ils, elles
a	èrent
Il trouva	*Ils trouvèrent*

■ Pour les verbes en *-ir*, *-oir*, *-re*

il, elle	ils, elles
it ou ut	irent ou urent
Il rougit	*Ils rougirent*
Il put	*Ils purent*
Il sourit	*Ils sourirent*

■ tenir, venir

il, elle	ils, elles
Il tint	*Ils tinrent*
Il vint	*Ils vinrent*

AIDE ▶ Les tableaux de conjugaison, pages 244 à 247

Je construis

ORAL 1 Lis à voix haute les formes verbales.
sue / sut – put / pue
Quelles informations te donne l'écrit ?

ORAL 2 Lis à voix haute les formes verbales.
crut / cru – finit / fini
a. Quelles informations te donne l'écrit ?
b. Emploie chaque forme dans une phrase.

1 * **Classe les formes verbales.**
il arriva – elles admirèrent – il soigna – ils sortirent – elles entrèrent – il admit

2 * **Écris les verbes au passé simple.**
a. Un renard *(croiser)* un corbeau perché sur un arbre.
b. Il le *(trouver)* très appétissant.
c. « Comment le faire descendre ? » *(se demander)* le renard.
d. Il le *(flatter)*.
e. Et le corbeau *(tomber)* dans le piège.

3 **a.** * **Écris les verbes à la 3e personne du singulier du passé simple.**
devoir – avoir – être – reconnaitre – recevoir
b. * **Écris trois de ces verbes à la 3e personne du pluriel.**

4 **a.** ** **Classe les formes verbales selon le temps. Ajoute un pronom sujet.**
écrivit – vient – tint – met – écrit – tient – vint – mit – partit
b. ** **Écris l'infinitif de chaque verbe.**

Illustration de William Wallace Denslow, 1909.

Je consolide

5 * **Relève les verbes au passé simple puis entoure leur terminaison. Écris leur infinitif.**

Un jour, un renard croisa un lion. Le renard prit la parole et dit : « Je suis le plus fort. » Pour le prouver, il partit en courant et demanda au lion de le suivre. Lorsqu'ils rejoignirent le village le plus proche, les villageois s'enfuirent. Le lion dut se rendre à l'évidence : le renard était bien le plus fort !

■ D'après une fable turque.

6 * **Complète les phrases avec la forme verbale qui convient.**
a. L'enfant *(vit / virent)* un bateau de pirates entrer dans le port.
b. Ils *(accosta / accostèrent)* puis *(descendit / descendirent)* en cachette.
c. Soudain, un riverain les *(aperçut / aperçurent)*.
d. On *(donna / donnèrent)* l'alerte.

7 ** **Écris les verbes au passé simple à la 3e personne du singulier puis du pluriel. Classe-les selon leur terminaison.**
vivre – espérer – pouvoir – comprendre – voir – allumer – paraitre – devoir

8 ** À TROIS **Chacun complète une phrase avec la forme qui convient. Justifiez vos choix.**
a. *voulu / voulut* : La sorcière ... préparer une potion. Elle a ... en donner aux nains.
b. *mis / mit* : Le bon roi Dagobert a ... sa culotte à l'envers. Son conseiller ... du temps à le lui dire.
c. *accueillit / accueilli* : Le prince a ... ses invités. La reine ... la nouvelle avec colère.

9 ** **Écris le verbe entre parenthèses au passé simple. Attention au sujet.**

Le clown *(faire)* son apparition sur scène. Il *(ouvrir)* un parapluie géant. Des colombes *(prendre)* leur envol. Le spectacle *(être)* extraordinaire. Le clown *(avoir)* beaucoup de succès. Quelques spectateurs *(vouloir)* revenir le lendemain.

10 **Continue le texte de l'exercice 9 au passé simple.**

14. Comment est construit un verbe au passé composé ?

Je réfléchis

1. Les Égyptiens ont construit des pyramides. Des ouvriers taillaient les pierres.

2. L'été dernier, j'étais en voyage en Égypte. Je suis allé sur le site de Gizeh.

3. Vous avez fait un exposé sur les pharaons que vos camarades ont apprécié.

RÉVISION

a. **Souligne** les verbes au passé composé. **Justifie** ta réponse.

b. **Donne** l'infinitif et le temps de chaque auxiliaire. Quelle est ta conclusion ?

1. J'ai déjà un livre sur les samouraïs. Tu as acheté un livre sur la samouraï Tomoe Gozen ?

2. Louis est au cinéma. Il est déjà entré dans la salle.

a. En 1, **remplace** chaque verbe par un autre de même sens. Dans quelle phrase le verbe *avoir* est-il un auxiliaire ?

b. En 2, dans quelle phrase le verbe *être* est-il un auxiliaire ? **Justifie** ta réponse.

c. **Imagine** deux phrases pour *avoir*, deux pour *être*. Dans l'une, le verbe sera un auxiliaire, dans l'autre pas.

1. Olivia et Inès ont quitté le spectacle à minuit et sont arrivées peu après.

2. Au théâtre, je suis tombée sur une pièce passionnante.

3. En rentrant, je me suis perdu dans le quartier de l'Hôtel de Ville.

a. En 1, **souligne** les verbes au passé composé. **Donne** l'infinitif de l'auxiliaire. Que remarques-tu à propos des participes passés ?

b. **Récris** les phrases de la série 1 en remplaçant *Olivia et Inès* par *Victor et Jules*. **Explique** l'orthographe des participes passés.

c. En 2, le narrateur est-il un garçon ou une fille ? Et en 3 ? Comment l'as-tu compris ?

d. Phrases 2 et 3, **remplace** *je* par *nous*.

Le passé composé

passé composé = auxiliaire *être* ou *avoir* au présent + participe passé du verbe conjugué

j'ai compris — aux. *avoir* au présent + participe passé du verbe *comprendre*

je suis devenu — aux. *être* au présent + participe passé du verbe *devenir*

⚠ **Les verbes *être* et *avoir* ne sont pas toujours des auxiliaires.**

*Le lion **a** une belle crinière* (possède).

*La lionne **est** avec ses petits* (se trouve).

MÉMO ORTHO

Avec l'auxiliaire *être*, le participe passé s'accorde avec le sujet.

il est devenu
ils sont devenus
elle est devenue
elles sont devenues

Je construis

ORAL 1 Écoute les formes verbales au passé composé. Donne leur infinitif.

il a regardé – elles ont pu – je suis apparu – tu as mis – vous avez reconnu – elle a ouvert – ils ont compris – nous avons été – je suis allé

ORAL 2 À DEUX Lis les deux phrases à ton voisin puis demande-lui s'il a perçu une différence. Quelle information as-tu que lui ne possède pas ?

a. Camille est venu à mon anniversaire.
b. Camille est venue à mon anniversaire.

1 * **Complète les verbes.**

a. Les invités ... arrivés en retard.
b. Ils ... cherché longtemps la bonne route.
c. Un passant ... venu à leur secours.
d. Ils ... souri quand ils ... reconnu la maison.

2 **a.** * **Classe les phrases selon que le verbe *avoir* est un auxiliaire ou pas.**

a. La poule a pondu ce matin.
b. Le cochon a toujours faim.
c. La lapine a eu des petits.
d. Le paon a des plumes superbes.

b. * **Classe les phrases selon que le verbe *être* est un auxiliaire ou pas.**

a. Le dauphin est passé près du bateau.
b. La baleine est dans ce secteur.
c. La mouette est entrée dans l'eau.
d. Le requin est absent de cette zone.

3 * **Explique la terminaison des participes passés.**

a. Notre école a organisé une rencontre sportive.
b. Nos correspondants sont partis de bonne heure pour y assister.
c. Les élèves de CP ont ouvert le tournoi avec une course en sacs.
d. Ils sont rapidement devenus tout rouges !

4 * **Écris le passé composé des verbes. Attention à l'auxiliaire et au participe.**

je *(sentir)* – ils *(entendre)* – tu *(croire)* – elles *(devenir)* – il *(prendre)* – nous *(arriver)*

5 ** **Récris les verbes de l'exercice 4 en changeant le sujet :**
singulier → pluriel / pluriel → singulier

Je consolide

6 * **Relève les verbes au passé composé.**

il veut regarder – tu as regardé – il a pu regarder – elle a voulu regarder – on peut regarder – il est venu regarder – nous allons regarder.

7 * **Relève les verbes au passé composé. Donne leur infinitif.**

Tomoe Gozen est une célèbre samouraï du XIIe siècle. Elle a mené de nombreux combats et a accompli des exploits extraordinaires. Lors d'une bataille terrible, elle a perdu tous ses soldats mais elle a refusé de s'avouer vaincue. Elle a lancé sa monture sur ses adversaires et a pu remporter la victoire.

8 ** **Complète les phrases avec le sujet qui convient.**

Des antilopes – hippopotames – Elle – Ils – La photographe – Certaines

a. ... a rampé jusqu'au buisson.
b. ... s'est bien cachée. ... n'ont rien entendu.
c. ... ont continué à se désaltérer.
d. ... sont arrivées. ... ont pu boire à leur tour.

9 DICTÉE PRÉPARÉE **Mets les verbes au passé composé.**

La saison dernière, tous les habitants *(soutenir)* les championnes de hockey de leur ville. Grâce à leurs encouragements, elles *(remporter)* la victoire. Après le match, des journalistes *(venir)* les interviewer. Les sportives *(répondre)* à leurs questions. Nous *(sentir)* leur émotion.

10 ** À DEUX **Complétez les phrases avec la forme qui convient. Justifiez votre choix.**

a. *(chanter – chantées – chanté)*
Les sirènes ont ... une mélodie extraordinaire.
b. *(devenus – devenues – devenu)*
Ulysse et ses compagnons sont ... comme fous.
c. *(parvenus – parvenues – parvenu)*
Ces créatures maléfiques ne sont pas ... à les ensorceler.
d. *(résisté – résistés – résister)*
Le héros a ... à leur charme.

11 **Ajoute deux phrases au récit de l'exercice 10. Écris les verbes au passé composé.**

15. Quand écrit-on le verbe à l'infinitif ?

Je réfléchis

1. Les pirates ont réussi à découvrir le trésor. Ils commencent à faire des projets.
2. Le capitaine du navire s'impose pour affirm... son autorité.
3. L'équipage se réjouit de rentr... enfin à son port d'attache.

a. Série 1, **souligne** les verbes conjugués. **Encadre** les autres verbes. Sous quelle forme sont-ils employés ?

b. Phrases 2 et 3, **explique** le moyen que tu peux utiliser pour écrire la terminaison manquante sans te tromper (appuie-toi sur ta précédente réponse).

c. **Repère** le mot (préposition) qui se trouve devant chaque verbe à l'infinitif. Que remarques-tu ?

1. Le cuisinier prend sa poêle à frire.
2. Il se prépare à cuire du poulet.
3. Les convives sont déjà prêts à déguster ce bon plat.

a. **Encadre** les groupes *préposition + verbe à l'infinitif*.

b. Quel mot chaque groupe complète-t-il ? Quelle est la classe grammaticale de chacun des mots complétés ?

c. **Liste** les prépositions déjà rencontrées.

1. Les marins ont pêché toute la nuit. Les poissons sont rapportés au port.
2. Les marins partent navigu... toute la nuit. Ils vont pêch... pendant leur expédition.
3. Quand les casiers sont décharg..., les pêcheurs peuvent nettoy... le bateau.

a. Série 1, **donne** le temps des verbes puis **justifie** la terminaison des participes passés.

b. Série 2, **souligne** les verbes conjugués puis **ajoute** les terminaisons manquantes en utilisant le test repéré plus haut. Que remarques-tu entre les séries 1 et 2 ?

c. Phrase 3, **écris** les terminaisons.

Le verbe à l'infinitif

■ Derrière *à, de, par, pour, sans*, le verbe est à l'infinitif.

*L'équipage se réjouit (verbe) **de** (prép.) fêter (verbe à l'infinitif) son retour à l'auberge.*

*Une planche (nom) **à** (prép.) découper (verbe à l'infinitif). Un élève heureux (adjectif) **de** (prép.) chanter (verbe à l'infinitif).*

■ Lorsque deux verbes se suivent, le deuxième est à l'infinitif SAUF après les auxiliaires *avoir* et *être*.

Les marins partent naviguer. Les marins ont navigué.

MÉMO ORTHO

Pour bien orthographier un verbe en [e], remplace-le par un verbe en *-ir*, *-oir* ou *-re*.

Les convives sont prêts à dégust[e].

→ *Les convives sont prêts à **rire*** (infinitif).

→ *Les convives sont prêts à dégust**er**.*

Je construis

ORAL 1 Remplace le verbe à l'infinitif par un verbe en *-ir*, *-oir* ou *-re*.

a. Les architectes dessinent les plans pour participer à un concours.
b. Le bâtiment doit consommer peu.
c. Le choix des matériaux sert à isoler le bâtiment.

ORAL 2 Complète les phrases par un verbe en *-ir*, *-oir* ou *-re* puis par un verbe en [e].

a. Le béton ou le bois servent à … des habitations.
b. Dans un logement, l'isolation est indispensable pour bien … .
c. Les transports électriques ont été inventés pour … .

1 * **Entoure les prépositions. Ajoute la terminaison des verbes.**

a. L'apiculteur commence par se protég… avant de visit… ses ruches.
b. L'abeille a commencé à butin… .
c. L'apiculteur a récolté le miel sans abim… les rayons.
d. Ces citadins sont fiers d'exploit… leur ruche.

2 * **Remplace les verbes à l'infinitif par un verbe en [e].**

a. Les Gaulois coupaient du bois pour construire les maisons.
b. Les artisans travaillaient le fer pour concevoir des outils.
c. Les chefs avaient mission de prendre les décisions importantes.
d. Le début de la Gaule est difficile à établir.

3 * **Complète les phrases avec un verbe en [e].**

a. Je vais à la bibliothèque pour … .
b. Les pirates ne sont pas près de … le trésor.
c. Dans ce magasin, ils ont un grand choix de machines à … .
d. Les élèves ont un exposé à … .

4 * **Ajoute la terminaison en [e].**

a. L'enquêtrice part relev… des indices.
b. Les riverains sont allés témoign… .
c. Julie a aim… chant… dans la chorale.
d. Mon frère a souhait… particip… à un tournoi de tennis.

Je consolide

5 * **Choisis la forme verbale qui convient.**

Les Gaulois ont eu l'idée de *(fabriqué / fabriquer)* des pièces de monnaie. Les échanges commerciaux ont été *(faciliter / facilités)* par cette invention. Ils ont pu *(négocier / négocié)* leurs marchandises. Ils ont *(perfectionner / perfectionné)* la charrue pour *(augmenter / augmenté)* le rendement de leurs champs.

Reconstitution d'une maison gauloise.

6 ** **Termine la phrase avec un verbe en [e]. Ajoute une préposition si besoin.**

a. Le jeune garçon est parti … .
b. Sa mère lui a dit qu'il était important … .
c. Il a dû se dépêcher … .

7 ** **Écris les terminaisons en [e]. Attention aux accords !**

La fusée a décoll[e] de la base de Baïkonour. En quelques minutes, les cosmonautes sont pass[e] d'une vitesse normale à 28 000 km/heure. Un cosmonaute doit habitu[e] son corps à support[e] des accélérations très fortes.

8 DICTÉE PRÉPARÉE **Explique la terminaison des verbes soulignés. Ton professeur te dictera le texte.**

Le sable est <u>utilisé</u> pour <u>fabriquer</u> de nombreux objets. On peut <u>trouver</u> des sables de couleurs différentes. Dans les zones volcaniques, les rivières vont <u>accumuler</u> des morceaux de roche qui sont <u>transportés</u> en direction de la mer pour <u>former</u> les plages de sable noir.

9 **Écris trois phrases avec :** aimer – important de – continuer à **+ verbe à l'infinitif.**

16. Comment orthographier les mots se terminant par [e] ?

Je réfléchis

1. Le diner est prévu à 19 heures.
Tu veux diner plus tard ?
2. La tombée de la nuit approche.
Attention, vous risquez de tomber sur un orage de fin d'été !

a. Série 1, **relève** les mots qui se prononcent et s'écrivent de la même manière. Lequel est un nom ? À quelle classe grammaticale l'autre mot appartient-il ? **Justifie** ta réponse.

b. Série 2, à quelle classe grammaticale appartient chacun des mots soulignés ? **Justifie** sa terminaison.

1. Les filles sont allées à la piscine.
Elie veut aller à la piscine.
2. Vous pouvez commencer vos exercices.
J'ai commencé mon exercice.
3. Mon petit frère a *(rêver)* toute la nuit.
Arrête de *(rêver)* !

a. Dans les séries 1 et 2, **relève** les verbes conjugués au passé composé.
Justifie la terminaison des participes passés.
Quelle est la classe grammaticale de *aller* et de *commencer* ?
Justifie leur orthographe.

b. Dans la série 3, **écris** correctement les verbes entre parenthèses.
Justifie leur orthographe.

1. Ta sœur a écouté tes conseils. En classe, les élèves doivent écouter attentivement.
2. Hier, vous attendiez la fin du déjeuner pour jouer avec vos camarades.

a. Série 1, **justifie** la terminaison des mots soulignés.

b. Dans la phrase 2, **relève** le verbe conjugué avec son sujet : à quelle personne est-il écrit ?

c. **Donne** la classe grammaticale de *déjeuner* et de *jouer*.

Ne confonds pas les mots en [e]

verbe à l'infinitif en *-er*	participes passés en *-é, -és, -ée, -ées*	2e personne du pluriel des verbes	noms en *-é, -ée, -er*
Tu veux lever cette pierre	*Il s'est levé* *Elle s'est levée*	*Vous attendez* *Vous espériez*	*Le lever du soleil* *La levée du courrier*
Pour t'aider, remplace la forme en [e] par un verbe en *-ir* ou en *-re*. Tu entendras s'il s'agit d'un infinitif. *Tu peux tenir cette pierre.*	Pour t'aider, regarde si le verbe est à un temps composé : auxiliaire + participe passé. AIDE ▶ Orthographe 14 page 200	Pour t'aider, mets le verbe à la 2e personne du singulier. *Tu attends* *Tu espérais*	Pour t'aider, regarde si le mot est précédé d'un déterminant.

MÉMO ORTHO

Ne confonds pas les formes en [e] avec les terminaisons d'imparfait.

VOIR ▶ page 202

Je construis

ORAL 1 Indique si le mot terminé par [e] est un nom ou un verbe à l'infinitif. Explique comment tu as trouvé.

a. Le facteur a fini sa tourn[e].
Il faudra tourn[e] à gauche.
b. J'attends l'arriv[e] des coureurs.
Nous n'allons pas arriv[e] à l'heure.
c. Le dimanche, nous faisons le march[e].
Interdit de march[e] sur la pelouse !

ORAL 2 Remplace le participe passé en [e] par celui du verbe entre parenthèses. Explique pourquoi ce remplacement peut t'aider.

a. Elvira a écouté *(entendre)* les explications de l'entraineur.
b. Mon frère a cherché *(perdre)* ses clés.
c. Je suis arrivé *(partir)* en retard.
d. Tu as joué *(lire)* toute la journée.

1 * **Complète les séries avec les mots entre parenthèses. Indique la classe grammaticale de chaque mot.**

a. *(traversée / traverser)* La ... sera difficile à cause de la tempête. Faites attention pour ... .
b. *(dictée / dicter)* Peux-tu me ... ce texte ? Nous avons bien préparé la ... .
c. *(allées / aller)* J'aime me promener dans les ... du parc. Veux-tu ... te promener ?
d. *(pensées / penser)* Il est perdu dans ses ... . Il faudra ... à son anniversaire.

2 * **Relève les phrases qui ont un verbe à l'infinitif. Souligne-le.**

a. J'ai oublié mon gouter dans mon cartable.
b. Vous pourrez gouter à 16 heures.
c. Nous visiterons la criée du port.
d. Il n'est pas nécessaire de crier si fort.

3 * **Complète les phrases avec la forme qui convient.**

a. Lors de son voyage en Espagne, Abel a *(retrouvé / retrouvait)* un ancien ami d'enfance.
b. Coralie et sa cousine ont *(monté / montaient)* les escaliers à toute vitesse.
c. Pour *(aider / aidait)* tes parents, tu as *(gardé / gardais)* tes petits frères hier soir.
d. Entouré par la foule, le vendeur a *(montré / montrait)* un nouveau produit.

Je consolide

4 ** **Donne la classe grammaticale précise des mots.**

allée – allé – aller – alliez

5 ** **Classe les mots en [e].**

a. Le guide nous a expliqué les aventures du capitaine.
b. Lors de ton exposé, tu as essayé de tout expliquer.
c. L'artiste a exposé au musée.
d. Le lion a mangé un gnou pour son déjeuner.

6 ** **Classe les mots en [e].**

Mon grand-père aime pêcher. Il a souhaité de m'emmener avec lui. En chemin, nous avons rencontré son meilleur ami qui a décidé de nous accompagner. Nous nous sommes arrêtés sur la jetée pour regarder la mer.

7 ** À DEUX **Ajoutez la terminaison qui convient : *-é*, *-ée*, *-er*. Justifiez vos réponses.**

a. Pour arriv... au cinéma, tu dois tour... à gauche.
b. La projection du film a commenc... .
c. La projectionniste est arriv... en retard.
d. Le metteur en scène a début... une tourn... de promotion.

8 ** **Complète les phrases avec l'infinitif ou le participe passé du verbe. Attention à l'accord du participe.**

a. Mes parents et moi avons *(quitter)* la salle.
b. Vous vous êtes *(retrouver)* tout seuls.
c. Vous avez commencé à nous *(chercher)*.
d. Puis vous avez fini par *(demander)* de l'aide.

9 ** **a. Relève tous les mots en [e] puis mets le texte à la 2e personne du pluriel de l'imparfait (dis-le à l'oral pour t'aider).**

Après le déjeuner, je décide de me promener sur le sentier escarpé. Je n'arrête pas de chanter tout le long de la montée. Je marche lentement et prends garde à ne pas tomber. J'aime écouter les oiseaux.

b. Souligne les formes verbales modifiées.

10 **Ajoute trois phrases à l'exercice 9.**

RÉVISION

17. Comment accorder le verbe avec le sujet ?

TEST

1 **a. L'une de ces affirmations est fausse. Laquelle ?**

a. La marque du pluriel des verbes n'est pas la même que celle des noms.

b. La marque du pluriel des verbes est *-s*.

c. La marque du pluriel des verbes à la troisième personne est *-nt*.

b. Donne un exemple pour les deux affirmations vraies.

2 **Mets les phrases au pluriel.**

a. La course d'endurance durera une demi-heure.

b. L'athlète s'entraine intensivement depuis des mois.

c. La nageuse avait déjà reçu deux médailles aux derniers Jeux.

d. Le vainqueur reviendra l'année prochaine.

3 **Accorde les verbes au présent.**

a. Samia *(grandir)* drôlement vite.

b. Igor *(mettre)* la table et nous le *(remercier)* chaleureusement.

c. Je *(voir)* pour la première fois les photos que vous *(aimer)* tant.

d. Malheureusement, mes cousines *(partir)* de bonne heure.

4 **Souligne le nom noyau du GNS et accorde les verbes.**

a. Les communications dans le monde (*augmenter* – présent).

b. Les humains qui vivent loin les uns des autres (*pouvoir* – futur) toujours échanger.

c. Avant, les connexions à Internet (*être* – imparfait) rares.

d. Aujourd'hui, les nouvelles du monde entier (*arriver* – présent) en temps réel.

Je me souviens

L'accord du verbe

MÉMO

GNS = Groupe Nominal Sujet

■ Le verbe s'accorde toujours avec le sujet (GN ou pronom).

*Les informations circul**ent** aux quatre coins du monde.*
GNS — verbe

*Nous parti**rons** de bonne heure.*
pronom sujet — verbe

■ Quand le sujet est un GN étendu, le verbe s'accorde avec le nom noyau.

*Le **troupeau** d'éléphants se déplace lentement.*
GNS — verbe

■ Les marques de pluriel du verbe ne sont pas les mêmes que celles du GN sujet.

*Les athlète**s** s'entrain**ent** depuis des mois.*

Je m'améliore à l'oral

ORAL 1 Lis les phrases à voix haute.
a. Entends-tu une différence dans la terminaison des verbes ?

a. Nous habitons une ville verte. Dans cent ans, les hommes habiteront peut-être sur une autre planète.
b. Les villes installent des fontaines dans les parcs. Le paysagiste installe ses outils.
c. Vous habitez à côté de la place de la République. J'habitais juste de l'autre côté.
d. Le jardin d'enfants se trouve derrière l'école. Tu trouves toujours une bonne idée.

b. Explique les différences à l'écrit.

ORAL 2 Lis les phrases en mettant les verbes au présent.

a. Sami et Gratien *(fréquenter)* la même piscine.
b. Sami et moi *(être)* inscrits au même club de judo.
c. Toi et Gratien *(préférer)* le skate au roller.
d. Gratien et nous *(aller)* à l'école en car.

ORAL 3 Complète le GNS.

a. Agathe et ... sont allées en classe de découverte.
b. Ana et ... irons en Espagne l'été prochain.
c. Mathieu et ... avez oublié votre brosse à dents.
d. Solal et ... sont rentrés d'Espagne hier.

ORAL 4 Lis les phrases en accordant les verbes au présent puis à l'imparfait puis au futur.

a. Grâce à Internet, les messages *(se transmettre)* vite.
b. Les réseaux sociaux *(réunir)* des individus.
c. Je *(pouvoir)* chercher des informations.
d. Tu *(envoyer)* souvent des photos.
e. Vous *(répondre)* très rapidement.

Je m'améliore à l'écrit

1 * **Écris les phrases c. et d. de l'exercice ORAL 1 en mettant le sujet au singulier ou au pluriel selon le cas.**

2 * **Souligne le nom noyau du GNS et accorde les verbes.**

a. Les réseaux de l'Internet (*couvrir* – présent) la planète et *(favoriser)* les contacts.
b. Certaines zones éloignées (*accéder* – futur) bientôt au réseau.
c. Les techniques du numérique (*permettre* – imparfait) d'évoluer.
d. La vigilance des modérateurs (*garantir* – présent) la sécurité des citoyens.

3 * **Remplace le GNS par un pronom personnel et accorde le verbe.**

a. Les échanges numériques (*aller* – imparfait) moins vite avant.
b. Ma classe (*participer* – futur) à une correspondance.
c. Louisa et moi (*tenir* – futur) un blog pendant notre séjour.
d. Deux élèves de la classe (*connaitre* – imparfait) déjà cette ville.

4 * **Mets les GNS au pluriel. Entoure les marques de pluriel.**

a. Ce jeu se joue en réseau.
b. Le joueur vivait dans un autre pays.
c. La lumière d'écran d'ordinateur nuit à la santé.
d. Le règlement interdit certaines utilisations.

5 À DEUX **Choisis un verbe. Demande à ton voisin d'écrire une phrase avec ce verbe (précise le temps) et un sujet de son choix. Inversez les rôles.**

prendre – dire – chercher – apercevoir

18. Comment accorder l'adjectif attribut et le participe passé après *être* ?

Je réfléchis

1. Le pommier est productif cette année.
Les vignes sont productives cette année.
2. L'agriculteur est parti au marché.
Les agricultrices sont ... au marché.
3. Les châtaignes tombent et s'ouvrent.

RÉVISION

a. Série 1, **souligne** les sujets en bleu, les verbes en rouge et les adjectifs en vert. Quelle est la fonction des adjectifs ? **Justifie** leur accord.

b. Série 2, **souligne** le verbe de la première phrase en rouge. À quel temps est-il employé ? **Complète** la phrase 2.

c. **Mets** la phrase 3 au passé composé. **Trace** les chaines d'accord.

1. La victime semble effrayée.
Les passants paraissent stupéfaits.
2. Soudain, l'homme est livide.
Les témoins sont impassibles.

a. Série 1, **remplace** les verbes par le verbe *être* puis **observe** l'accord des adjectifs. Qu'en déduis-tu sur les verbes *sembler* et *paraitre* ?

b. **Trouve** d'autres verbes pour remplacer *est* et *sont* dans la série 2.
Comment as-tu accordé l'adjectif ?

1. La courge et le potiron sont originaires d'Amérique du Sud.
2. La consommation de fruits et légumes reste indispensable pour la santé. Les fruits et les légumes sont indispensables pour la santé.
3. Au marché, les producteurs sont arrivés très tôt et repartis très tard.

a. Séries 1 et 2, **souligne** les sujets en bleu et les adjectifs attributs en vert. **Trace** les chaines d'accord.

b. **Récris** la phrase 3 en remplaçant *les producteurs* par *la marchande*.

L'adjectif attribut et le participe passé après *être*

■ Ils s'accordent toujours en genre et en nombre avec le sujet.

Les abricots *sont mûrs*.
sujet masc. pl. — verbe — adjectif attribut masc. pl.

être, sembler, paraitre, devenir, rester, demeurer...

Les pommes *sont tombées de l'arbre.*
sujet fém. pl. — auxiliaire — participe passé fém. pl.

■ La règle est la même :

– quand il y a plusieurs GN sujets ou un GN étendu ;

Le chat et la souris *sont ennemis*. ***Les chats*** *de ma voisine sont indépendants*.

– quand les adjectifs ou les participes passés sont coordonnés.

La rivière *est étroite et sinueuse*.

POUR ALLER PLUS LOIN ▶ Grammaire 11, page 160

Je construis

ORAL 1 Mets les sujets au féminin.

a. L'acteur est excellent.
b. Ce chien parait vieux.
c. Le petit garçon semble malicieux.
d. Le joueur est vif et combatif.

ORAL 2 Remplace le sujet au masculin par un sujet au féminin.

a. Le véhicule de mon oncle est ancien.
b. Le fleuve est tortueux et peu profond.
c. Le potage de ma grand-mère est toujours crémeux, savoureux et odorant.

1 * Transpose au pluriel les sujets singuliers et inversement.

a. Ce paysage est magnifique.
b. Le ruisseau est parsemé de cailloux.
c. Les marmottes sont sorties de leur hibernation.

2 * Choisis l'adjectif ou le participe passé qui convient et écris les phrases.

a. Certaines vaches sont *(élevé / élevées)* en montagne.
b. Elles sont très *(robustes / robuste)*.
c. Leur lait est *(utilisée / utilisé)* pour la fabrication des fromages.

3 * Mets les sujets au pluriel et récris les phrases. Fais les accords.

a. La promenade en forêt est longue.
b. Le champignon ne semble pas très appétissant.
c. La montagne parait dorée au coucher du soleil.

4 * Accorde les adjectifs.

a. Le chou et la betterave sont *(saisonnier)*.
b. L'utilisation de produits chimiques reste *(préoccupant)*.
c. Ces temps-ci, la température et la pluie deviennent *(néfaste)* pour les cultures.

5 * Accorde les participes passés.

À l'aube, des hommes en noir sont *(sorti)* de la maison. Lorsque Mme et M. Stanley sont *(arrivé)* chez eux, la propriétaire des lieux était *(parti)* chez les voisins pour appeler la police.

Je consolide

6 * Accorde les mots entre parenthèses.

a. Quand la pluie et la neige sont *(réuni)*, les risques sont *(important)*.
b. La famille de Magali est déjà *(arrivé)*.
c. La majorité des visiteurs est *(venu)* en transports en commun.

7 * Accorde les adjectifs.

a. La haie de mes parents sera fleuri... dans quelques mois.
b. Au printemps, la clématite reste majestueu... et odorant... quelques semaines.
c. Vues de loin, les fleurs à clochettes paraissent nombreu... et coloré... .

8 ** Mets les verbes au passé composé.

a. Mon frère et ma sœur descendent de leur poney.
b. Le gardien des écuries cherche ses clés.
c. Le vétérinaire ne reste pas longtemps.
d. Le chien arrive suivi de ses chiots.

9 ** Complète la phrase par un attribut du sujet ou un participe passé.

a. Nous sommes ..., les vacances sont ... .
b. La maison de location est ... et ... .
c. Ma sœur est ... de discuter avec son amie, elles paraissent ... et ... .

10 AUTODICTÉE Donne la classe grammaticale des mots soulignés et justifie leur accord.

Les arbustes du parc sont <u>magnifiques</u> : ils semblent <u>arrosés</u> tous les jours et <u>taillés</u> chaque semaine. Ils se sont <u>développés</u> très vite.

11 Décris l'image en utilisant au moins un adjectif attribut et un participe passé que tu souligneras. Emploie le verbe *être* et un autre verbe de la liste page 208.

Chocard à bec jaune.

1. Comment la langue française s'enrichit-elle ?

Je réfléchis

1. Si Spider-Man a la silhouette d'un humain, il est doté de capacités surhumaines.

2. Luc change souvent d'humeur et ces changements sont très agaçants.

RÉVISION

a. Relève les mots dérivés. Comment sont-ils construits ?

b. Propose un mot dérivé avec le même préfixe, un autre avec le même suffixe.

1. Ta robe de chambre et ta chemise de nuit sont accrochées au portemanteau.

2. Comment vivre sans un fer à repasser ou sans une machine à laver ?

a. Relève les mots composés. **Donne** un autre mot composé avec *porte*.

b. Trouve un mot composé avec les noms *jeu* et *pont*.

1. moustique – corrida – pastille – castagnettes

2. chips – poney – tennis – teeshirt

3. biscotte – corsaire – spaghetti – piano

4. képi – quiche – choucroute – handball

• À quelle langue sont empruntés les différents mots de chaque série ?

Pour enrichir la langue

■ **On crée de nouveaux mots par dérivation.**
L'ensemble des dérivés forme une famille de mots.
un jour → *une journée* – *un séjour* → *séjourner*

■ **On emprunte des mots à d'autres langues.**
Les mots ***baby-sitter*** ou ***sandwich*** sont empruntés à l'anglais.

■ **On associe des mots pour créer des mots composés.**
une pomme + (qui pousse dans) *la terre* = *une pomme de terre*

AIDE ▶ Vocabulaire 3, page 214

Je construis

Pour tous les exercices,
aide-toi d'un dictionnaire pour adulte.

ORAL 1 Propose une phrase pour chacun des noms empruntés à l'espagnol.

une cafétéria – un coyote – un rodéo – une paella

ORAL 2 Propose une phrase pour chacun des noms empruntés au russe.

une isba – la toundra – une troika

ORAL 3 Propose une phrase pour chacun des noms empruntés à l'anglais.

un skateboard – du ketchup – un jean – un pullover – un camping – un building

1 * Propose deux mots de la famille de chaque nom.

route – bouche – nature – bond – boite

2 * Complète chaque mot pour créer un nom composé.

coup – chaise – garde – coupe

3 ** Trouve le nom composé construit avec le mot entre parenthèses.

a. Le *(pare)* de sa voiture a reçu un gravillon : il est fêlé.
b. Cet homme est un véritable *(cordon)* : tout le monde veut manger à sa table.
c. Il est préférable de faire fondre le chocolat au *(bain)*.
d. Les jeunes mariés passent leur *(lune)* au large de l'Espagne.

4 * Complète avec le mot d'emprunt qui convient. Vérifie l'orthographe des noms au pluriel.

chewing-gum – paréo – kung-fu – bretzel

a. La danseuse portait un magnifique ... couvert de fleurs d'hibiscus.
b. Sur les marchés de Noël, on peut manger des ... .
c. Les ... sont fabriqués avec du latex, du sirop et des arômes.
d. Les Chinois sont maitres dans l'art du ... .

Je consolide

5 ** Trouve les dérivés de *fin*. Utilise le dictionnaire.

a. Les ... de ce vêtement ne sont pas soignées.
b. Il est difficile de donner la ... du mot *liberté*.
c. Le professeur a fait preuve d'une patience ... envers cet élève.
d. Tout le monde admire la ... de ses traits.

6 ** Écris le mot correspondant à chaque définition.

– anglais
a. Le fait d'aller de magasin en magasin.
b. Spectacle de variété réservé à une vedette.

– espagnol
c. Grand rectangle en laine tissée que l'on passe par la tête comme en Amérique latine.
d. Homme qui affronte le taureau dans une corrida.

– arabe
e. Récipient de verre pour servir de l'eau ou du vin.
f. Vêtement féminin qui descend de la ceinture au genou ou plus bas.

– italien
g. Inscription ou dessin tracé sur un mur.
h. Fromage frais de lait de bufflonne.

7 Cherche :

a. l'origine du mot *barbecue*,
b. le mot de base dont est dérivé le nom *lotissement*,
c. le sens du nom composé *développement durable*.

Utilise-les pour décrire cet éco quartier.

Banlieue de Freiburg, Allemagne.

2. Quelles sont les bases grecques et latines du français ?

Je réfléchis

1. Tu aimes bien la **géographie**, je préfère l'**orthographe**.
2. Raja cherche dans son livre d'histoire la généalogie des rois de France.

a. Phrase 1, quels sont les éléments communs aux mots en gras ?

b. En grec, *graphein* signifie *écrire*, *orthos* signifie *droit* et *gê* désigne *la Terre*.
Propose une définition des mots *géographie* et *orthographe*.

c. Phrase 2, **cherche** le sens du mot *généalogie* dans le dictionnaire. **Trouve** deux autres mots contenant l'élément *-logie* et **donne** leur sens.

1. Les animaux peuvent être ovipares, vivipares ou ovovivipares.
2. Cet ancien pont était surement un aqueduc ou un oléoduc.

a. **Cherche** dans un dictionnaire pour adulte la définition de *ovipares*, *vivipares* et *ovovivipares*. L'élément latin *-pare* signifie *produire*, *enfanter*. Quel est le sens de l'élément latin *ovi-* ?

b. Phrase 2, dans ton dictionnaire, **trouve** le sens des mots soulignés. Quels autres mots composés avec l'élément *-duc* connais-tu ?

1. un trident – la dentelle – édenté – dentelée
2. un podium – un palmipède – un podologue – un piédestal

En 1, les mots viennent du nom latin *dens*, *dentis*, qui signifie *dent*. Ceux de la liste 2 viennent du grec *pod-* ou du latin *ped-* qui signifie *pied*. En utilisant les noms *dent* ou *pied*, **propose** une définition des mots.

L'origine des mots

De nombreux mots français viennent du grec ou du latin.

■ Certains mots sont formés de deux éléments d'origine grecque ou latine.

Grec	Latin
Le mot ***bibliothèque*** vient de *biblion = le livre + thêkhê = la place, le coffre* → Un endroit où on range des livres.	Le mot ***agriculture*** vient de *agri = le champ + colere = cultiver* → Le fait de cultiver les champs.

■ D'autres mots sont issus d'un mot grec ou latin.

cuclos en grec = *le cercle* → tous les mots français comportant l'élément ***cycl-*** **gardent l'idée de « cercle »** : *une bicyclette – un Cyclope*

caput en latin = *la tête* ou qui est à la tête → tous les mots français comportant l'élément ***cap-*** **gardent l'idée de « tête »** : *un capitaine – une capitale*

Je construis

ORAL À DEUX

a. Trouvez deux mots français formés à partir du mot grec *poly-* qui signifie *plusieurs*.

b. Trouvez deux mots français formés à partir du mot latin *multi-* qui signifie *plusieurs*.

1 * **Complète les phrases avec les mots formés de deux éléments d'origine grecque.**

anarchie – astronomie – kleptomane – métamorphose

a. L'... est la science qui étudie l'univers.
b. Dans cette légende, la ... d'un personnage en loup est une punition pour sa cruauté.
c. Ce ... conservait chez lui plusieurs milliers de clés.
d. Un pays sans gouvernement sombre dans l'... .

2 ** **Complète les phrases avec les mots formés de deux éléments d'origine latine.**

omnivore – équilatéral – octosyllabe – océanologue

a. Un ... étudie la vie des océans.
b. Le régime alimentaire d'un animal ... est varié.
c. Les trois côtés d'un triangle ... sont de même longueur.
d. En poésie, un vers de huit syllabes est un ... .

3 * **Utilise un mot de chaque série dans une phrase.**

a. L'élément grec ***lamp-*** signifie ***briller, resplendir***.
lampion – lampadaire – lampiste
b. L'élément grec ***tox-*** vient de ***toxos***, ***poison dont on enduit une flèche***.
toxique – toxine – intoxication
c. L'élément latin ***viv-*** signifie ***manger***, ***vivre***.
Il prend parfois la forme ***vict-***.
convive – victuailles – survivant
d. L'élément latin ***bon-*** signifie ***bon***, ***généreux***.
bonification – débonnaire – bonté

4 **a.** * **À partir de l'élément latin *fert-* issu de *ferre*, *porter*, *contenir des éléments utiles*, donne la définition des mots.**

fertile – fertilisation – fertiliser

b. Choisis-en un et emploie-le dans une phrase.

Je consolide

Pour tous les exercices, aide-toi d'un dictionnaire pour adulte.

5 ** **Cherche le sens des mots issus du grec.**

astronomie – économie – autonomie – gastronomie – physionomie

6 ** **Devinette.**

Qu'ont en commun un *claustrophobe* et un *hygrophobe* ?

7 ** **Devinette.**

Que mange-t-on quand on est *ichtyophage*, *xylophage* ou *entomophage* ?

8 ** **Explique le lien entre le verbe latin *ducere* qui signifie *conduire* et les mots de la liste.**

douche – conducteur – éducation

9 ** **Trouve l'intrus.**

a. sismographe – vulcanisme – sismologue – séisme
b. manuel – manutention – chirurgie – manipuler

10 ** **Explique comment retenir l'orthographe du mot *orthographe*.**

11 **Voici une liste de mots grecs ou latins.**

thêkhê → *-thèque* : endroit où l'on place quelque chose
philein → *-phile* : aimer
gradus → *-grade* : pas, marche

Associe l'un de ces mots avec un mot français pour créer un mot fantaisiste. Donne sa définition.
Exemples :
– une *nuagographe* est une artiste qui écrit avec ou sur les nuages ;
– un *cartablesursondosfère* est un écolier.

3. Qu'est-ce qu'un nom composé ?

Je réfléchis

1. Monsieur Gobert a toujours plusieurs stylos dans sa poche.
2. Nous aimions jouer aux billes à la sortie de l'école.
3. Augustin n'aime pas prêter son stylo à bille.

RÉVISION

a. Quels mots des phrases 1 et 2 retrouve-t-on dans la phrase 3 ?

b. **Explique** l'association entre ces deux mots.

c. **Trouve** un autre nom composé avec un de ces deux mots.

1. Le clair-obscur est une technique de peinture développée au XVIe siècle.
2. Jo a oublié son tirebouchon sur son plateau-repas.

a. **Relève** les noms composés dans les deux phrases. Quelle est la classe grammaticale de chaque élément ?

b. **Propose** un nom composé pour chaque mot : *nouveau – garde – sac*. **Aide-toi** d'un dictionnaire.

1. La spécialité de ce restaurant est le pot-au-feu.
2. Sur la table, l'aubergiste a posé un petit pot de confiture.

a. Dans quelle phrase *pot* est-il un élément d'un nom composé ? **Donne** la fonction du deuxième élément dans l'autre phrase.

b. Dans un dictionnaire, **cherche** le sens des noms composés *pot-de-vin*, *pot aux roses*, *pot d'échappement*. **Construis** une phrase pour chacun d'eux.

Le nom composé

■ **Un nom composé est construit avec deux ou plusieurs mots existants.**
Le nom composé a une signification propre.
un chou / une fleur → un chou-fleur (= une variété de légume et pas un chou en fleur)

■ **Les mots composés sont construits avec :**
– un nom + un nom : ***un crayon-feutre***
– un nom + un adjectif ou participe présent : ***un cerf-volant***
– un verbe + un nom : ***un taille-crayon***
– un nom + *de / à / sur / sous / contre*, etc. + un nom ou un verbe : ***un raz-de-marée – un devoir sur table – une table à repasser***
– une préposition + un nom : ***un contresens.***

⚠ **Ne pas confondre les noms composés et les GN étendus avec un complément de nom.**
un sans domicile fixe ≠ Le domicile de ses parents est à Marseille.

MÉMO ORTHO

Noms composés d'un verbe + un nom
– au singulier, les deux éléments sont au singulier : *un essuie-main*
– au pluriel, seul le nom est au pluriel : *des essuie-mains*

Je construis

Aide-toi du dictionnaire
pour tous les exercices.

ORAL Donne le plus de noms composés avec les éléments :

a. avant – sans – dessus
b. contre – sur – super

1 * **Retrouve les noms composés (ajoute le déterminant).**

a. premier pain toit saint
ouvrant ministre bernard perdu

b. lettre mots thé pigeon
voyageur croisés dansant recommandée

c. mini semi demi après
heure midi golf remorque

d. quatre mille porte chauffe
savon plat quart feuille

2 ** **Complète les noms composés.**

a. Dans ce quartier, le ciné... diffuse un film chaque mardi.
b. Ma sœur a pris quelques cours dans une auto... .
c. Sur les routes, cela a été un chassé-... pendant tout le weekend.
d. Certaines personnes manquent de savoir-... .

3 * **Choisis le verbe qui convient.**

a. N'appuyez pas trop fort sur le *(compte / délivre)*-goutte.
b. Certains *(déchire / coupe)* -papiers sont très jolis.
c. Quand le *(porte / passe)*-plat est en panne, on a deux fois plus de travail.
d. Le *(protège / garde)*-côte a aperçu un navire en détresse.

4 ** **Classe les GN soulignés selon qu'il s'agit de noms composés ou de noms + complément de nom.**

a. Le producteur vend les fèves de cacao au prix de gros.
b. La consommation d'aliments gras est déconseillée.
c. Ce médecin prescrit systématiquement une prise de sang.
d. La plante du salon a besoin d'eau.

Je consolide

5 * **Complète les noms composés avec la préposition qui convient.**

a. Les chevaux ... course s'entrainent tous les jours.
b. Les coiffeurs ... dames sont plus nombreux.
c. Sa lotion ... rasage est très parfumée.
d. Nous avons une chambre ... demi-pension.

6 * **Remplace l'expression entre crochets par un nom composé.**

a. Cet hiver, le [véhicule pour enlever la neige] n'est pas sorti.
b. La [personne qui aide les femmes à accoucher] fait un beau métier.
c. Ses [parents de ses parents] habitent le Sud.
d. Dans ce wagon, il n'y a plus de place sur le [grille pour poser ses bagages].

7 ** **Complète les noms composés.**

a. Les choux à ... sont délicieux dans cette patisserie.
b. La banque lui a adressé un recommandé avec accusé de ... .
c. Pour une meilleure conservation, le fromage est dans un emballage sous ... .
d. Sa réussite est un pied de ... à ceux qui ne l'aimaient pas.

8 À DEUX. PRÉPARATION À LA DICTÉE
Recopiez les noms composés plusieurs fois pour bien les mémoriser. Dictez-vous les noms composés et justifiez les accords.

Des caméramans ont filmé les deux brise-glaces qui se sont aventurés très près du pôle Nord. Il s'agit de Franco-Américains qui vivent au Canada. Leur film montre les signes avant-coureurs de la disparition de la banquise.

9 **Écris deux phrases pour employer les noms composés :**
chauvesouris – film pour enfants.

4. Quel est le sens des préfixes et des suffixes ? re-/a-/en-, -esse/-able/-ible/-age

Je réfléchis

1. En <u>retournant</u> dans son village, Aglaé a pu <u>revoir</u> ses anciens camarades.
2. Le déménageur allège les cartons puis les apporte dans le camion.
3. Ses amis l'ont encerclée et elle les a embrassés.

a. Phrase 1, **identifie** le préfixe des deux mots soulignés. Quel est le sens de ce préfixe ? **Propose** une phrase avec un autre verbe commençant par ce préfixe.
b. Phrase 2, **relève** les verbes comportant le préfixe *a-*. **Reformule-les**. Le préfixe a-t-il le même sens dans les deux verbes ?
c. Phrase 3, **trouve** le mot de base des verbes.

1. La délicatesse de ce plat vient de la finesse des produits.
2. Ce plat est mangeable. Cette carte est lisible.
3. Le décollage de l'avion a été facile mais l'atterrissage est plus compliqué.

a. En 1, **trouve** les deux noms dérivés. Comment sont-ils formés ?
b. En 2, **relève** les mots formés à partir de verbes. Quelle est leur classe grammaticale ? **Donne** le sens des suffixes.
c. En 3, **relève** les mots formés avec un suffixe. De quels mots sont-ils dérivés ? Ont-ils la même classe grammaticale ?

La plupart des préfixes changent le sens du mot mais pas sa classe grammaticale.

Devant un verbe, le préfixe

■ *re-* (*ré-* ou *r-*) désigne :
– une action que l'on fait à nouveau
→ *re**lire***
– une action que l'on fait plus précisément
→ *re**chercher***
– un changement d'orientation
→ *re**tourner***

■ *a-* indique :
– un but à atteindre
→ *a**pporter** (porter vers)*
– un changement d'état
→ *a**lléger** (rendre plus léger)*

■ *en-* (*em-* devant *m*, *b*, *p*) indique :
– un déplacement
→ *en**lever***
– l'idée de « mettre à l'intérieur »
→ *em**brasser***

Le suffixe change le sens du mot et le plus souvent sa classe grammaticale.

Le suffixe

■ *-esse* sert à construire des noms féminins à partir d'adjectifs.
*délicat → la délicat**esse***

■ *-able/-ible* sert à construire des adjectifs à partir de verbes. Il signifie « qui peut être ».
*manger → mange**able** (qui peut être mangé)*

■ *-age* sert à construire des noms masculins à partir de verbes.
*coucher → un couch**age***

MÉMO ORTHO

Avec le préfixe *a-*, la consonne est souvent doublée.
c (*a**cc**aparer*) f (*a**ff**ermir*)
l (*a**ll**onger*) p (*a**pp**rivoiser*)
r (*a**rr**anger*) s (*a**ss**urer*)
t (*a**tt**rister*)

Je construis

Utilise le dictionnaire pour trouver les mots ou vérifier leur orthographe.

ORAL 1 Trouve les verbes dérivés et utilise-les dans une phrase.

a. **préfixe *re-*** : inventer – sentir – assurer
b. **préfixe *a-*** : léger – faible – peur
c. **préfixe *en-*** : porter – prison – cadre

ORAL 2 a. Ajoute un suffixe pour obtenir un nom dérivé.

emballer – assembler – défricher – sage – fin

b. Ajoute un suffixe pour obtenir un adjectif dérivé.

rire – convertir – accepter – transmettre – remarquer

1 * **Complète chaque verbe avec un préfixe.**

a. La famille se ...unit pour les fêtes.
b. Chacun ...porte une spécialité.
c. S'il y a des restes, ils seront ...portés.
d. Les plus jeunes s'...pressent d'aller jouer.

2 ** **Relève les verbes qui comportent le préfixe *a-*. Donne leur définition.**

apporter – aplatir – aimer – atterrir – aller – arrêter

3 * **Donne les noms dérivés des adjectifs.**

gentille – souple – tendre – adroit

4 * **Trouve les adjectifs dérivés puis classe-les selon leur suffixe.**

nuire – habiter – plier – élire – servir – laver – louer – prévoir

5 * **Donne les noms dérivés des verbes.**

éclairer – marier – repasser – masser – coucher – élaguer

6 * **Classe les mots selon qu'ils sont construits avec un préfixe, un suffixe ou les deux.**

reconstruire – grossesse – compatible – passage – embrigader – remarque – décollage – anormal – politesse

Je consolide

7 **a.** ** **Trouve les verbes dérivés d'après les définitions.**

a. rendre plus beau
b. rendre plus long
c. hydrater après dessèchement
d. rendre plus proche
e. rendre triste

b. ** **Choisis deux verbes dérivés et écris une phrase pour chacun.**

8 ** **Trouve les mots dérivés.**

Adjectif **a.** qu'il n'est pas possible de croire
Noms **b.** le fait d'écrémer
c. le fait d'être hardi
Verbes **d.** évaluer de nouveau
e. détruire ce qui a été construit
f. souder une autre fois

9 DICTÉE **Recopie les mots qui ont un préfixe. Souviens-toi de leur orthographe lors de la dictée.**

Les nuages assombrissent le ciel alors que le bateau accoste enfin. Les pirates affamés débarquent et rêvent de s'assoupir, le ventre plein, avant de repartir. Ils sont rassurés lorsqu'ils voient une auberge allumée.

10 **Explique une activité de bricolage en cinq étapes.**

Chaque étape comportera un nom dérivé de verbes comme *couper*, *coller*, *plier*, *colorier*, *sécher*, etc.
Idées d'activités :
– fabrication d'un objet en papier mâché,
– réalisation d'une illustration avec des papiers découpés et collés,
– fabrication d'une boite de rangement.

5. Comment le verbe change-t-il de sens ?

A

B

C
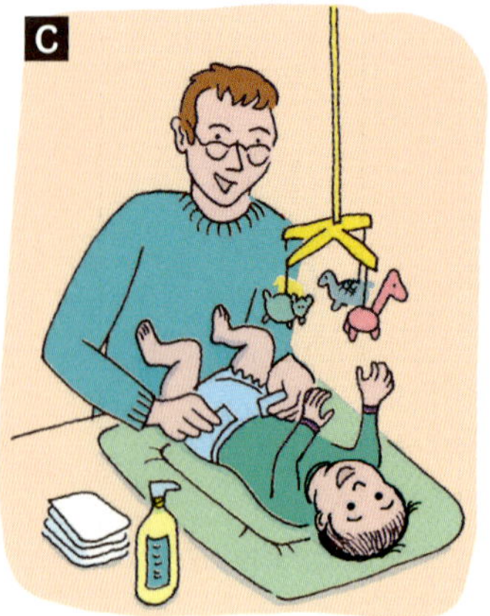
D

Je réfléchis

1. Dès que la mer montera, déplacez vos serviettes.
Mamie a de plus en plus de mal à monter les escaliers.

2. Au square, les enfants jouent.
Emma joue à la marchande.

RÉVISION

a. **Imagine** une phrase pour chaque dessin en utilisant le verbe *pousser* (dessins A et B) et *changer* (dessins C et D).

b. Séries 1 et 2, dans quelle phrase le verbe est-il construit sans complément ? Dans lesquelles en a-t-il un ? Donne le sens du verbe dans chaque phrase.

1. Pour monter cette sauce, il faut une certaine habileté. Les touristes sont montés au sommet de la tour.

2. Papy joue avec Hector. Depuis un moment, sa mémoire lui joue des tours.

a. Dans quelles phrases le verbe a-t-il un sens littéral (habituel) ?

b. **Reformule** les phrases dans lesquelles il a un sens figuré.

1. Le joueur de rugby a surmonté sa douleur à l'épaule.

2. Cette gardienne de but a déjoué la ruse du butteur adverse.

a. De quels verbes *surmonter* et *déjouer* sont-ils dérivés ?

b. **Donne** le sens des deux verbes dérivés.

Le verbe change de sens

- Selon qu'il a un complément ou pas.

*La mer **monte**. C'est dur de **monter** ces escaliers.*

- Selon la construction du complément.

*Lison **joue** avec son hochet. Edgar **joue** au tennis depuis trois ans.*

- Quand il est employé dans une expression avec un sens figuré.

***jouer** au Loto – **jouer** sa réputation – **jouer** un personnage*

- Quand on lui ajoute un préfixe.

***monter** → **dé**monter → **sur**monter*

Je construis

ORAL 1 Donne deux exemples pour chaque verbe : dans l'un, il sera suivi d'un complément, dans l'autre pas.

rire – soigner – lire – espérer

ORAL 2 Trouve un verbe dérivé et propose une phrase.

mener – venir – caler – parer

1 * **Remplace l'expression en gras par une expression synonyme (lis d'abord toutes les phrases).**

s'adresser à – s'exprimer – raconter – échanger des paroles

a. Les navigateurs **parlent** régulièrement **avec** leur entraineur.
b. Le coureur **parle de** ses exploits dans son livre de souvenirs.
c. Un coureur en difficulté **parle à** un ami dont le bateau est proche.
d. Les gagnants **parleront à** la radio juste après la course.

2 ** **Complète les phrases avec le verbe *demander*. Utilise la construction qui convient.**

a. Simon ... l'on reconnaisse son innocence.
b. Pour obtenir un passeport, il faut d'abord le ... .
c. Mon voisin m'a ... lui prêter mes skis.
d. Le maitre de ballet ... une chorégraphie compliquée.

3 **a.** * **Remplace l'expression de sens figuré par une expression synonyme.**

nous cacher la vérité – rester calme – le regretter – déprimer

a. Inutile de **broyer du noir**, il faut agir.
b. En toutes circonstances, il faudra **garder la tête froide**.
c. Cependant, il ne faut pas **nous voiler la face** : l'affaire est compliquée.
d. Ne faisons pas d'erreur, nous pourrions **nous en mordre les doigts**.

b. ** **Choisis un verbe en gras et invente une phrase dans laquelle il aura un autre sens.**

4 ** **Pour chaque verbe, trouve un verbe dérivé puis construis une phrase.**

ouvrir – fermer – filer

Je consolide

5 ** **Trouve le verbe commun à toutes les phrases. Utilise la construction et le temps qui conviennent.**

a. Le capitaine du *Titanic* ne ... plus ... l'avenir de son navire.
b. Malgré les appels de détresse, les navires alentour ne ... pas.
c. Le chef d'orchestre ... ... ses musiciens qu'ils devaient jouer jusqu'au bout.
d. Le constructeur du bateau ... ...'il n'était pas responsable des choix du capitaine.

Gravure du *Titanic*, Achille Beltrame, 1912.

6 ** **Complète le verbe avec le préfixe qui convient.**

ac- *dé-* *pré-* *sé-* *re-* *pro-* *inter-*

a. Les enfants ont **...jeté** d'aller au cinéma mais on les **...vient** que leur chien erre à l'entrée de la ville.
b. Ils décident d'**...venir** aussitôt et de **...porter** leur projet. Les enfants **...courent** à l'entrée de la ville puis se **...parent** pour augmenter leurs chances.
c. Très vite, ils **...nichent** leur chien, caché derrière un tas de bois.

7 JEU **Choisis l'un des verbes.**

fermer – secouer – avaler – chauffer

Au crayon, sur une bande de papier, écris deux phrases avec ton verbe : dans l'une, il aura un sens littéral, dans l'autre, un sens figuré.
Efface le verbe, donne la bande de papier à ton voisin et demande-lui de le trouver.

6. Les synonymes et les antonymes

Timiderie de l'âne en peine

Je n'aime pas qu'on me regarde.
Je me sens bien embarrassé.
Je rougis quand on me regarde.
Je bafouille et suis compassé[1].

J'ai chaud, j'ai peur, j'ai froid, j'ai chaud.
Je suis tout rouge et je pâlis.
Ils me regardent de leur haut.
Ils me regardent. Je blêmis. […]

■ Claude Roy, *Enfantasques* © Éditions Gallimard.
www.galllimard.fr

1. Compassé : gêné.

Illustration de Claude Roy ▶

Je réfléchis

a. Dans la première strophe, **relève** les deux mots de même sens. Comment la gêne de l'âne en peine se manifeste-t-elle ?

b. Dans la deuxième strophe, **relève** :
- les mots de même sens ; lequel a le sens le plus fort ?
- les mots de sens contraire.

c. Le mot *timiderie* existe-t-il ? Comment le poète l'a-t-il construit ? Quel est le rapport entre la *timiderie de l'âne en peine* et l'emploi de mots de sens contraire dans le poème ?

Dans les poèmes, les récits, les textes de théâtre

■ Les synonymes (mots de sens proche) permettent de préciser ce dont on parle, d'exprimer des nuances, de varier l'expression, d'éviter les répétitions…

porter des ***chaussures*** *→ des* ***sandales*** *→ des* ***escarpins***

virer au ***rouge*** *→ au* ***carmin*** *→ à l'****écarlate***

■ Les antonymes (mots de sens contraire) opposent des caractères, des atmosphères, expriment les changements de sentiments d'un personnage…

Alors que Gino avait trouvé le salon ***froid*** *et* ***triste****, il fut saisi par la* ***chaleur*** *et la* ***gaité*** *de la chambre.*

MÉMO MÉTHODO

Deux synonymes ou deux antonymes ont la même classe grammaticale.

froid – chaud
adjectif adjectif

Je construis

1 * Chasse l'intrus.

a. briller – étinceler – nuire – resplendir
b. sage – tranquille – calme – têtu
c. un sac – une gourde – une sacoche – un panier
d. nombreux – harmonieux – abondant – considérable

2 * Regroupe les synonymes dans chaque série.

a. un livre – un carnet – un bouquin – un calepin – un album – un agenda
b. immense – nécessaire – colossal – essentiel – gigantesque – indispensable
c. lire – bouquiner – flâner – trainer – déchiffrer – musarder
d. une pouponnière – un chiffre – une crèche – un nombre

3 * Regroupe les paires d'antonymes dans chaque série.

a. laid – fort – sale – faible – beau – propre
b. accepter – savoir – refuser – donner – ignorer – recevoir
c. l'entrée – la fin – la sortie – l'aube – le crépuscule – le début
d. cacher – se précipiter – garder – dévoiler – rendre – flâner

4 * Emploie chacun des synonymes dans une phrase et marque les différences de sens.

a. manger – dévorer
b. heureux – satisfait
c. mordre – mâchonner
d. la tristesse – le chagrin

5 a. * Relève les trois GN synonymes.

On appelle fonte un ensemble de lettres d'imprimerie qui ont toutes les mêmes caractéristiques. Gutenberg a réalisé la première fonte en caractères gothiques au XVe siècle. Au XIXe siècle, des imprimeurs ont créé d'autres polices, très utilisées dans les logiciels de traitement de texte : Helvetica, Times, Colibri…

b. * Emploie l'un des synonymes dans une phrase.

Je consolide

6 ** Complète le texte avec les synonymes.

ruse – tromperie – stratagème – feinte – piège

Alors qu'il se trouvait chez Polyphème, Ulysse dut inventer un … pour sauver ses compagnons. Plusieurs … étaient possibles mais Ulysse choisit la … qui lui paraissait la plus sure. Il fit boire le Cyclope et profita de son ivresse pour lui crever l'œil avec un pieu brulant. Le … réussit parfaitement et Ulysse et ses compagnons échappèrent à la mort grâce à cette … .

7 ** Remplace les mots soulignés par le synonyme qui convient.

mécontent – réaliser – employer – congédier – vociférer – imaginer

– Vous êtes renvoyée ! hurla M. Bouillon.
Mlle Charlotte n'y comprenait rien. Pourquoi M. Bouillon était-il si fâché ? Il l'avait engagée pour inventer des nouilles et c'est exactement ce qu'elle avait fait.

■ Dominique Demers, *Une bien curieuse factrice*
© Éditions Gallimard Jeunesse. www.galllimard.fr

8 ** Remplace les mots entre parenthèses par un antonyme.

Le Roi entre et voit Romarine couchée – elle était encore *(vigoureuse)*. Elle *(baissa)* la tête et, les yeux pleins de larmes, dit au Roi : « Tes sœurs m'ont battue, et c'est grâce à ton pauvre jardinier que je suis *(morte)* ! »
Le Roi nage dans le *(malheur)* parce qu'il a *(perdu)* Romarine, il n'est que *(amour)* pour ses sœurs, *(ingratitude)* pour son jardinier.

■ Italo Calvino, *Romarine*
© Pocket Jeunesse, 2003.

9 Décris l'expression des personnages en utilisant au moins deux paires d'antonymes.

▶ Le texte documentaire, page 126

7. Les mots de sens générique ou spécifique

Je réfléchis

a. Cherche dans ton dictionnaire les sens du mot *circuit*. Quel est celui dont il est question dans le document ?

b. Selon le document, quels éléments composent un circuit simple ? **Donne** deux réponses, l'une plus précise que l'autre.

c. Classe les mots de sens spécifique selon qu'ils renvoient à :
- *une source d'énergie*
- *un conducteur*
- *un récepteur.*

– le fil de cuivre
– le pétrole
– une ampoule
– le fil de fer
– le gaz
– une diode
– l'éolienne
– l'eau
– un moteur

Les circuits simples

Tous les circuits, quels qu'ils soient, comportent une source d'énergie (une pile, par exemple), un conducteur dans lequel le courant peut circuler (un fil de cuivre) et éventuellement un ou plusieurs récepteurs (des ampoules).

L'eau et l'électricité

Un circuit électrique fermé peut être comparé à un circuit hydraulique alimenté par une vis d'Archimède. Pour que le courant d'eau circule, il faut tourner la vis et monter l'eau. Puis l'eau qui descend peut faire tourner les pales d'un moulin et fournir ainsi de l'énergie. De la même façon, la pile va faire circuler le courant électrique grâce à sa force électromotrice, qui se mesure en volts (V). Lorsque le courant circule, il peut faire tourner un moteur électrique qui fournit alors de l'énergie mécanique.

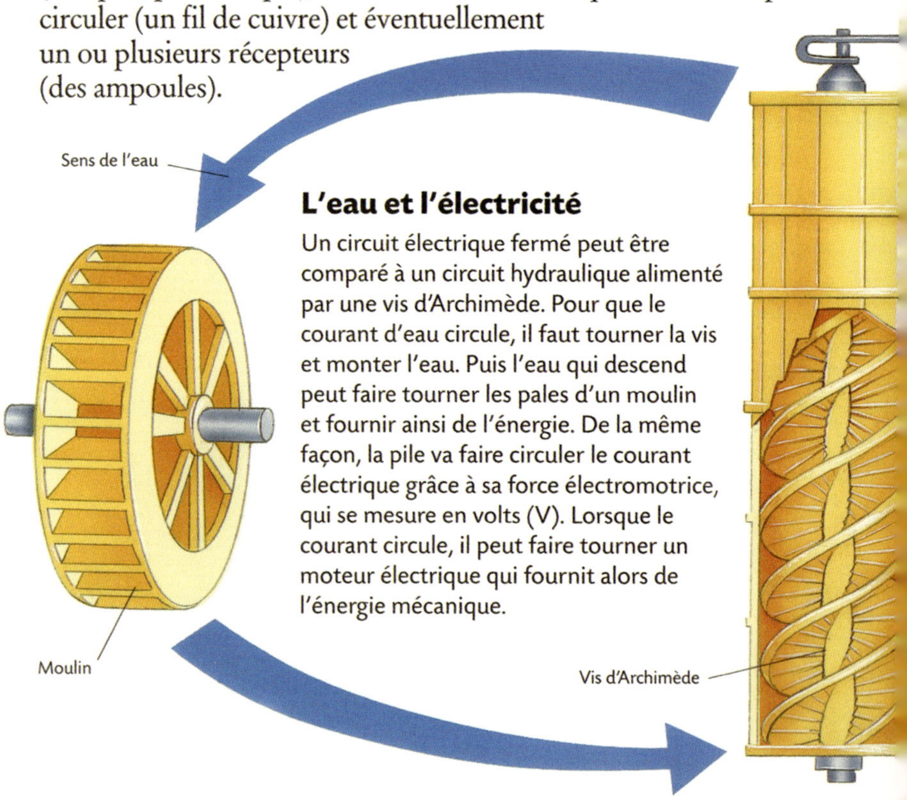

■ *Copain des sciences*, Éditions Milan, 2014.

Dans un texte documentaire

■ Les titres et sous-titres comportent souvent des mots de sens générique.

■ Dans le texte lui-même, des mots de sens spécifique donnent **des informations détaillées** sur les thèmes annoncés en titre ou en sous-titre.

Mot de sens générique :
Les sources d'énergie

Mots de sens spécifique :
le ***charbon*** *– le* ***vent*** *– le* ***gaz*** *– le* ***pétrole*** *– l'****eau***

Je construis

1 * **Lis le texte et relève le mot de sens générique.**
Complète le texte avec des mots de sens spécifique.

la vapeur – des wagons – une locomotive – une cheminée – des voitures

Au début du XIXe siècle, les Anglais inventent le train. Dès cette époque, ... tire ... qui transportent des marchandises. Rapidement, on imagine ... pour transporter des voyageurs. L'échappement de ... se fait par ... .

2 * **Relève les mots de sens spécifique et donne un titre au texte. Aide-toi d'un dictionnaire.**

Pour le rempotage, choisissez plutôt du terreau qui apporte des nutriments, notamment aux succulentes et aux aloès. Pour éviter d'être piqué par les épines des cactus, utilisez des gants spéciaux. N'arrosez pas trop vos euphorbes, habituées à la sécheresse, car leurs racines pourriraient.

3 **a.** * **Relève le mot de sens générique puis les mots de sens spécifique en lien avec lui.**

En 1889, Paris organise sa dixième Exposition universelle. Des bâtiments exceptionnels sont construits sur le Champ-de-Mars. Ainsi, la Galerie des Machines devient la plus importante structure métallique d'Europe.
Le Palais des Industries est le premier édifice à utiliser des éclairages électriques sophistiqués. La tour Eiffel, haute de 324 mètres, est bien sûr le clou de l'Exposition et accueille deux millions de visiteurs.

b. ** À DEUX **Sur Internet, faites une recherche sur le mot de sens générique et complétez la liste de mots de sens spécifique en gardant le même contexte.**

4 ** **Résume le texte sous la forme d'un schéma.**

Les singes vivent en Amérique du Sud, en Afrique et en Asie. Les orangs-outans, les gorilles et les chimpanzés sont des grands singes. Leur cerveau est plus gros que celui des macaques, des capucins et des singes hurleurs.

AIDE ▶ Fiche méthode nº 5 – page 252

Je consolide

5 ** À DEUX **Organisez les phrases pour obtenir deux extraits de textes documentaires.**
Donnez un titre générique à chacun.

a. Un certain nombre d'entre eux écoute beaucoup de musique.
b. D'abord, pour qu'un pays soit touristique, il faut qu'il possède des sites à visiter.
c. Ainsi, la lecture ou le sport plaisent à de nombreux adolescents.
d. Des paysages exceptionnels ou des monuments uniques constituent des atouts supplémentaires.
e. Le tourisme obéit à des lois compliquées.
f. Et il ne faut pas oublier ceux qui ont une pratique artistique régulière.
g. Ensuite, les complexes hôteliers et la gastronomie jouent un rôle important auprès des vacanciers.
h. Si la télévision ou les jeux vidéo font partie des loisirs préférés des jeunes, ceux-ci s'adonnent aussi à d'autres activités.

6 ** **Complète le texte avec des mots de sens spécifique.**

Les insectes existeraient depuis 350 millions d'années. Les œufs des ... sont pondus par une reine. Les ... sont le résultat de la métamorphose d'une chenille. Les ... produisent du miel. Si on appelle les ... des « bêtes à Bon Dieu », on est moins gentil avec les ... qui, en été, envahissent les rosiers.

Flambés sur une fleur.

7 **À partir des mots de sens spécifique, écris un texte sur le rayon jouets d'un grand magasin.**

poupées – peluches – jeux vidéo – train électrique – jeux de société

▶ Le récit, pages 20, 46, 72, 98 et 112
▶ La poésie, page 60
▶ Le texte documentaire, page 126

8. Le champ lexical

Au théâtre

Toutes les deux, Frosine et moi[1], on ne se lasse pas d'aller au théâtre, surtout de voir et revoir *Le Bourgeois gentilhomme*[2]. On n'est pas les seules. La pièce a toujours plus de succès. Avec Frosine, j'en avais appris des morceaux quand je ne savais pas encore lire, et, maintenant que je me débrouille toute seule, je la sais par cœur. C'est un effort de mémoire, mais j'ai l'impression que j'ai les mêmes qualités que maman[3]. Je me souviens sans beaucoup de peine. Je suis au premier rang debout, contre le plateau. On se faufile toujours vers ces places pour mieux voir le jeu des acteurs. Et, tout près, on a l'impression d'être sur la scène avec eux. Le rideau s'enroule. C'est le début.

■ Marie-Christine Helgerson, *Louison et Monsieur Molière*, Éditions Flammarion.

1. Frosine est la gouvernante de Louison, la narratrice.
2. *Le Bourgeois gentilhomme* est une pièce de Molière.
3. La mère de Louison est actrice.

Je réfléchis

a. Où Louison et Frosine se trouvent-elles ? **Relève** le groupe de mots qui apporte une précision supplémentaire.

b. **Relève** les autres mots ou groupes de mots appartenant à ce thème.

c. *j'en avais appris des morceaux* : **remplace** le nom *morceau* par un synonyme.

d. Louison connait-elle la pièce qui va être jouée ? **Justifie** ta réponse.

e. Quelle qualité Louison possède-t-elle ? **Relève** les groupes de mots en rapport avec cette qualité.

Dans un récit, un poème, un texte documentaire

On trouve des ensembles de mots qui appartiennent au même thème. C'est un champ lexical.

Le champ lexical du **cinéma** : *une caméra* (nom) – *tourner* (verbe) – *cinématographique*... (adjectif)

Le champ lexical regroupe des mots de classes grammaticales différentes.

Dans un texte, plusieurs champs lexicaux se croisent généralement.

MÉMO MÉTHODO

Avant de commencer à écrire un texte, liste des mots du champ lexical en lien avec ta production. Aide-toi d'un dictionnaire.

Je construis

1 *** Donne le champ lexical de chaque série de mots. Les lettres de la réponse sont dans le désordre.**

a. planer – aile – voler – plume – léger
b. peintures – exposer – visiteurs – catalogue
c. gaiment – rire – s'exclamer – radieux
d. roue – pédaler – selle – dérailler – guidon

2 *** Nomme le champ lexical puis complète-le.**

a. manger – danser – repas – joyeusement – guirlande
b. troupeau – étable – cultiver – tracteur – récolte
c. écrire – papier – lettres – timbre

3 *** Chasse l'intrus.**

a. graminée – herbe – faucher – vert – statue
b. couveuse – coudre – poussin – jaune – naissance
c. canne – poisson – chien – appât – filet
d. gavotte – ronde – valser – skier – tango

4 **** Classe les mots en deux champs lexicaux.**

iceberg – sécheresse – trappeur – aride – Alaska – gnou – polaire – Mali – brousse – chaleur – ours

5 **a. ** Lis le texte plusieurs fois. Classe les mots soulignés selon deux champs lexicaux.**

Au temps quasi fabuleux qui avait précédé ma naissance, quand les vignes du coteau couvraient encore notre Croix-de-Pierre, il y avait eu là un moulin. Les familles de souris, de campagnols et de mulots avaient tenu contre les démolisseurs, contre les bâtisseurs ensuite. Elles n'y avaient point perdu : l'abondance des victuailles, du dédale de nos caves à celui de nos greniers, quelle cocagne pour ces ronge-tout !

■ Maurice Genevoix, *Bestiaire sans oubli*
© Librairie Plon, 1971.

b. ** Dans un dictionnaire, cherche le sens du nom *cocagne* puis explique le sens de l'expression *quelle cocagne pour ces ronge-tout*.

Je consolide

6 **a. ** Quel est le champ lexical dominant ?**

On va se promener au bord de l'eau et Camille cueille des fleurs sauvages et Victor tient la main à son papa et le soleil joue avec l'eau et on voit une maman canard avec ses petits qui ont l'air un peu pompettes à nager tout de travers.

■ Gilles Paris, *Autobiographie d'une courgette*
© Plon.

b. ** Relève les mots qui appartiennent à ce champ lexical.

c. ** Quel est le champ lexical complémentaire ?

7 **** Complète le poème avec des mots appartenant au champ lexical de l'arbre.**

tronc – arbre – nids – forêt – oiseaux

Dans la ... sans heures
On abat un grand ... .
Un vide vertical
Tremble en forme de fut
Près du ... étendu.

Cherchez, cherchez, ... ,
La place de vos ...
Dans ce haut souvenir
Tant qu'il murmure encore.

■ Jules Supervielle, *Dans la forêt sans heures*
in *Le Forçat innocent* © Éditions Gallimard.
www.gallimard.fr

8 **Lis plusieurs fois la strophe. Poursuis le poème en gardant le même thème.**

Les arbres timides et forts
La nuit parlent à voix haute
Mais si simple est leur langage
Qu'il n'effraie pas les oiseaux

■ Marcel Béalu, *L'Air de vie*,
Éditions Seghers, 1958.

9. Que contient un article de dictionnaire ?

Je réfléchis

Poule [pul] n. f. **Étym.** *pullus*, fém *pulla*, petit d'un animal.
1. Oiseau de basse-cour (femelle du coq) à ailes courtes et arrondies, portant une petite crête.
Les poules couvent. La poule glousse. – Bouillon de poule – Poule au riz.
2. Mâle ou femelle de certains oiseaux. *Poule faisane. Poule d'eau.*
3. Loc. *Quand les poules auront des dents* : jamais. *Tuer la poule aux œufs d'or* : détruire par impatience.
Se lever, se coucher avec les poules : se coucher très tôt.
Fig. ▪ MÈRE POULE, PAPA POULE : qui se montre très protecteur envers ses enfants.
▪ POULE MOUILLÉE : qui a facilement peur.
→ **poularde, poulet, poulette.**

1. **Explique** les informations données à la suite du mot *Poule*.
2. a. Quels sont les deux sens littéraux du nom *poule* ?
   b. Dans chaque définition, **relève** le mot de sens générique qui définit la catégorie d'animaux à laquelle appartient la poule.
3. a. Comment repères-tu les exemples dans l'article ?
   b. **Trouve** un autre exemple pour la définition **1** et pour la définition **2**.
4. a. « **Loc.** » est l'abréviation de « **Locution** » : que signifie ce mot à ton avis ?
   b. Combien le nom *poule* a-t-il de sens figurés ?
   Choisis l'un d'eux et **emploie-le** dans une phrase.
5. **Explique** le lien entre *poule* et *poularde*, *poulet*, *poulette*.

L'article de dictionnaire

■ Dans un article de dictionnaire, on trouve :

– les différentes définitions du mot
Oiseau de basse-cour

– avec des exemples
La poule glousse.

■ On peut aussi y trouver :

– les sens figurés du mot ou des locutions de sens figuré
Tuer la poule aux œufs d'or

– les mots composés dans lesquels il peut être employé
une poule mouillée

– les mots de la même famille
poularde

– des synonymes

– des mots de sens contraire

MÉMO

Des indices pour se repérer dans un article

- des chiffres pour numéroter les définitions
- des abréviations :
  - **Étym.** (étymologie)
  - **Loc.** (locutions)
  - **Fig.** (sens figuré)
  - **SYN.** (mots synonymes)
  - **CONTR.** (mots de sens contraire)
- des mots en italique (les exemples)
- des mots en gras (les mots de la même famille)

Je construis

Aide-toi d'un dictionnaire pour tous les exercices.

1 RÉVISION **Classe les mots par ordre alphabétique.**

a. hache – corolle – silhouette – houx – avenir – silence – corail
b. servir – jaune – serveur – colombier – colombe – jauger
c. patineur – patinette – pâtissier – patinoire – patois
d. signe – singerie – silex – simplissime – simpliste – similitude

2 RÉVISION **Mets en ordre les mots de la liste et insère le mot entre parenthèses.**

a. (croiseur) croisé – croisade – croiser – croisement – croisière
b. (familiarité) familièrement – familial – familiariser – familier – famille
c. (inamovible) inaperçu – inappréciable – inactivité – inadapté – inaltérable
d. (tirelire) tirer – tirette – tireur – tirage – tiroir – tiret

3 **a.** * **Donne un exemple pour chaque sens du verbe *rouler*.**

a. Déplacer un objet en le tournant sur lui-même.
b. Se déplacer grâce à des roues.
c. Enrouler.
d. Se tourner d'un côté et de l'autre en étant allongé.
e. Tromper quelqu'un.

b. ** **Combien le mot a-t-il de sens figurés ?**

4 **a.** ** **Les définitions de deux noms se sont mélangées. Quels sont ces deux noms ?**

a. Cordon étroit que l'on passe dans les œillets d'une chaussure.
b. Petite roue.
c. Instrument dont se sert le dentiste pour soigner les dents.
d. Zigzags sur une route de montagne.
e. Jeu de hasard où une petite boule est lancée.
f. Nœud coulant utilisé pour attraper du gibier.

b. ** **Reconstitue les deux articles de dictionnaire comme pour le mot *poule*, page 226.**

Je consolide

5 * **Complète l'article de dictionnaire selon les indications en bleu.**

Langue n. f. 1. Organe charnu dans la bouche qui sert à gouter les aliments et à parler. [*exemple*]. **2.** *Avoir la langue bien pendue*, [*explication*]. **Loc.** [*expression de sens figuré*] : renoncer à deviner, à trouver la solution.
3. Ensemble de mots et de règles utilisées pour communiquer. [*exemple*].

6 **a.** ** À DEUX **Reconstituez l'article de dictionnaire : donnez le mot, numérotez les définitions, ajoutez les exemples manquants...**

a. Poisson argenté qui vit en Méditerranée.
b. Marin qui a beaucoup navigué.
c. **Loc.** *Avoir une faim de loup.*
d. *C'est un vieux loup de mer.*
e. Petit masque de satin ou de velours pour cacher les yeux.
f. → **louve, louveteau**
g. Animal sauvage à museau pointu qui ressemble à un grand chien.
h. *Les loups vivent en meute.*
i. Avoir une grande faim.

b. ** **Saisis l'article que tu as reconstitué en t'approchant le plus possible du style de ton dictionnaire habituel.**

7 **Crée l'article de dictionnaire du mot *plume*.**

Il devra y figurer :
– l'abréviation de la classe grammaticale
– une définition et un exemple pour chacun des deux sens habituels
– la locution *(LOC.)* figurée *voler dans les plumes de quelqu'un* avec son explication
– des mots de la même famille.

10. Sens littéral/Sens figuré

L'ourse

Jo vit l'ours. Il s'arrêta net. Parvenu à découvert, en plein soleil, l'ours se dressa sur ses pattes arrière, le museau en l'air. Cette femelle avait la taille d'un homme, une fourrure brun clair, un museau noir. Jo se sentit incapable de crier ; il resta pétrifié, ses jambes refusant de lui obéir, les yeux rivés sur la bête. Une brebis affolée lui fonça dessus et le renversa. Il se releva aussitôt et, sans se retourner une seule fois, courut comme un fou en direction du village. Il dévala la pente les bras grands ouverts pour ne pas perdre l'équilibre. À plusieurs reprises, il trébucha, roula et se releva, mais ses jambes l'entrainaient à chaque fois de plus en plus vite. Un caillou ou une simple touffe d'herbe suffisaient à l'envoyer rouler par terre de nouveau. Couvert de plaies et de bosses, il réussit à gagner le sentier qui descendait au village et il courut, à perdre haleine.

■ Michael Morpurgo, *Anya*, trad. Anne Krief © Éditions Gallimard Jeunesse. www.gallimard-jeunesse.fr © 1990 Michael Morpurgo.

Je réfléchis

a. Dans un dictionnaire, **cherche** les différents sens du verbe *foncer*. Quel est celui du texte ? **Emploie** ce verbe avec son sens figuré.

b. Cherche dans un dictionnaire le sens de *pétrifier* et de *river*. Que signifient ici les mots *pétrifié* et *rivés* ? **Trouve** des expressions synonymes.

c. Avec un sens littéral, *perdre* signifie *ne plus posséder quelque chose*. L'expression *perdre haleine* signifie-t-elle *ne plus posséder d'haleine* ? **Trouve** un synonyme de cette expression figurée.

Les sens d'un mot

■ **Le sens littéral d'un mot est celui qui correspond à son usage habituel.**

Il ***pleut*** *beaucoup depuis ce matin.*

Amir est arrivé en retard : ***sa pendule*** *n'était pas à l'heure.*

Certains mots n'ont qu'un sens littéral.

un dictionnaire.

■ **Certains mots s'emploient avec un sens figuré.**

Les bonnes nouvelles ***pleuvent*** *(abondent) depuis hier.*

Le directeur a tenu ***à remettre les pendules à l'heure*** *(faire une mise au point).*

Le mot au sens figuré est souvent employé dans une expression.

■ **C'est le contexte qui permet de distinguer les deux emplois.**

La cordée est arrivée ***au sommet*** *du Mont-Blanc.*

Mozart est mort ***au sommet*** *de sa gloire.*

Je construis

1 * **Classe les phrases selon que le mot en gras est employé avec un sens littéral ou avec un sens figuré.**

a. Il fait un **sale** temps aujourd'hui. Mes chaussures sont **sales**.
b. En rentrant de l'école, Éloi **dévore** son gouter. Éloi **dévore** les livres d'aventures.
c. Le forestier **retrousse** ses manches avant de soulever les buches. Tu devras te **retrousser les manches** pour réussir tes études.
d. Pauline a un **cheveu** sur la langue. Pauline a les **cheveux** très longs.

2 * **Trouve le mot employé avec un sens littéral puis avec un sens figuré.**

a. Le ... de la bouteille est en liège. Il y a encore un ... sur la route.
b. Charlotte s'est coupé le ... . Vous avez mis le ... sur ce qui ne va pas.
c. Le boxeur a reçu un mauvais ... à l'œil. Cette histoire a porté un ... à sa confiance.
d. Ne laissez pas tomber cette pile d'... . Depuis ce matin, elle n'est pas dans son ... .

3 **a.** ** **Associe l'expression de sens figuré à celle de sens littéral.**

a. s'emmêler les pinceaux – jeter un œil – tirer sur la corde – tomber dans les pommes – perdre la tête
b. regarder rapidement – s'embrouiller – s'évanouir – s'affoler – exagérer

b. ** **Choisis une paire et compose une phrase pour chaque expression.**

4 ** **Remplace l'expression de sens figuré par un verbe de sens littéral.**

a. Le capitaine a ouvert le feu le premier.
b. Au bout de deux jours, le prisonnier a réussi à faire le mur.
c. Je te confie ce secret mais j'espère que tu tiendras ta langue.
d. Ester a souvent la tête dans les nuages, c'est agaçant.
e. Nous n'avions pas mangé depuis la veille et j'avais l'estomac dans les talons.

Je consolide

5 * **Remplace chaque expression en gras par le verbe qui convient.**

commencer à souffler – ordonner – stopper – fonctionner

Les voyageurs sont à bord d'un ballon dirigeable, le Victoria. Ils viennent de faire halte en plein désert.

Le samedi matin, le docteur **donna le signal du** départ.
– Le chalumeau ne peut plus **marcher** que six heures, dit-il. Si, dans six heures, nous n'avons pas découvert un puits, ni une source, Dieu seul sait ce que nous deviendrons.
– Peu de vent ce matin, maitre ! dit Joe, mais **il se lèvera peut-être**, ajouta-t-il [...].
Vain espoir ! Il faisait dans l'air un calme plat, un de ces calmes qui dans les mers tropicales **enchainent** les navires.

■ Jules Verne, *Cinq semaines en ballon*, 1863.

6 **Lis le texte.**

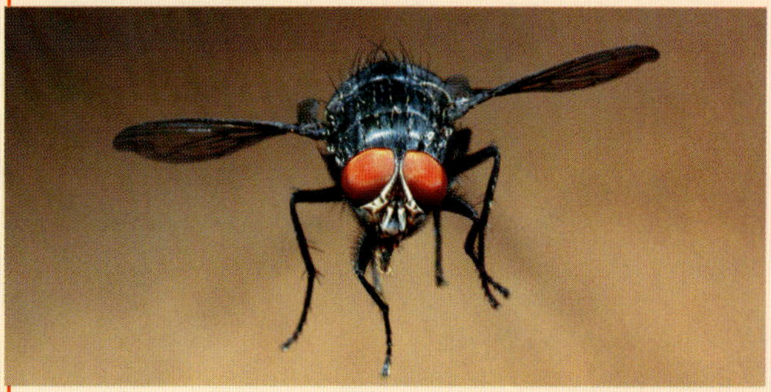

Il n'y a qu'un chêne au milieu du pré, et les bœufs occupent toute l'ombre de ses feuilles. La tête basse, ils font les cornes au soleil. Ils seraient bien, sans les mouches.
Mais aujourd'hui, vraiment, elles dévorent. Âcres et nombreuses, les noires se collent par plaques de suie aux yeux, aux narines, aux coins des lèvres même, et les vertes sucent de préférence la dernière écorchure.
Quand un bœuf remue son tablier de cuir, ou frappe du sabot la terre sèche, le nuage de mouches se déplace avec un murmure.

■ Jules Renard, *Histoires naturelles*, 1896.

a. * **Qui sont *les noires*, qui sont *les vertes* ?**

b. ** **Dans la deuxième phrase, cherche une expression avec un sens figuré. Trouve son sens dans un dictionnaire.**

c. ** **Explique le sens des expressions figurées *par plaques de suie* et *remue son tablier de cuir*.**

11. Le sens des mots en contexte

Emmi

Emmi était un pauvre petit gardeur de cochons, orphelin et très malheureux, non seulement parce qu'il était mal logé, mal nourri et mal vêtu, mais encore parce qu'il détestait les bêtes que la misère le forçait à soigner. Il en avait peur, et ces animaux, qui sont plus fins qu'ils n'en ont l'air, sentaient bien qu'il n'était pas le maitre avec eux. Il s'en allait dès le matin, les conduisant à la glandée, dans la forêt. Le soir, il les ramenait à la ferme, et c'était pitié de le voir, couvert de méchants haillons, la tête nue, ses cheveux hérissés par le vent, sa pauvre petite figure pâle, maigre, terreuse, l'air triste, effrayé, souffrant, chassant devant lui ce troupeau de bêtes criardes, au regard oblique, à la tête baissée, toujours menaçantes.

■ George Sand, *Contes d'une grand-mère*, 1875.

Je réfléchis

a. Selon toi, à quelle époque Emmi vit-il ? Qui est-il ?

b. Connaissais-tu le mot *gardeur* avant de lire ce texte (l. 1) ? Qu'est-ce qui t'a permis de comprendre son sens ?

c. Quel est le sens habituel du verbe *soigner* (l. 4) ? Et dans le texte ? Comment l'as-tu compris ? **Reformule** l'expression *les bêtes que la misère le forçait à soigner*.

d. À la ligne 6, quel synonyme convient au verbe *sentaient* : *respiraient* – *flairaient* – *devinaient* – *indiquaient* ?

e. **Explique** les trois indices dont se sert le lecteur pour comprendre le sens de l'expression *les conduisant à la glandée* :
- le sens du mot de base,
- le sens du suffixe ***-ée***,
- le contexte.

Le sens des mots

Dans un texte, le lecteur **rencontre souvent des mots qu'il ne connait pas ou qui changent de sens en fonction du contexte**.

■ **Il peut trouver le sens de ces mots en s'appuyant sur des mots de la même famille.**

Pour comprendre le nom *fournée*, on peut s'appuyer sur le nom *four*.

■ **Il peut aussi s'aider du contexte, c'est-à-dire de l'environnement du mot dans le texte et dans la phrase.**

Le verbe *soigner* peut signifier *s'occuper de* ou *apporter des soins à un malade* selon le contexte.

Je construis

1 **a. * Dans le dictionnaire, recherche les différents sens du mot *toilette*.**

b. Lis le texte.

Les joues de la poupée étaient roses avec de petites fossettes ; les yeux bleus et brillants ; le cou, la poitrine, les bras en cire, charmants et potelés. La toilette était très simple : une robe de percale festonnée, une ceinture bleue, des bas de coton et des brodequins noirs en peau vernie.

■ La Comtesse de Ségur, *Les Malheurs de Sophie*, 1858.

c. * Quel est le sens du mot *toilette* (l. 4) ? Comment le sais-tu ?

d. ** En quoi le contexte te permet-il de deviner le sens du mot *brodequins* (l. 6) ?

2 **a. À DEUX Lisez le texte.**

Cette nuit-là, le vent s'engouffrait violemment dans les espèces de ruelles de ce lugubre quartier ; la lueur blafarde, vacillante, des réverbères agités par la bise, se reflétait dans le ruisseau d'eau noirâtre qui coulait au milieu des pavés fangeux.

■ Eugène Sue, *Les Mystères de Paris*, 1843.

b. * Relevez les mots que vous ne connaissez pas. Avec quels mots que vous connaissez pouvez-vous les mettre en lien ?

c. * En vous appuyant sur le sens des mots que vous connaissez, donnez celui de ceux que vous ne connaissez pas. Vérifiez si votre interprétation est juste à l'aide du dictionnaire.

Je consolide

3 **a. Lis le texte.**

Ma mère revenait de faire quelque course matinale en ville. Elle avait un chapeau de paille avec des roses jaunes et un châle en barège lilas (c'était l'époque du châle) semé de petits bouquets d'un violet plus foncé. Ses papillotes noires – ses pauvres bien-aimées papillotes qui n'ont pas changé de forme, mais qui sont, hélas ! éclaircies et toutes blanches aujourd'hui – n'étaient alors mêlées d'aucun fil d'argent.

■ Pierre Loti, *Le Roman d'un enfant*, 1890.

b. * Donne le sens de l'expression *de quelque course matinale* (l. 1 et 2). Qu'est-ce qui te permet de ne pas confondre le sens de *course* dans le texte avec d'autres sens du mot ?

c. ** Le contexte te permet-il de comprendre le sens du mot *barège* (l. 3) ? Quel moyen te permettra de le connaitre ?

d. ** Que désignent *les papillotes noires* (l. 5) ? Qu'est-ce qui t'a permis de le deviner ?

e. ** À la ligne 9, s'agit-il réellement de *fils d'argent* ? Justifie ta réponse.

4 **a. Lis le texte.**

Maitre Renard arriva dans une prairie où une troupe de belles oies bien grasses se prélassait au soleil. À cette vue, notre chercheur d'aventures poussa un éclat de rire effrayant et s'écria :
– En vérité, je ne pouvais venir plus à propos ! Vous voilà alignées d'une façon si commode que je n'aurai guère besoin de me déranger pour vous croquer l'une après l'autre.
À ces mots, les oies épouvantées poussèrent des cris lamentables et supplièrent le renard de bien vouloir se laisser toucher et de ne point leur ôter la vie.

■ Jacob et Wilhem Grimm, *Contes choisis de la famille*.

b. ** Reformule les propos de Maitre Renard de façon à éclairer le sens de *venir plus à propos* (l. 5) et *d'une façon si commode* (l. 6).

c. ** Quel est le sens de l'expression *se laisser toucher* à la ligne 11 ? Comment l'as-tu compris ?

VERS LA SIXIÈME

Lecture et culture littéraire

1 • La marguerite des genres

Reproduis la carte mentale puis associe à chaque genre ce qui lui correspond.

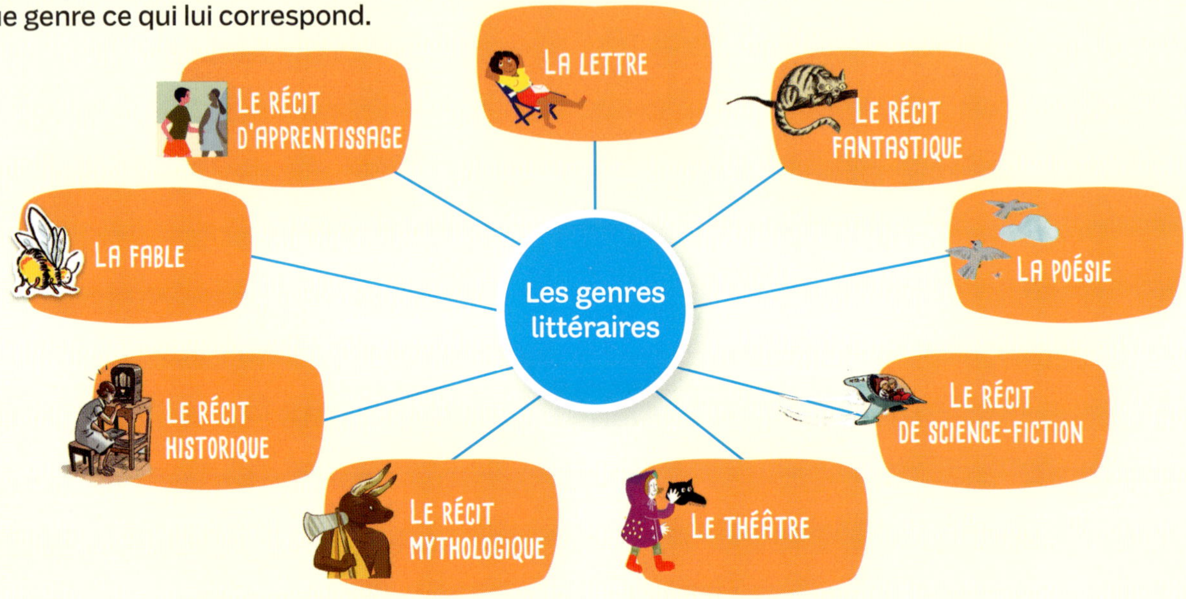

Lieux

- Chez Seguin
- À Suburba
- Près du fleuve Amazone
- Dans la Grèce antique
- Dans la vallée des apaloosas
- Dans le ciel
- Dans la France occupée
- Sur un arbre perché
- De La Varenne à Marseille

Caractéristiques

- Des sensations en musique
- Une correspondance
- Des textes à jouer
- Un contexte historique
- Une histoire brève et une morale
- Des rencontres décisives
- Des héros et des dieux
- Le surnaturel et le doute
- Des voyages dans le temps et l'espace

Noms de personnages

- L'Enfaon
- Dounia, Anya et Louis
- Madame ma grand-mère
- Cavale blanche
- Hercule et Ulysse
- Le peintre Habilis
- L'Oiseau
- La Cigale et la Fourmi
- Buddy et Odd

Objets

- Un photoclare
- Un camée
- Une poupée
- Un fromage
- Un message codé
- Une lettre ouverte ou fermée
- Une plume et un bouquet
- Un lit en olivier
- Un pinceau et une corde

2 • Les petits quiz (plusieurs réponses possibles)

Les fables de La Fontaine

- **a.** comportent toujours une morale à la fin
- **b.** ont été écrites sous le règne de Louis XIV
- **c.** racontent parfois des histoires de ruses

Le récit d'apprentissage

- **a.** fait réfléchir le lecteur sur lui-même
- **b.** transforme le personnage grâce à des rencontres
- **c.** se passe toujours à la campagne

La lettre

- **a.** ne peut pas être écrite par un animal
- **b.** peut renouer des liens familiaux
- **c.** peut exprimer un engagement

Le récit fantastique

- **a.** met en scène des objets qui s'animent
- **b.** comporte des ogres et des lutins
- **c.** crée un doute sur la limite entre les animaux et les humains

Un poème

- **a.** est toujours en vers
- **b.** comporte souvent un refrain
- **c.** célèbre le monde

Le récit mythologique

- **a.** raconte les combats d'un héros contre des monstres
- **b.** se termine toujours par la victoire du héros
- **c.** montre le héros sous un jour ridicule

Le récit de science-fiction

- **a.** entraine le lecteur dans le passé ou le futur
- **b.** raconte de nombreuses aventures
- **c.** nous fait réfléchir sur l'époque contemporaine

Une pièce de théâtre

- **a.** est parfois l'adaptation d'un conte
- **b.** précise toujours qui parle
- **c.** n'est pas faite pour être jouée

Le roman historique

- **a.** s'appuie sur des faits historiques
- **b.** comporte des personnages inventés
- **c.** se déroule toujours pendant la Seconde Guerre mondiale

3 • Qui a écrit quoi ?

Œuvres

- **a.** *Reine du fleuve*
- **b.** *Rouge Braise*
- **c.** *La Chèvre de Monsieur Seguin*
- **d.** *Jeremy Cheval*
- **e.** *L'invité d'un jour*
- **f.** *L'Odyssée*
- **g.** *L'Enfaon*
- **h.** *Le Corbeau et le Renard*
- **i.** *Lettres à plumes et à poils*

Auteurs

1. Philippe Lechermeier
2. Homère
3. Truman Capote
4. Jean de La Fontaine
5. Alphonse Daudet
6. Rolande Causse
7. Éric Simard
8. Pierre-Marie Beaude
9. Eva Ibbotson

4 • Qui a créé quoi ?

Œuvres

- **a.** *Tricycle*
- **b.** *Le Domaine d'Arnheim*
- **c.** *La Guerre* et *La Paix*
- **d.** *L'Oiseau de feu*

Artistes

1. Pablo Picasso
2. Niki de Saint-Phalle
3. René Magritte
4. Jean Tinguely

Écriture

1 • Petit prof

À DEUX Corrigez les erreurs.

Production d'Alexis

1 Relisez le texte plusieurs fois à voix haute pour bien le comprendre. À chaque lecture, concentrez-vous sur un des points ci-dessous.

a. Les signes de ponctuation
Mettez un point pour une pause forte ; une virgule pour une pause faible.
▶ Voir *Les outils* page 238.

b. Les temps des verbes
Utilisez le passé simple pour les évènements indispensables à l'histoire et l'imparfait pour les éléments qui étoffent l'histoire.
▶ Voir *Grammaire* page 166.

c. Les mots en [e].
Corrigez les formes en [e].
▶ Voir *Orthographe* page 204.

2 Quelles aides pourrais-tu donner à Alexis pour qu'il termine sa production sans erreur ?

Production d'Alexis

Il était une fois un groupe d'enfants qui joua au football, il y avait quelques passants qui les regardaient et leur disent d'allaient joué plus loin car il y avait des vitres fragiles qui avaient été, au moins une fois cassées. Les enfants n'écouté pas ce que disaient les passants.

Un jour un enfant tira dans une vitre, dans une maison ou un vieil homme dorma.

Soudain le vieil homme entendit du bruit et vit la fenêtre cassée.

Il alla grondait les enfants en leur disant qu'il ne leur donnerait pas le ballon.

Production de Morgane

3 Lisez le texte à voix haute pour sentir les incohérences.
Supprimez les informations inutiles dans le premier paragraphe et vérifiez la place des connecteurs.

4 Corrigez la ponctuation à partir de *lui dit*.
– Corrigez la ponctuation du dialogue.
▶ Voir *Les outils* page 238.
– Lisez le texte à voix haute pour repérer les p
Mettez des virgules pour délimiter des groupes de sens.
▶ Voir *Les outils* page 238.

Production de Morgane

Il était une fois dans un jardin d'une petite fille et un lapin qui s'était blessé. A chaque fois que la petite fille sortait le soir pour jeter des ordures. Mais la journée comme la petite fille qui était blonde aux cheveux longs, était en train de mettre sa jupe, le lapin était en train de chasser les papillons mais un soir la petite fille vit le lapin et lui dit

Qui es-tu, je suis le lapin et je m'appelle panpan et puis je vis tout seul c'est super bien. Mais maintenant je vis avec toi et s'il te manque un truc tu n'as qu'a me le demander moi je suis magicien et je peux me transformer en tout ce que tu veux !

2 • Ateliers d'écriture

1 Fais ton autoportrait.

- Mon principal trait de caractère
- Ma principale qualité + *un exemple*
- La qualité que je préfère chez les autres + *pourquoi*
- Mon principal défaut + *un exemple*
- Mon occupation préférée + *pourquoi*
- Mon héros ou mon héroïne préféré(e)
- Celui ou celle que j'aurais aimé être

2 À la manière de Georges Perec, écris tes petits souvenirs. Chaque phrase commencera par *Je me souviens*.

Par exemple :

Je me souviens quand on revenait des vacances, le 1er septembre, et qu'il y avait encore un mois entier sans école.

■ Georges Perec, *Je me souviens* © Fayard Éditions.

3 Complète le texte « fendu ».

À cinq heures de l'après-midi, …

Le trou creusé était grand comme …

C'était un spectacle si extraordinaire que …

Ils étaient sur le bord du cratère et …

■ D'après Roald Dahl, *Fantastique Maitre Renard* © Éditions Gallimard. www.gallimard.fr

4 Poursuis la réécriture de *La Fourmi et la Cigale* par Françoise Sagan (voir le texte de La Fontaine page 9).

La Fourmi, ayant stocké
　Tout l'hiver
Se trouva fort encombrée
Quand le soleil fut venu
Qui lui prendrait ces morceaux
De mouches ou de vermisseaux ?

■ Françoise Sagan, *La Fourmi et la Cigale*, Éditions Stock, 2000.

5 Écris un acrostiche avec le mot *liberté*, avec ton prénom ou celui de quelqu'un que tu aimes bien. Par exemple :

E comme élégance

M comme mon amie

M comme main tendue

A comme affection

Tu peux calligraphier les premières lettres de ton acrostiche.

6 Complète les répliques du dialogue.

Kéa, vêtue d'une peau de bête, est en train de faire des trous, à l'aide d'un silex, dans un objet qu'on distingue mal. Mika arrive, habillée dans le même style, l'air frigorifiée. Elle porte un fagot de bois.

KÉA. – Il n'a pas l'air de faire chaud dehors.

MIKA. – Je me demande si on ne va pas vers une nouvelle période glaciaire.

KÉA. – …

MIKA. – Je vais faire un peu de feu, ça nous réchauffera.

Kéa lui fait un signe de la tête.

KÉA. – Tiens, j'ai ramené des silex.

MIKA. – …

KÉA. – …

■ D'après Jean-Pierre Martinez. http://comediatheque.net/

7 Réunis deux personnages et écris un début de dialogue de théâtre. Note les didascalies.

- un chat
- un policier
- une vieille dame
- une factrice
- un livreur de pizzas
- un perroquet

©REMINGTON

MES OUTILS

FICHES OUTILS

TABLEAUX DE CONJUGAISON

FICHES MÉTHODE

LA PONCTUATION

À la fin d'une phrase

.	le point	Pour marquer la fin d'une phrase.	*L'automne arrive.*
?	le point d'interrogation	Pour marquer la fin d'une phrase interrogative.	*Est-ce que les feuilles commencent à tomber ?*
!	le point d'exclamation	Pour marquer la fin d'une phrase qui exprime une émotion.	*Quelles belles couleurs en forêt !*
...	les points de suspension	Pour ne pas nommer tous les éléments d'une liste. Ou pour laisser le lecteur terminer la phrase.	*Les perdrix, faisans, lièvres... fuient le chasseur.* *Heureusement, ils arrivent souvent à lui échapper...*

À l'intérieur d'une phrase

,	la virgule	Pour séparer des mots ou groupes de mots.	*Demain, nous organiserons une randonnée en forêt.*
;	le point-virgule	Pour marquer une pause forte dans la phrase.	*Les grands partent en vélo ; les plus jeunes à pied.*
:	les deux points	Pour annoncer une énumération, une explication, un dialogue.	*Le jardinier a récolté ses légumes : tomates, salades, épinards, radis...*

Dans un dialogue

« »	les guillemets	Pour indiquer le début et la fin d'une prise de parole ou d'un échange.	*Grand-père se mit à raconter : « Quand j'étais enfant, j'habitais un village dans le Doubs. »*
–	le tiret de dialogue	Pour marquer les changements d'interlocuteur.	*Il nous expliqua : « Mes parents étaient artisans. – Que fabriquaient-ils ? l'interrompit Jean. »*

FICHE OUTIL 2

L'ALPHABET PHONÉTIQUE

Sons voyelles

👂	👁
[a]	♦ bal ♦ papa
[ɑ]	♦ bras ♦ âne
[e]	♦ été ♦ nez ♦ jouer ♦ et
[ɛ]	♦ était ♦ reine ♦ pêche
[i]	♦ ile ♦ cygne
[ɔ]	♦ bol ♦ pomme ♦ Paul
[o]	♦ rôle ♦ seau ♦ préau ♦ pot
[u]	♦ loup ♦ cour
[y]	♦ pur ♦ il eut
[œ]	♦ beurre ♦ bonheur
[ø]	♦ feu ♦ nœud

[ɛ̃]	♦ simple ♦ impossible ♦ examen ♦ bain
[ɑ̃]	♦ lent ♦ remplacer ♦ chant ♦ chambre ♦ paon
[ɔ̃]	♦ sonde ♦ trompe
[œ̃]	♦ lundi ♦ un ♦ parfum

Sons consonnes

👂	👁
[p]	♦ poule
[b]	♦ barbe
[t]	♦ table
[d]	♦ cadeau
[k]	♦ cartable ♦ coq ♦ qui ♦ chorale ♦ képi
[g]	♦ gare ♦ grappe ♦ goutte ♦ figue
[f]	♦ forêt ♦ effacer ♦ pharmacie
[v]	♦ vert ♦ wagon
[s]	♦ saut ♦ essait ♦ cinéma
[z]	♦ roseau ♦ zoo
[ʒ]	♦ joli ♦ âge ♦ bourgeon
[ʃ]	♦ chat ♦ lâcher
[l]	♦ lire ♦ lavabo ♦ vélo ♦ ville
[ʀ]	♦ rire ♦ arracher
[m]	♦ mot ♦ lime ♦ flamme
[n]	♦ note ♦ âne ♦ bonne
[ɲ]	♦ cigogne ♦ grogner

👂	👁
[j]	♦ œil ♦ fille ♦ paille ♦ lier ♦ voyant
[w]	♦ oui ♦ fouet
[ɥ]	♦ huile ♦ lui

FICHE OUTIL 3

DES MOTS INVARIABLES

A
afin de
arrière
auprès
aussi
aussitôt
autant
autour
autrefois
avant
avec

B
beaucoup
bien
bientôt

C
car
cela
ceci
cependant
chez
combien
comme
comment
contre

D
d'abord
dans
debout
déjà
dehors
demain
depuis
derrière
dès que
dessus
devant
donc
dont

E
encore
enfin
entre
ensemble
ensuite
environ

H
hier
hors de

I
ici

J
jamais
jusque
jusqu'à

L
là-bas
loin
longtemps
lorsque

M
maintenant
mais
malgré
même
mieux
moins

N
non

O
oui
or

P
par
parmi
parce que
parfois
partout
pas
pendant
personne
peu
plus
plusieurs
plutôt
pour
pourquoi
pourtant
près
presque
puis
puisque

Q
quand
que
qui
quoi

R
rien

S
sans
selon
seulement
sous
souvent
sur
surtout

T
tandis que
tant
tard
toujours
(de) travers
très
trop

V
vers
vite
voici
voilà
vraiment

4 LA FORMATION DU FÉMININ NOMS ET ADJECTIFS

masculin	féminin	
	-e	*petit, pet**ite***
-er -ier	-ère -ière	*bouch**er**, bouch**ère*** *charcut**ier**, charcut**ière***
-teur -teur	-trice -teuse	*agricul**teur**, agricul**trice*** *chan**teur**, chan**teuse***
-if	-ive	*nat**if**, nat**ive***
-eur -eux	-euse -euse	*frond**eur**, frond**euse*** *malheur**eux**, malheur**euse***
-et -et	-ette -ète	*coqu**et**, coqu**ette*** *inqui**et**, inqui**ète***
-el -il -eil	-elle -ille -eille	*ré**el**, ré**elle*** *gent**il**, gent**ille*** *par**eil**, par**eille***
-ien	-ienne	*ch**ien**, ch**ienne***
-on	-onne	*l**ion**, l**ionne***
-eau	-elle	*b**eau**, b**elle***

5 LES PRONOMS PERSONNELS

	sujet	complément
singulier	*je, tu, il, elle,*	*me, te, se, le, la, l', lui*
pluriel	*nous, vous, ils, elles*	*nous, vous, les, leur*

D'AUTRES PRONOMS

singulier	pluriel
la mienne / le mien, la tienne / le tien *la sienne / le sien* *la / le nôtre, la / le vôtre, la / le leur*	*les miennes / les miens, les tiennes / les tiens* *les siennes / les siens* *les nôtres, les vôtres, les leurs*
celle-ci, celui-ci	*celles-ci, ceux-ci*

FICHES OUTIL

6 LES CHAINES D'ACCORD DANS LE GROUPE NOMINAL (GN)

déterminant adjectif nom
féminin singulier

une *petit**e*** *ombrelle*

Le déterminant prend le genre du nom.

L'adjectif s'accorde en genre et en nombre avec le nom.

un *cheval blanc*

déterminant nom adjectif
masculin singulier

déterminant adjectif nom
féminin pluriel

des *petite**s*** *ombrelle**s***

Le déterminant s'accorde en nombre avec le nom.

L'adjectif s'accorde en genre et en nombre avec le nom.

des *chevau**x*** *blanc**s***

déterminant nom adjectif
masculin pluriel

7 LA CHAINE D'ACCORD SUJET-VERBE

Le verbe s'accorde avec le sujet.

Le verbe s'accorde avec les sujets.

Le ciel *se couvr**e** de nuages.* ***Le tonnerre*** *et* ***la pluie*** *apparaissen**t**.*

sujet — sujet 1 — sujet 2

Le verbe s'accorde avec le nom noyau du GNS.

nom noyau

Les ***pluies*** *d'orage* ***sont*** *souvent très violentes.*

sujet — verbe

FICHE OUTIL 8

DES HOMOPHONES

Mon frère* a *un ordinateur. *(avait)*	a	*avoir* au présent, 3e pers. du sing.
Mon frère se rend* à *la gare.	à	*vers – en direction de*
On revient de la gare.	on	pronom sujet
Ils* ont *des places en première classe. *(avaient)*	ont	*avoir* au présent, 3e pers. du pl.
Ma sœur* est *forte en mathématiques. *(était)*	est	*être* au présent, 3e pers. du sing.
Ma sœur* et *mon frère sont forts en mathématiques.	et	*ainsi que*
Mon frère et ma sœur* sont *au collège. *(étaient)*	sont	*être* au présent, 3e personne du pl.
***Son** ordinateur est neuf.*	son	déterminant *(le sien)*
*J'ai invité **mes** cousins.*	mes	déterminant *(les miens)*
***Mais** ils n'ont pas pu venir.*	mais	mot de liaison *(opposition)*
*Rémi a grandi. **Ses** vêtements sont trop petits.*	ses	déterminant *(les siens)*
***Ces** habits iront à ma sœur.*	ces	déterminant *(ceux que je montre)*
***C'est** le matin.*	c'est	*cela + est*
*Il se lave, il **s'est** lavé.*	s'est	*il lave / il a lavé lui-même*
***Ce** garçon, cette fille*	ce	déterminant démonstratif
***Ce** garçon et cette fille **se** lavent.*	se	pronom devant un verbe *= lavent eux-mêmes*
***La** perdrix se cache **là**, dans les buissons.*	la	déterminant
	là	mot invariable, indique le lieu

CHANTER

Temps simples				Temps composé
Présent	*Imparfait*	*Passé simple*	*Futur*	*Passé composé*
je chante	je chantais	je chantai	je chanterai	j'ai chanté
tu chantes	tu chantais	tu chantas	tu chanteras	tu as chanté
il, elle chante	il, elle chantait	il, elle chanta	il, elle chantera	il, elle a chanté
nous chantons	nous chantions	nous chantâmes	nous chanterons	nous avons chanté
vous chantez	vous chantiez	vous chantâtes	vous chanterez	vous avez chanté
ils, elles chantent	ils, elles chantaient	ils, elles chantèrent	ils, elles chanteront	ils, elles ont chanté

FINIR

Temps simples				Temps composé
Présent	*Imparfait*	*Passé simple*	*Futur*	*Passé composé*
je finis	je finissais	je finis	je finirai	j'ai fini
tu finis	tu finissais	tu finis	tu finiras	tu as fini
il, elle finit	il, elle finissait	il, elle finit	il, elle finira	il, elle a fini
nous finissons	nous finissions	nous finîmes	nous finirons	nous avons fini
vous finissez	vous finissiez	vous finîtes	vous finirez	vous avez fini
ils, elles finissent	ils, elles finissaient	ils, elles finirent	ils, elles finiront	ils, elles ont fini

ÊTRE

Temps simples				Temps composé
Présent	*Imparfait*	*Passé simple*	*Futur*	*Passé composé*
je suis	j'étais	je fus	je serai	j'ai été
tu es	tu étais	tu fus	tu seras	tu as été
il, elle est	il, elle était	il, elle fut	il, elle sera	il, elle a été
nous sommes	nous étions	nous fûmes	nous serons	nous avons été
vous êtes	vous étiez	vous fûtes	vous serez	vous avez été
ils, elles sont	ils, elles étaient	ils, elles furent	ils, elles seront	ils, elles ont été

AVOIR

Temps simples				Temps composé
Présent	*Imparfait*	*Passé simple*	*Futur*	*Passé composé*
j'ai	j'avais	j'eus	j'aurai	j'ai eu
tu as	tu avais	tu eus	tu auras	tu as eu
il, elle a	il, elle avait	il, elle eut	il, elle aura	il, elle a eu
nous avons	nous avions	nous eûmes	nous aurons	nous avons eu
vous avez	vous aviez	vous eûtes	vous aurez	vous avez eu
ils, elles ont	ils, elles avaient	ils, elles eurent	ils, elles auront	ils, elles ont eu

ALLER

Temps simples				Temps composé
Présent	*Imparfait*	*Passé simple*	*Futur*	*Passé composé*
je vais	j'allais	j'allai	j'irai	je suis allé(e)
tu vas	tu allais	tu allas	tu iras	tu es allé(e)
il, elle va	il, elle allait	il, elle alla	il, elle ira	il, elle est allé(e)
nous allons	nous allions	nous allâmes	nous irons	nous sommes allé(e)s
vous allez	vous alliez	vous allâtes	vous irez	vous êtes allé(e)s
ils, elles vont	ils, elles allaient	ils, elles allèrent	ils, elles iront	ils, elles sont allé(e)s

FAIRE

Temps simples				Temps composé
Présent	*Imparfait*	*Passé simple*	*Futur*	*Passé composé*
je fais	je faisais	je fis	je ferai	j'ai fait
tu fais	tu faisais	tu fis	tu feras	tu as fait
il, elle fait	il, elle faisait	il, elle fit	il, elle fera	il, elle a fait
nous faisons	nous faisions	nous fîmes	nous ferons	nous avons fait
vous faites	vous faisiez	vous fîtes	vous ferez	vous avez fait
ils, elles font	ils, elles faisaient	ils, elles firent	ils, elles feront	ils, elles ont fait

DIRE

Temps simples				Temps composé
Présent	*Imparfait*	*Passé simple*	*Futur*	*Passé composé*
je dis	je disais	je dis	je dirai	j'ai dit
tu dis	tu disais	tu dis	tu diras	tu as dit
il, elle dit	il, elle disait	il, elle dit	il, elle dira	il, elle a dit
nous disons	nous disions	nous dîmes	nous dirons	nous avons dit
vous dites	vous disiez	vous dîtes	vous direz	vous avez dit
ils, elles disent	ils, elles disaient	ils, elles dirent	ils, elles diront	ils, elles ont dit

PRENDRE

Temps simples				Temps composé
Présent	***Imparfait***	***Passé simple***	***Futur***	***Passé composé***
je prends	je prenais	je pris	je prendrai	j'ai pris
tu prends	tu prenais	tu pris	tu prendras	tu as pris
il, elle prend	il, elle prenait	il, elle prit	il, elle prendra	il, elle a pris
nous prenons	nous prenions	nous prîmes	nous prendrons	nous avons pris
vous prenez	vous preniez	vous prîtes	vous prendrez	vous avez pris
ils, elles prennent	ils, elles prenaient	ils, elles prirent	ils, elles prendront	ils, elles ont pris

POUVOIR

Temps simples				Temps composé
Présent	***Imparfait***	***Passé simple***	***Futur***	***Passé composé***
je peux	je pouvais	je pus	je pourrai	j'ai pu
tu peux	tu pouvais	tu pus	tu pourras	tu as pu
il, elle peut	il, elle pouvait	il, elle put	il, elle pourra	il, elle a pu
nous pouvons	nous pouvions	nous pûmes	nous pourrons	nous avons pu
vous pouvez	vous pouviez	vous pûtes	vous pourrez	vous avez pu
ils, elles peuvent	ils, elles pouvaient	ils, elles purent	ils, elles pourront	ils, elles ont pu

VOIR

Temps simples				Temps composé
Présent	***Imparfait***	***Passé simple***	***Futur***	***Passé composé***
je vois	je voyais	je vis	je verrai	j'ai vu
tu vois	tu voyais	tu vis	tu verras	tu as vu
il, elle voit	il, elle voyait	il, elle vit	il, elle verra	il, elle a vu
nous voyons	nous voyions	nous vîmes	nous verrons	nous avons vu
vous voyez	vous voyiez	vous vîtes	vous verrez	vous avez vu
ils, elles voient	ils, elles voyaient	ils, elles virent	ils, elles verront	ils, elles ont vu

DEVOIR

Temps simples				Temps composé
Présent	*Imparfait*	*Passé simple*	*Futur*	*Passé composé*
je dois	je devais	je dus	je devrai	j'ai dû
tu dois	tu devais	tu dus	tu devras	tu as dû
il, elle doit	il, elle devait	il, elle dut	il, elle devra	il, elle a dû
nous devons	nous devions	nous dûmes	nous devrons	nous avons dû
vous devez	vous deviez	vous dûtes	vous devrez	vous avez dû
ils, elles doivent	ils, elles devaient	ils, elles durent	ils, elles devront	ils, elles ont dû

VOULOIR

Temps simples				Temps composé
Présent	*Imparfait*	*Passé simple*	*Futur*	*Passé composé*
je veux	je voulais	je voulus	je voudrai	j'ai voulu
tu veux	tu voulais	tu voulus	tu voudras	tu as voulu
il, elle veut	il, elle voulait	il, elle voulut	il, elle voudra	il, elle a voulu
nous voulons	nous voulions	nous voulûmes	nous voudrons	nous avons voulu
vous voulez	vous vouliez	vous voulûtes	vous voudrez	vous avez voulu
ils, elles veulent	ils, elles voulaient	ils, elles voulurent	ils, elles voudront	ils, elles ont voulu

VENIR

Temps simples				Temps composé
Présent	*Imparfait*	*Passé simple*	*Futur*	*Passé composé*
je viens	je venais	je vins	je viendrai	je suis venu(e)
tu viens	tu venais	tu vins	tu viendras	tu es venu(e)
il, elle vient	il, elle venait	il, elle vint	il, elle viendra	il, elle est venu(e)
nous venons	nous venions	nous vînmes	nous viendrons	nous étions venu(e)s
vous venez	vous veniez	vous vîntes	vous viendrez	vous étiez venu(e)s
ils, elles viennent	ils, elles venaient	ils, elles vinrent	ils, elles viendront	ils, elles sont venu(e)s

TENIR

Temps simples				Temps composé
Présent	*Imparfait*	*Passé simple*	*Futur*	*Passé composé*
je tiens	je tenais	je tins	je tiendrai	j'ai tenu
tu tiens	tu tenais	tu tins	tu tiendras	tu as tenu
il, elle tient	il, elle tenait	il, elle tint	il, elle tiendra	il, elle a tenu
nous tenons	nous tenions	nous tînmes	nous tiendrons	nous avons tenu
vous tenez	vous teniez	vous tîntes	vous tiendrez	vous avez tenu
ils, elles tiennent	ils, elles tenaient	ils, elles tinrent	ils, elles tiendront	ils, elles ont tenu

FICHE MÉTHODE
ORAL
1

DIRE DE MÉMOIRE UN POÈME À VOIX HAUTE

1. Approprie-toi le poème silencieusement

a. Observe sa mise en page, le nombre de lignes ou de vers, la ponctuation, le nombre de strophes, les rimes.

b. Dégage le thème et les idées principales.

Le thème de *J'écris* est l'écriture.
Dans chaque strophe, la poète aborde une idée :
Écrire c'est jouer *Écrire c'est rêver*

2. Trouve des aides pour mémoriser le poème

c. Représente-le visuellement : **fais** un schéma de sa forme puis **ajoute** les mots que tu entends souvent ou qui riment.

d. Fais des gestes pour te souvenir des mots.

e. Illustre le poème.

3. Apprends le poème

f. Relis plusieurs fois un ensemble de lignes ou de vers puis **répète-les** à haute voix.
Fais de même pour chaque strophe puis **enchaine-les**.

Apprends les quatre vers de la première strophe et le vers isolé.
Apprends la strophe suivante puis enchaine-les.

g. Lorsque tu commences à mémoriser le poème, **cache** des mots et **vérifie** que tu les connais.

h. Récite le poème à quelqu'un.

4. Prépare la mise en voix

i. Écris ton poème comme une partition de musique : **souligne**, **surligne**, **entoure**...
Code à ta manière certains mots ou certaines syllabes pour les dire plus fort, plus lentement ou plus vite...

j. Soigne ton articulation et la portée de ta voix.

k. Si tu choisis de **faire des gestes**, **répète-les** pour qu'ils soient compréhensibles.

l. Entraine-toi et **demande l'avis** d'un camarade.

5. Dis le poème à ton auditoire

m. Respire plusieurs fois avant de commencer.
Fais-toi plaisir et cherche à convaincre ton public.

PAR EXEMPLE ▼

J'écris

J'écris des mots bizarres
J'écris des longues histoires
J'écris juste pour rire
Des choses qui ne veulent rien dire.

Écrire c'est jouer

J'écris le soleil
J'écris les étoiles
J'invente des merveilles
Et des bateaux à voiles.

Écrire c'est rêver

Geneviève Rousseau, D.R.

J'écris

J'écris
J'écris
J'écris

Écrire, c'est

J'écris
J'écris
J'invente

Écrire, c'est

FICHE MÉTHODE
ORAL
2

PRÉSENTER UNE ŒUVRE D'ART

1. Crée la carte d'identité de l'œuvre

Vocabulaire

- photographie
- vue
- prise de vue
- cliché
- portrait
- paysage
- scène
- sujet

a. Utilise un tableau comme celui ci-dessous.

Nom de l'auteur **Dates de naissance** (et de mort) **Nationalité** **Profession**	Sabine Weiss Née en 1924 suisse Photographe
Titre de l'œuvre **Lieu et date** de sa création	*Curieux ce Miró* Paris, 1955
Genre et description de l'œuvre Portrait – Paysage – Scène	Scène représentant un jeune enfant intrigué par une sculpture de Miró, un artiste espagnol dont l'œuvre fait songer à des créations d'enfants

PAR EXEMPLE ▼

Sabine Weiss, *Curieux ce Miró*, Paris, 1955.

2. Décris l'œuvre

d. Organise tes observations.

La scène dans son ensemble	Le petit garçon	La sculpture en pierre
Elle ne comporte que deux personnages ; le décor n'a pas beaucoup d'importance.	Habillé d'une salopette et d'une chemise blanche et portant des chaussures à lacets, il se baisse pour regarder une sculpture par en-dessous.	Elle représente un personnage bizarre avec une très grosse tête en forme de caillou posée sur un corps taillé en un seul bloc et peint de lignes blanches verticales.

3. Donne ton interprétation

e. Interroge-toi sur les raisons qui ont poussé l'artiste à réaliser l'œuvre.

La photographe a sans doute été frappée par l'attitude du petit garçon et a voulu saisir ce moment où il scrute la sculpture comme s'il voulait en connaitre le secret.

f. Essaie d'expliquer l'effet produit sur le spectateur.

La scène est amusante du fait de la posture de l'enfant.
Mais elle amène aussi le spectateur à se dire que la sculpture et le petit garçon sont un peu semblables et qu'ils pourraient presque engager un dialogue.

4. Commente l'œuvre pour tes camarades

g. Utilise :
– ton tableau pour présenter les caractéristiques essentielles de l'œuvre ;
– tes notes pour décrire et interpréter l'œuvre.

FICHE MÉTHODE
ORAL
3

RACONTER UNE HISTOIRE LUE

PAR EXEMPLE ▼ *L'Enfaon*, pages 76 à 78

L'Enfaon

Un matin, en arrivant à l'école, j'ai aperçu les élèves de la classe groupés au fond de la cour. Je me suis demandé ce qui pouvait bien les attirer comme cela. J'ai couru pour les rejoindre et je me suis arrêtée net en découvrant L'enfaon au centre du cercle. Il ne disait rien. Il portait une sorte de bonnet sur la tête et paraissait gêné.

– Montre-nous ton crâne, L'enfaon ! le harcelaient les gars de la classe. […]

Je leur ai lancé :

– Laissez-le ! Vous ne voyez pas que vous l'embêtez ? […]

La maitresse est arrivée au même moment. Elle a disputé les garçons et leur a ordonné de rejoindre la classe.

■ Eric Simard, *L'Enfaon*, Mini Syros, 2010.

LISTES DE RÉFÉRENCE

1. Note les références du livre

a. Écris le titre, le nom de l'auteur (et du traducteur), la maison d'édition.

2. Lis l'histoire en prenant des notes

b. Relève les informations principales dans un tableau.

Où ?	Dans une cour de récréation d'école
Quand ?	Un matin
Qui ?	Leïla, la narratrice : protectrice, bienveillante avec L'enfaon Les élèves : harceleurs, menaçants, irrespectueux L'enfaon : gêné, sans défense ; il cache quelque chose ; harcelé et agressé La maitresse : elle fait respecter les règles de non-harcèlement
Quoi ?	L'arrivée de la narratrice à l'école La découverte de L'enfaon au milieu des élèves L'agression de L'enfaon par les garçons de la classe L'intervention de la maitresse
Pourquoi ?	Mystère autour de L'enfaon – Sans doute réaction à la différence
Comment ?	Agressivité, insistance des élèves, empathie de la narratrice

3. Organise ta présentation

c. Entraine-toi à raconter l'histoire à l'aide de la grille.

Je prends une voix plus forte et dure pour raconter le harcèlement.
Je fais le geste d'arracher un bonnet pour appuyer l'action.

d. Enregistre-toi puis **écoute** ta présentation avec deux camarades pour vérifier que tu respectes les critères.

e. Améliore ton « racontage ».

4. Raconte l'histoire lue

f. Raconte l'histoire en pensant à bien respirer, à marquer les intonations, à faire les gestes prévus et à regarder ceux qui t'écoutent.

Quand je raconte une histoire

- Je dis l'essentiel (je n'oublie pas d'éléments et n'en ajoute pas).
- On sait toujours de qui et de quoi je parle.
- Je ne fais pas de répétitions.
- Je parle clairement en articulant, sans faire de pauses ni aller trop vite.
- J'utilise ma voix et mon corps pour mieux raconter.

FICHE MÉTHODE
LECTURE
4

PARTICIPER À UN DÉBAT INTERPRÉTATIF

1. Lis le texte puis écoute-le

PAR EXEMPLE ▼

Personne

On frappe à la porte d'entrée.

Je crie :
– Maman, il y a quelqu'un !

Pas de réponse. Je vais à la cuisine. Personne. Je regarde dans la chambre. Personne.

Je vais ouvrir. Personne. Je me penche par-dessus la rampe d'escalier. Personne.

Je rentre. Le téléphone sonne.
– Allô ?
– …
– Allô ? Allô ? Répondez !

Personne. Je fonce à la salle de bains. J'allume. Je me regarde dans la glace.

Personne.

■ Bernard Friot, *Nouvelles Histoires pressées* © Éditions Milan.

2. Réponds à la question posée

Comment comprends-tu cette histoire ?

a. Utilise la démarche de compréhension
Où – Quand – Qui – Quoi – Pourquoi – Comment ?
pour relever les informations principales. → **Voir page 250**

b. Essaie de comprendre l'implicite du texte ou l'intention de l'auteur.

– **Consulte** un dictionnaire pour vérifier le sens de certains mots, pour voir s'ils ont plusieurs sens, des sens propres ou des sens figurés.

> **Le mot *personne* :**
> – peut être le nom féminin qui désigne un être humain, un individu,
> – peut être remplacé par *quiconque*, *n'importe qui*,
> – a pour antonyme le mot *quelqu'un*.

– **Relis** le texte avec ces éléments en tête et cherche une réponse à la question.

> • Bernard Friot s'amuse avec le mot *personne* qui s'oppose à *Maman, il y a quelqu'un*.
> • Il veut aussi que le lecteur s'interroge sur la dernière phrase que chacun peut interpréter à sa façon.

3. Participe au débat interprétatif

c. Propose une interprétation en la justifiant par un extrait du texte, les définitions d'un mot, un exemple.

d. Écoute l'avis et les jugements de tes camarades. Tu as le droit de dire si tu n'es pas d'accord en argumentant et en respectant les tours de parole.

e. Accepte que, parfois, il n'y ait pas une seule interprétation du texte. Cela n'empêche pas de l'apprécier et c'est souvent l'intention de l'auteur.

FICHE MÉTHODE
LECTURE
5

APPRENDRE UNE LEÇON

1. Lis le texte

a. Repère les passages que tu ne comprends pas.

b. Cherche des indices pour les comprendre :
– dans le pavé de vocabulaire pour éclairer le sens de certains mots,
– dans des leçons précédentes pour te remettre en mémoire certaines notions.
les états généraux, les nobles, le clergé, le peuple

2. Reformule le texte à voix haute

3. Quand tu as bien compris

c. Imagine trois questions que ton professeur pourrait te poser.

a. Quelle était la situation du peuple en 1789 ?

b. Qu'a fait le peuple ?

c. Qu'a fait le roi ?

4. Réponds aux questions

d. À l'aide d'une **carte mentale**

e. À l'aide d'un **tableau**

La situation du peuple	
Conditions de vie	misère
Causes	mauvaises récoltes, famine, impôts
Conséquences	mécontentement
Moyen de l'exprimer	les « cahiers de doléances »

f. À l'aide d'un **schéma**

mécontentement du peuple → réformes nécessaires → convocation des états généraux

misère → … → …

4. Mémorise les réponses à tes trois questions

PAR EXEMPLE ▼

À la veille de la Révolution

En 1789, en France, les mauvaises récoltes, la famine et le poids des impôts faisaient que le peuple se trouvait dans la misère.
Le roi Louis XVI (1774-1792) savait qu'il fallait faire des réformes mais hésitait sur celles à entreprendre.
Il convoqua des états généraux pour en discuter avec les représentants des nobles, du clergé et du peuple.
Le peuple écrivit des « cahiers de doléances » pour exprimer son mécontentement.

■ *Magellan* CM, Éditions Hatier.

la famine : un manque total de nourriture provoquant la mort des populations
une réforme : un changement en mieux

FICHE MÉTHODE
ÉCRITURE
6

RÉDIGER UNE RÉPONSE JUSTIFIÉE

1. Lis le texte complet

→ Texte pages 38 à 40
Elisabeth Brami, *Chère Madame ma grand-mère*

PAR EXEMPLE ▼

3 * EMC Que pense Mme Barrois de la vieillesse ? Justifie ta réponse à l'aide de deux expressions.

2. Réponds à la question posée

a. Repère les passages en lien avec la question.

Passage 1 : Vieillir n'est tout de même pas une maladie honteuse. Pourquoi éviter ce mot en utilisant, comme tous les crétins de notre triste époque, des détours hypocrites : 3e âge, personne âgée…	**Passage 2 :** On vous a trop raconté des histoires de grand-mère-gâteau. Toutes les vieilles dames ne sont pas des grands-mères-gâteau. En tout cas, pas moi.

b. Rédige une réponse à la première partie de la question.

Mme Barrois refuse ce que l'on dit habituellement de la vieillesse et les mots qu'on emploie pour en parler. Elle pense que :
- la vieillesse n'est pas une maladie ;
- toutes les grands-mères ne sont pas indulgentes avec leurs petits-enfants.

c. Relève précisément les phrases ou les expressions qui prouvent ce que tu dis.

Justification 1 à la ligne 32 : Vieillir n'est tout de même pas une maladie honteuse.	**Justification 2 à la ligne 38 :** Toutes les vieilles dames ne sont pas des grands-mères-gâteau.

RÉDIGER RÉPONSE ARGUMENTÉE

1. Lis le texte complet

→ Texte pages 74 à 75
Xavier-Laurent Petit, *Le Monde d'En Haut*

PAR EXEMPLE ▼

6 DÉBATTRE Le désir des sympathisants de l'AERES est-il justifié ? Écris un ou deux arguments pour appuyer ta réponse.

2. Réponds à la question posée

a. Repère les passages en lien avec la question.

Passage 1 : Des scientifiques de l'association s'étaient, parait-il, rendus dans le Monde d'En Haut. Ils assuraient que les Grandes Pollutions qui avaient ravagé la Terre en 2022 étaient presque toutes résorbées et qu'il était désormais possible d'y revivre.	**Passage 2 :** Les principaux membres de l'association avaient été jugés à la va-vite et emprisonnés, quant aux énormes portes blindées qui donnaient accès au Monde d'En Haut, leurs soudures avaient été renforcées.

b. Rédige une réponse à la première partie de la question.

Le désir des sympathisants est justifié.

c. Formule des arguments pour appuyer ta réponse.

Argument 1 : Des scientifiques sont remontés à la surface et ont constaté que les Grandes Pollutions étaient résorbées.	**Argument 2 :** Le comportement des autorités montre qu'elles veulent empêcher les scientifiques de parler et la population de s'informer.

RÉVISER SON TEXTE

1. Lis le texte à voix haute

a. Vérifie que tu n'as pas oublié des mots ou des lettres.

Léo a oublié le déterminant *un* dans la première phrase.

Il a écrit traquillement.

b. Délimite bien les phrases par des points.

Léo est allé à la ligne à chaque phrase. **Aurais-tu fait la même chose ? Justifie ta réponse**.

2. Si ton récit comporte des dialogues

c. Appuie-toi sur le modèle ci-dessous et **vérifie** la ponctuation de tes dialogues.

Alors qu'il passait près d'une rivière, Renard vit un héron installé sur un coussin de mousse. Il lui dit :
« Mon cher compère, accepteriez-vous de m'aider ?
– Volontiers, répondit le héron. Que puis-je faire pour vous ?

Renard poursuivit :
– Ôtez cette arête qui est restée coincée au fond de mon gosier.
– Je n'en ferai rien, répliqua le héron. Vous risqueriez de me croquer. »

■ D'après Jean de la Fontaine.

3. Vérifie l'orthographe et corrige-toi

d. Cherche dans un dictionnaire l'orthographe des mots.

Vérifie l'orthographe de *rivière – poin – marchand – millieu – tanpis* **et corrige les erreurs de Léo.**

e. Classe les verbes selon leur temps.
Utilise les tableaux de conjugaison et ce que tu appris sur les régularités des formes verbales pour les corriger.

Imparfait	Passé simple
se promenait – dormait – comme je marchai – j'était – Il volais	ne la vie poin – tapa – se réveilla – dit – répondis – je ne vous vu poin – rentra – senvola – se perdi

Corrige les formes verbales sur lesquelles Léo a fait une erreur.

f. Vérifie les accords dans le GN et les accords sujet-verbe.

4. Recopie ton texte au propre

g. Utilise une feuille à lignes. Soigne ton écriture.

PAR EXEMPLE : le texte de Léo

La belette et le roitelet

Un roitelet se promenait sous chêne au bord de la rivière.
Une belette dormait traquillement sur le chemain.
Le roitelet ne la vie poin et tapa dedans en marchand.
La belette se réveilla et dit : Non mais ça ne va pas. »
Le roitelet répondis « Madame comme je marchai traquillement sous ce chêne je ne vous vu poin.
Mais j'étais en plein millieu du chemin. »
Soudain La belette rentra vite dans son trou.
Le roitelet lui senvola.
Il volais si haut quil se perdi dans les nuage.

tanpi pour lui il aura eu une bonne leçon.

Table des illustrations

Conception : Massimo Miola
Adaptation : Sophie Duclos et Camille Rouxel
Édition : Sylvie Grange
Mise en page : Catherine de Trégomain
Iconographe : Marthe Pilven
Hatier Illustration

Illustrateurs :
Pages 8 à 19 : Christel Han
Pages 20 à 33, 150, 248 et 251 : Marta Orzel
Pages 34 à 45 et 164, 165 : Nathalie Desforges
Pages 46 à 56 et 149 : Alban Marilleau
Pages 60 à 71 : Lan Qu
Pages 72 à 83 : Terkel Risbjerg
Pages 86 à 97 : Karine Maincent
Pages 98 à 109 : Frédéric Bélonie
Pages 112 à 123 : Marcelino Truong
Pages 140 à 229 : Sandrine Martin

Achevé d'imprimer par Stige - Turin, ITALIE
Dépôt légal n° 00039-1/01 - Février 2017